JOSEPH DE MAISTRE
ET
BLACAS

LEUR CORRESPONDANCE INÉDITE
ET L'HISTOIRE DE LEUR AMITIÉ
1804-1820

INTRODUCTION, NOTES ET COMMENTAIRES
PAR
ERNEST DAUDET

Avec une héliogravure

PARIS
LIBRAIRIE PLON
PLON-NOURRIT et Cie, IMPRIMEURS-ÉDITEURS
8, RUE GARANCIÈRE — 6^e
—
1908

JOSEPH DE MAISTRE
ET
BLACAS

DU MÊME AUTEUR

OEUVRES HISTORIQUES

A la librairie Plon-Nourrit et Cie :

La Police et les chouans, 1 vol. in-18.
Poussière du passé, 1 vol. in-18.
Le Duc d'Aumale, 1 vol. in-8°.
Louis XVIII et le duc Decazes, 1 vol. in-8°.
La Conjuration de Pichegru, 1 vol. in-8°.
Une Vie d'ambassadrice au siècle dernier, 1 vol. in-8°.
Mémoires d'un gentilhomme du temps de Louis XIV, 1 vol. in-18.
Mémoires du comte Valentin Esterhazy, 1 vol. in-8°.
Lettres du comte Valentin Esterhazy à sa femme, 1 vol. in-8°.

Chez divers éditeurs :

Le Cardinal Consalvi *(épuisé)*, 1 vol. in-18.
Le Ministère de M. de Martignac *(épuisé)*, 1 vol. in-8°.
Conspirateurs et comédiennes, 1 vol. in-18.
Souvenirs de la présidence du maréchal de Mac-Mahon *(épuisé)*, 1 vol. in-8°.
Les Conspirations royalistes du Midi, 1 vol. in-18.
Histoire de la Restauration, 1 vol. in-18.
Le Roman d'un conventionnel, 1 vol. in-18.
La Terreur blanche, 1 vol. in-18.
La Révolution de 1830 et le procès des ministres de Charles X, 1 vol. in-18.
Histoire de l'Émigration *(grand prix Gobert)*, 3 vol. in-8°.

LE COMTE JOSEPH DE MAISTRE
1754-1821
d'après un portrait appartenant à l'Académie de Savoie

LE COMTE (PUIS DUC) DE BLACAS
1770-1839
d'après un portrait appartenant à M. le Duc de Blacas

Plon-Nourrit & Cie Edit

JOSEPH DE MAISTRE

ET

BLACAS

LEUR CORRESPONDANCE INÉDITE
ET L'HISTOIRE DE LEUR AMITIÉ
1804-1820

INTRODUCTION, NOTES ET COMMENTAIRES

PAR

ERNEST DAUDET

PARIS
LIBRAIRIE PLON
PLON-NOURRIT et Cⁱᵉ, IMPRIMEURS-ÉDITEURS
8, RUE GARANCIÈRE — 6ᵉ

1908

Tous droits de reproduction et de traduction
réservés pour tous pays.

Published 22 April 1908.
Privilege of copyright in the United States
reserved under the Act approved March 3d 1905
by Plon-Nourrit et Cie.

INTRODUCTION

Dans mon *Histoire de l'Émigration*, j'ai cité quelques fragments des lettres adressées par Joseph de Maistre au comte de Blacas, au cours des années qui précédèrent la Restauration. Il résidait alors à Saint-Pétersbourg, en qualité de ministre du roi de Piémont, auprès de la cour moscovite. Au début de son séjour dans cette capitale, il y avait connu Blacas, venu à la même époque, comme agent de Louis XVIII réfugié à Varsovie, et ensuite à Mitau.

De 1803 à 1808, ils vécurent l'un près de l'autre, habitant la même maison, se voyant tous les jours, se liant de plus en plus. Lorsqu'en 1808, Blacas quitta la Russie pour rejoindre son prince en Angleterre, existait déjà entre lui et l'illustre auteur des *Considérations sur la France*, — il n'était encore connu que comme auteur de cet ouvrage, — une amitié que, bien qu'ils ne dussent jamais se revoir et en dépit de la différence d'âge, le temps allait cimenter, et qui ne fut brisée qu'en 1821, époque de la mort de Joseph de Maistre.

Cette amitié explique la correspondance qui s'engagea entre eux au lendemain du départ de Blacas et se continua pendant près de quatorze années. Si l'on veut se souvenir que ces années ont été les plus agitées du dix-neuvième siècle, les plus fécondes en événements mémorables, et se souvenir aussi de ce que furent de Maistre et Blacas, l'un par son génie, l'autre par son rôle politique, on saisira tout à la fois l'intérêt passionnant que présente cette correspondance, et comment j'ai été conduit à en faire état en écrivant la tragique épopée de l'émigration.

Il ne pouvait cependant me suffire d'en avoir reproduit quelques extraits. Elle valait mieux qu'une citation incomplète et avait droit à une publication intégrale, ce qui m'a décidé à la présenter aux admirateurs de Joseph de Maistre. Ils ne la connaissaient jusqu'ici que par un petit nombre de lettres que les éditeurs de ses œuvres complètes ont données à la suite desdites œuvres (1). La connaissant maintenant tout entière, ils jugeront assurément qu'elle méritait de n'être pas oubliée par l'histoire et que les réponses de Blacas ne perdent rien à être mises en regard.

Celle qui s'était établie antérieurement entre Joseph de Maistre et le comte d'Avaray, le favori de Louis XVIII, ne semblera pas moins intéressante. Outre qu'elle éclaire la vie de Joseph de Maistre durant son séjour en Suisse, en 1797 et 1798, et ajoute du nouveau à ce qu'on en savait, elle forme en quelque sorte le prologue de ses relations avec Blacas en même temps que, d'autre part, elle jette un

---

(1) Dans cette édition définitive des œuvres de Joseph de Maistre (quatorze volumes in-8°, Vitte et Perrussel, éditeurs, Lyon), les cinq derniers sont entièrement consacrés à la correspondance générale. On y trouve seulement huit lettres à Blacas et six à d'Avaray. Dans le présent recueil, je me suis borné à y faire allusion et à rétablir le texte intégral de l'une d'elles, que l'édition de Lyon ne donne qu'avec des coupures.

pont entre l'existence de l'illustre Savoyard avant la Révolution, telle que nous l'a révélée un très beau livre (1) de son compatriote M. François Descostes, et son existence d'émigré, de diplomate et plus tard d'homme d'État. A ce triple titre, il convenait de lui donner place ici. Elle m'a aidé à écrire le premier chapitre de ce volume.

J'ai le devoir d'ajouter que, comme les papiers de Louis XVIII, qui ont apporté à mes études sur les émigrés des éléments révélateurs, ceux-ci appartiennent à M. le duc de Blacas, l'un des petits-fils du ministre de la première Restauration, et que j'en dois la communication à sa bienveillance, pour laquelle je lui exprime de nouveau ma sincère gratitude. Je dois aussi des remerciements à son cousin, le comte Bertrand de Blacas, qui avait classé ces précieuses archives et qui m'a souvent permis de recourir à son érudition pour me débrouiller parmi tant de volumineux documents.

(1) *Joseph de Maistre avant la Révolution* (deux volumes in-8º, Paris, 1903, Alphonse Picard, éditeur.)

La correspondance que j'en ai tirée, et que je publie aujourd'hui, n'ajoutera rien à la renommée de Joseph de Maistre ; mais, elle n'en affaiblira pas l'éclat. On retrouvera ici, sous une forme plus familière et souvent formulées avec une verve véritablement méridionale, les opinions intransigeantes qu'il a défendues, sa vie durant, dans les écrits qui ont fait sa gloire.

En lisant, par exemple, les lettres qu'il consacre à la campagne de 1812, on voit apparaître sa haine contre Napoléon, dont s'offenserait à bon droit notre patriotisme si nous ne nous rappelions que, né en Savoie, quand cette province appartenait au Piémont, il n'était pas Français, et que, d'ailleurs, les émigrés, qui, eux, étaient Français, professèrent cette haine au même degré que lui.

Ruiné par la Révolution et par la conquête, obligé de fuir son pays, il maudit « l'homme infernal » qui l'empêche d'y rentrer. Il exprime ses sentiments avec une violence amère, railleuse et parfois inhumaine. Il espère que « le monstre, l'ami Napoléon » sera égorgé par ses sujets qu'il opprime, et ce serait là, selon lui, la meilleure manière d'en finir; car, tant que l'usurpateur n'aura contre lui que l'étranger, il sera fort dans l'intérieur, fort de ses victoires et fort aussi du patriotisme dont, malgré tout, il est, aux yeux des Français, le représentant, comme il est le défenseur du sol national que ses fautes ont ouvert à l'invasion.

Ce ressentiment contre un homme qu'il considère comme l'auteur des maux dont souffre le monde, n'empêche pas cependant Joseph de Maistre de blâmer les émigrés. Il estime qu'ils ont eu tort de quitter leur patrie. « Pour aucune raison, écrit-il le 5 juillet 1812, il ne faut quitter son pays à cause d'une révolution, car celui qui sort, comment sait-il qu'il ne pourra pas servir le gouvernement légitime? Je ne vois à cela qu'un petit nombre d'exceptions très justes et très honorables. Je veux parler des personnes, en petit nombre, attachées à celles des princes, et qui sont appelées à les suivre ou à les servir suivant leurs désirs (des princes), ici ou là. Ces hommes ne doivent plus tourner la tête. Le reste doit demeurer sur la terre en convulsion, faire le bien qu'il peut, empêcher le mal qu'il peut et conserver l'espérance jusqu'au moment où elle devient absurde. Cette manière d'envisager les choses m'a toujours rendu, comme vous avez pu le voir, tout à fait tolérant pour tout acte fait dans l'intérieur, à moins qu'il ne s'agisse d'un crime. A cet égard, la règle est sûre : *On doit refuser à l'usurpateur tout ce qu'on refuserait au souverain légitime.* Tout le reste est permis et n'a rien d'immoral. »

Dans la même lettre, comme s'il prévoyait déjà les dissentiments qui s'élèveront deux ans plus tard entre les émigrés rentrés et les Français qui ne sont pas partis, il déclare « qu'un homme qui a suivi les rois ne peut songer à les rétablir ».

Du reste, de tels axiomes lui sont familiers et il les pose souvent avec une assurance géniale. Lorsqu'en cette année 1812, il annonce à Blacas que l'empereur Alexandre se met à la tête de ses armées pour marcher contre Napoléon, il exprime un regret : « Jamais un roi-soldat ne combattra avec avantage un soldat-roi... L'or ne peut pas couper le fer. » A propos du « fatal mariage » qui a donné pour épouse « au terrible usurpateur » une archiduchesse d'Autriche, il est « assailli » par une pensée qui le consterne : « Le cuivre seul et l'étain seul ne peuvent faire ni canon, ni cloche; mais, les deux métaux réunis les font très bien. Qui sait si un long sang auguste, mais blanc et affaibli, mêlé avec l'écume rouge d'un brigand, ne pourrait pas former un souverain? »

Sur tous ces points, il est en désaccord avec son ami. Sur d'autres encore, s'allument entre eux des querelles, et notamment sur la rivalité de l'Église gallicane avec l'Église ultramontaine. Le gallican Blacas se défend avec force. Mais l'ultramontain de Maistre lui insinue « qu'il n'y entend rien », malmène Bossuet et ne parle qu'avec mépris des fameuses propositions de 1682, « le plus misérable chiffon de l'histoire ecclésiastique ». Si technique et un peu aride que soit la dispute, elle s'embellit cependant de l'entêtement et du sang-froid qu'y apporte Blacas, et surtout de la verve qu'y déploie de

Maistre, dont les lettres qu'il écrit à cette occasion révèlent en lui le futur auteur de l'ouvrage : *Du pape.*

Il n'y a pas lieu d'en dire davantage sur cette correspondance suggestive, que j'ai essayé d'éclairer par des commentaires explicatifs, si ce n'est, cependant, que Blacas y fait belle figure; et ce n'est pas peu dire quand on songe que son correspondant, si souvent son contradicteur, est Joseph de Maistre.

On constatera aussi, et ce n'en est pas le moindre agrément, que ce qui l'inspire, la domine et la remplit, c'est l'amitié poussée jusqu'à la tendresse, qu'ils professent l'un pour l'autre. Ils sont séparés, condamnés à ne pas se voir; mais ils s'aiment, et leur affection se traduit en d'incessants et réciproques témoignages de sollicitude. Ne fût-ce que pour ce motif, leurs lettres étaient dignes d'être mises au jour, et à plus forte raison alors qu'à des degrés divers, ils ont joué, tous deux, un rôle dans l'histoire si tumultueuse de leur temps.

E. D.

JOSEPH DE MAISTRE ET BLACAS

CHAPITRE PREMIER

LES PREMIERS RAPPORTS DE JOSEPH DE MAISTRE
AVEC LA COUR DE LOUIS XVIII

Chassé de Savoie en 1792, par l'invasion française, le comte Joseph de Maistre, encore inconnu hors de Chambéry sa ville natale, s'était, après de cruelles aventures, réfugié en Suisse. Installé à Lausanne, où son séjour devait se prolonger jusqu'en 1797 et où sa famille avait pu le rejoindre, il y vivait obscur et malheureux : ses propriétés de Savoie avaient été confisquées comme bien d'émigré et les fonctions de confiance qu'il exerçait au nom du roi de Sardaigne, ne lui assuraient qu'un très modique traitement. Néanmoins, plus haut que son infortune, l'esprit toujours en éveil, il consacrait philosophiquement ses loisirs à observer les événements retentissants qui mettaient à cette heure l'Europe en feu et à écrire les réflexions qu'ils lui suggéraient. On sait que son livre : *Considérations sur la France*, est le fruit de ses méditations à cette première étape de son exil.

Imprimé à Neuchâtel, l'ouvrage paraissait à la fin de 1796, sans nom d'auteur, Joseph de Maistre étant convaincu qu'il n'aurait pu signer ce plaidoyer en faveur de l'ancien régime, sans compromettre aux yeux du gouvernement français le souverain qui l'honorait de sa confiance et sans encourir sa disgrâce. Mais, son éditeur avait été moins discret que lui. Déjà, son nom, qu'il s'était appliqué à cacher, circulait sous le manteau parmi les nombreux admirateurs de cette œuvre aussi puissante qu'actuelle.

Le succès en avait été, dès le premier moment, considérable et retentissant. Au commencement de 1797, la première édition était presque épuisée. Dès le mois de juillet, tandis qu'à Paris et à l'insu de Joseph de Maistre, elle se réimprimait, lui-même en préparait une seconde en vue de laquelle, sur le conseil du fameux Fauche-Borel, il avait traité avec un libraire de Bâle. De Turin, où la conclusion de la paix entre la France et le Piémont, — paix humiliante et onéreuse pour celui-ci, — venait de lui permettre de rentrer, il surveillait l'impression de cette édition nouvelle.

C'est à ce moment, — août 1797, — qu'il reçut, par l'entremise de Fauche-Borel, une lettre datée de Blanckenberg en Allemagne, qui lui causa la plus vive satisfaction. Elle était signée du comte d'Avaray, le confident et le conseiller de Louis XVIII. Ce prince avait lu les *Considérations sur la France;* on lui en avait nommé l'auteur, et, bien qu'il ne le connût pas, il avait eu à cœur de lui faire savoir combien le charmait et l'enthousiasmait la lecture de ces pages ardentes, où vibrait une âme de royaliste.

Pour des causes qui nous échappent, la lettre de d'Avaray, en date du 30 juillet, ne figure pas parmi les minutes de sa correspondance. Mais, il est aisé de la reconstituer : « Je suis enchanté, mandait-il, le même jour, à Fauche-Borel, que M. le comte de Maistre fasse une deuxième édition de son excellent ouvrage. Je prends occasion de là pour lui écrire une lettre que je vous prie de lui faire passer. Ce sont quelques observations sur des faits qu'il ne pouvait connaître. Peut-être l'engageront-elles à faire un changement dans le corps de l'ouvrage ou, du moins, à y ajouter un *post-scriptum*. Je vous prie donc, si cela est en votre pouvoir, ou de suspendre l'impression ou d'en retarder la distribution jusqu'à ce que vous ayez reçu de lui un nouvel avis. Je vous prie surtout de faire en sorte que l'ouvrage soit répandu en France avec profusion. Je voudrais qu'il pût pénétrer jusqu'à l'Océan et aux frontières méridionales. C'est le meilleur qui ait été fait depuis la Révolution, et je crois pouvoir dire le meilleur de ceux qui se feront par la suite. »

Avant de reproduire la réponse de Joseph de Maistre à la lettre de d'Avaray, il convient de rappeler les faits auxquels celui-ci, parlant au nom de Louis XVIII, faisait allusion. En 1793, avait paru à Neuchâtel, sous ce titre : *Développement des principes fondamentaux de la monarchie française*, un petit livre, sans signature, consacré à un examen apologétique de l'antique Constitution du royaume. Il était l'œuvre de magistrats émigrés, membres des anciens parlements. Il avait été rédigé par l'un d'eux, le président Jannon, avec le visible souci de n'exprimer aucune opinion qui ne fût conforme à celle des princes. Il n'en provoqua pas moins, dans leur entourage, des discussions passionnées. On reprochait à ses auteurs d'avoir, en interprétant les dispositions de la Constitution monarchique, base de l'ancien régime, fait la part trop large aux parlements, réduit le rôle des États généraux à des doléances, et, en un mot, « d'avoir élevé la magistrature au-dessus de la nation ». Les princes s'étaient associés à ces critiques. Lorsque l'ouvrage avait paru, mécontents de sa publication, bien qu'il n'eût été tiré qu'à cent ou cent cinquante exemplaires, ils l'avaient désapprouvé. Joseph de Maistre ignorait ces circonstances. Croyant lire dans cet opuscule la véritable pensée du roi, il s'en était inspiré pour rédiger le chapitre VIII de son livre, où il en reproduisait de nombreux extraits. Sa réponse à d'Avaray nous prouve que les observations du porte-paroles de Louis XVIII, avaient pour objet de rectifier son opinion.

« Turin, 30 août 1797.

« Je n'ai pu lire sans une certaine palpitation, monsieur le comte, la lettre que vous m'avez fait l'honneur de m'écrire le 30 juillet. Malgré la pureté de mes intentions, la sévérité de mes études, et mon attention soutenue à me demander compte de mes moindres idées, c'était une rude besogne que celle de parler du roi de France sans sa permission, et je craignais à chaque ligne qu'un triste *mais* vînt m'apprendre que j'avais déplu. Mais, je vois que la conscience ne trompe pas, et je goûte l'ineffable plaisir d'avoir fait un ouvrage agréable à Sa Majesté sans avoir fait un ouvrage de commande.

« Au moment même où j'ai reçu votre lettre, monsieur le comte, j'allais moi-même prendre la liberté d'écrire à Sa Majesté, et mettre à ses pieds, comme moins indigne d'elle, la deuxième édition d'un ouvrage horriblement maltraité à l'impression. Dites-lui, monsieur le comte, que je ne suis pas son sujet, mais qu'Elle n'en a pas qui soit plus véritablement que moi dans ses intérêts. J'ai pour sa personne un attachement rationnel qui n'a jamais varié; je l'aime comme on aime la symétrie, l'ordre, la santé! Aucun effort ne me coûterait s'il pouvait seulement lui gagner un ami. Je crois son bonheur nécessaire à l'Europe; je déteste ses ennemis d'une haine philosophique qui n'a de commun avec la passion que la chaleur et l'énergie. J'abomine la Révolution qui a détrôné sa famille; je n'ai rien oublié pour en mettre à découvert la racine hideuse et fétide. Si je n'ai pas réussi, ce n'est pas ma faute.

« Quel dommage, monsieur le comte, que je ne sois plus à temps de faire à mon ouvrage les corrections qui seraient du goût de Sa Majesté! L'impression est achevée; du moins, l'imprimeur me mande qu'on était sur le point de tirer les deux dernières feuilles. Je vous promets cependant un *post-scriptum* (1) et un *errata* tels que vous pouvez les désirer, et qui ne compromettront ni le roi, ni ses entours. Il ne reste qu'à presser le travail. Les fautes honteuses qui déshonorent la première édition m'avaient chagriné au delà de toute expression. J'espère que la seconde me consolera. Je voudrais bien savoir si le roi ne m'a pas fait l'honneur de rire du mot *tyrannie* si spirituellement placé, à la page 147, à la place de celui de *dynastie*. Il y en a cent de cette force. Les corrections et les additions, envoyées pour la deuxième édition, en feront un ouvrage nouveau, sans qu'il y paraisse trop. Il serait long et inutile, monsieur le comte, de vous signaler les fautes principales ; mais, vous verrez aisément qu'il manque une phrase entière à la page 64, ligne 4, et qu'il y a de même une lacune considérable à la page 84, ligne 18. La suppression du monosyllabe *cru* (page 87, ligne 12), entre les deux particules *et* et *par*, fait une phrase niaise d'une pensée qui avait quelque saillie (2). Mais

(1) Ce *post-scriptum*, inséré dans la seconde édition, dite édition de Bâle, a été maintenu dans toutes celles qui ont suivi.
(2) Les fautes que signale Joseph de Maistre ayant disparu des éditions suivantes, ses observations ne présentent plus qu'un intérêt rétrospectif. Aussi, ne croyons-nous pas devoir rendre compte ici du travail de comparaison auquel nous nous sommes livré pour rétablir dans la première édition les passages disparus à l'impression.

c'est trop parler de ces misères; venons à des objets plus importants :

« Les parlements sont une des parties de votre constitution, que j'avais le plus attentivement méditée. Je n'entame point ce sujet qui me mènerait trop loin : ce pourrait être, tout au plus, le sujet d'une lettre particulière, si le roi le voulait.

« Il ne faut pas avoir beaucoup de tact pour s'apercevoir que l'ouvrage dont je me suis servi pour *bâtir* mon chapitre VIII, n'avait pas complètement réussi auprès du roi, et pour parler franchement, monsieur le comte, lorsque je me suis demandé pourquoi ce prince si réfléchi et si modéré n'avait pas tâché de légitimer ce travail au lieu de le repousser, je n'ai pas trop su me répondre. Je craignais même qu'une foule de Français ne prissent le change sur cette désapprobation, et c'était un chagrin pour moi, par une suite de l'intérêt ardent que je prends à vos affaires.

« Si j'avais pu seulement soupçonner dans les auteurs du livre en question la prétention de borner les droits des États généraux à de simples doléances et de les placer au-dessous des parlements, j'aurais rejeté leur livre avec le dernier dédain; mais, le système contraire est clairement énoncé aux pages 292, 293, 302, 303, 304, 332, citées aux pages 127-28 des *Considérations*. Me trouvant séparé de mes livres, il me fallait un recueil quelconque pour former le tableau rétréci qui entrait dans mon plan. Je m'en suis servi comme d'une table des matières, qui me fut indiquée par le mal qu'en disait ce petit drôle de Constant, dans son vilain pamphlet : *De la force du gouvernement actuel* (1). Je persiste à croire que les magistrats (que je ne connais aucunement, mais qui ont, je l'imagine, une tête sur les épaules) n'ont jamais pensé à élever des juges quelconques au-dessus de leur nation. En tout cas, monsieur le comte, si ces messieurs sont fous, qu'on les baigne. Je ne prends dans leur ouvrage que les monuments. Vous verrez une note sur ce point dans la deuxième édition. J'espère, d'ailleurs, que mon *post-scriptum* donnera pleine satisfaction au roi.

(1) *De la force du gouvernement actuel et de la nécessité de s'y rallier*, par Benjamin CONSTANT. Paris, 1797. Cette brochure venait de paraître. Elle constitue un chaleureux plaidoyer en faveur du Directoire. L'auteur y prenait vivement à partie l'opuscule des magistrats dont il est question plus haut. Tout, d'ailleurs, n'est pas à dédaigner dans cette apologie des thermidoriens. Parmi de basses flatteries pour les vainqueurs et de violentes attaques contre les vaincus, on trouve quelques vérités applicables à tous les temps. Telle, celle-ci : « Un défaut qui caractérise presque tous ceux qui ont joué un rôle dans la Révolution, et surtout les vaincus après leur défaite, c'est de vouloir toujours ramener les choses au lieu de les suivre. Ils regardent leur triomphe comme le but général et croient que le but ne peut s'atteindre, dès qu'on les a dépassés. »

« Ce chapitre viii, au reste, pourrait bien n'être qu'un chapitre de circonstance, et je vous avoue que je l'ai écrit dans cet esprit. Que le roi, dans sa sagesse, reconnaisse le droit des États généraux de consentir la loi et l'impôt; que ce droit résulte de la Constitution *écrite* des Français, c'est fort bien : il faut bien se garder de disputer sur cet article. Mais, que les Français soient faits même pour ce degré de liberté, en vérité, je n'en sais rien. La postérité le saura.

« Le chapitre en question qui vous a alarmé, sous un certain point de vue, a déplu à d'autres personnes sous un point de vue bien différent. Le très estimable auteur de l'*Avis des éditeurs* s'est fâché contre ce chapitre, parce qu'il tend à prouver que les Français avaient une constitution, ce qu'il ne croit point du tout. Je me serais même passé bien volontiers de certaines lignes de cet avis où il avoue (assurément sans commission) que je ne sais rien sur la Constitution française (1); ce qui tend, ce me

---

(1) Profitant de ce que Joseph de Maistre éloigné de lui ne pouvait surveiller de près l'impression de son livre, l'éditeur s'était permis de placer, sans son consentement, en tête du volume, un avis où, entre de vifs éloges, il avait glissé cette réserve : « Le chapitre sur l'ancienne Constitution se ressent trop de la nécessité où, à défaut de connaissances suffisantes, l'auteur s'est vu forcé de s'en remettre aux assertions de quelques écrivains de parti. » Rappelons que ces « écrivains de

semble, à affaiblir l'effet du livre. Je puis manquer sans doute de pénétration et de logique; mais, pour l'étude et la réflexion, je suis sûr de moi. Au reste, il y a des inconvénients qui tiennent à la position. On imprimait à cent lieues de moi; je ne pouvais m'entendre avec l'éditeur, que j'estime trop d'ailleurs pour lui faire la moindre querelle. Vous verrez cependant dans la deuxième édition quelques traces de notre altercation sur votre ancienne Constitution.

« Le roi, me dites-vous, monsieur le comte, me fait l'honneur de désirer que mon ouvrage soit répandu avec profusion en France. Hélas! je n'y puis rien. Je n'ai plus les moyens de diriger l'imprimeur, de fixer le nombre des exemplaires et de régler la distribution. D'ailleurs, je suis trop loin de l'imprimeur. Mais, puisque je suis conduit à vous parler de moi, permettez-moi quelques détails.

« Je suis demeuré, depuis l'origine de nos troubles, constamment attaché au roi (1) : je l'ai

---

parti » étaient des magistrats qui avaient déjà donné et devaient donner encore d'éclatants témoignages de leur dévouement aux Bourbons. On retrouve ici la trace des dissentiments qui agitèrent l'émigration.

(1) Victor-Amédée III, roi de Sardaigne, mort le 16 octobre 1796, en laissant la couronne à son fils Charles-Emmanuel IV.

servi aussi bien que j'ai pu, et je quittai la Savoie où je suis né pour me réunir à lui, avant la réunion de ce malheureux pays à la France. Pour ce *crime*, j'ai été mis sur la liste des émigrés et mes biens ont été confisqués. C'est le comble de l'extravagance autant que de l'injustice; mais, le mal n'est pas moins fait. J'avais la perspective la plus brillante si la Savoie avait été restituée. Le traité, ou, pour mieux dire, la *capitulation* de Paris, a renversé mes espérances. Rappelé de Suisse où j'avais servi le roi pendant quatre ans, j'ai trouvé ici une pension de 2,000 francs qui se réduit à 1,200, vu la perte des billets, et je n'ai nul espoir d'être employé. Dispensez-moi, monsieur le comte, de m'étendre sur ce lamentable sujet. Le roi n'est pas maître, à beaucoup près, de suivre son inclination; mes malheurs ne font qu'ajouter le sentiment d'une compassion respectueuse à ceux qui m'attachaient à lui.

« Cependant, il faut que je prenne un parti, et, s'il m'est impossible de demeurer sujet du roi de Sardaigne, mon ambition est de devenir Français et de servir la cause du roi de France. Je ne puis obtenir justice au département de Chambéry; mais, si je présentais une pétition au Conseil des Cinq-Cents, et qu'elle fût appuyée auprès des députés qui marchent dans la bonne route, par un seul mot du roi, je crois que je réussirais. Croyez-vous, monsieur le comte, que Sa Majesté voulût dire ce mot? Il me semble que la nature m'a créé pour la France. Si l'on ne veut plus de moi de ce côté des Alpes, mes devoirs cessent et je demeure libre.

« D'ailleurs, une foule de mes compatriotes prennent ce parti que le roi de Sardaigne ne désapprouve point. Si j'avais cent louis de rente, je vous jure, monsieur le comte, que j'aurais déjà pris mon parti; mais, je ne puis abandonner la modique ressource qui me reste, tant que je suis privé de mes biens. Bientôt, j'aurai épuisé tous les genres de ressources dont je pouvais disposer. Je vois une perspective épouvantable. Un ambassadeur anglais, avec lequel j'étais lié, me cherche dans son île quelque enfant gâté de la fortune que je puisse promener en Europe. C'est ce qu'on appelle en style badin : *montrer l'ours*. D'autres personnes cherchent à me placer auprès de quelque jeune altesse allemande. Je répugne un peu au second parti, et beaucoup au premier; cependant, il faudra bien plier sous l'invincible nécessité. Oh! si le roi pouvait et voulait bien employer son influence pour me replacer dans mes biens! S'il voulait m'adopter, peut-être que je ne serais pas un Français inutile.

« Les bontés qu'il veut bien me témoigner par votre organe, monsieur le comte, ont amené cet épanchement peut-être indiscret. Je m'estimerais bien heureux si j'avais menti à la page 147, ligne 5ᵉ de mon ouvrage. J'écrivais, je vous le jure, sans la moindre prétention, et sans me flatter du tout que le roi attacherait quelque importance à mon travail. C'est même par suite d'une défiance dont je ne suis pas maître, que je n'ai point pris la liberté de lui présenter l'ouvrage dans le temps.

« Vous comprendrez sans doute aisément, monsieur le comte, que, dans la position où je me trouve, il ne pourrait rien m'arriver de plus fatal que d'être connu publiquement pour l'auteur des *Considérations*. Je serais perdu dans ce pays et peut-être même que je perdrais le pouvoir d'être utile en France à la bonne cause. Je me recommande au roi sur ce point, et je vous prie, monsieur le comte, de vouloir bien appuyer auprès de l'imprimeur le sermon que je lui adresse par ce courrier sur le chapitre de la discrétion; car il me semble qu'il se gêne peu.

« Vous ne vous trompez point, assurément,

monsieur, en jugeant que je serai infiniment sensible à l'honorable approbation dont vous avez bien voulu vous rendre l'organe. Je vous remercie des observations que vous m'avez adressées et j'en ferai mon profit autant que les circonstances le permettent. Si l'impression n'était pas achevée, j'aurais mieux fait encore. Je vous supplie, monsieur le comte, de vouloir bien mettre aux pieds du roi ma vive reconnaissance. Si. Sa majesté a vu des lacunes, des oublis dans mon ouvrage, Elle voudra bien excuser un étranger, séparé de son livre et seul avec sa conscience et sa mémoire. Je me sentais disposé, appelé, entraîné à défendre sa cause qui me semble celle de l'ordre social. Du côté du zèle et des intentions, je puis défier le meilleur royaliste français.

« Je suis enchanté, monsieur le comte, que cette affaire m'ait mis en correspondance avec vous. Vous êtes si connu, si intéressant par votre noble dévouement à la cause et à la personne du roi, que je regarde comme une bonne fortune le plaisir de faire votre connaissance comme on peut la faire de loin. Il ne pouvait rien m'arriver de plus heureux que d'obtenir l'approbation du roi, et d'en être assuré par vous.

« Je suis avec une respectueuse considération,

monsieur le comte, votre très humble et très obéissant serviteur.

« Le comte DE MAISTRE (1).

« *P.-S.* — Vous pouvez m'écrire très sûrement, monsieur le comte, sous le couvert de M. le comte de Hauteville, chevalier grand-croix des ordres royaux de Saint-Maurice et de Saint-Lazare, Turin. Je vous prierai seulement de mettre un cachet de fantaisie, et de faire mettre votre lettre à la poste dans quelque bureau de Suisse, comme Berne ou Lausanne, ce qui vous sera très aisé. »

Cette lettre où Joseph de Maistre parle de sa misère avec une si noble simplicité, et sollicite de Louis XVIII les moyens d'y remédier, était à peine partie qu'il regretta d'avoir promis à d'Avaray de mettre à son livre un *post-scriptum* rectificatif. Ce regret apparaît nettement dans la première partie de celle qui suit. Il se résigna cependant à tenir sa promesse, et, sans attendre une réponse à la demande qu'il avait adressée au roi le 30 août, il envoyait à d'Avaray, le 6 septembre,

---

(1) Toutes les lettres adressées à d'Avaray sont signées comte de Maistre. Celles qu'il écrit à Blacas portent les unes la même signature, les autres : Maistre, et quelques-unes un M.

en même temps qu'à son imprimeur de Bâle, une copie de ce *post-scriptum* arraché, plus encore qu'à sa conviction, à son désir de ne pas se mettre en contradiction avec le roi de France.

« Turin, 6 septembre 1797.

« Le croiriez-vous, monsieur le comte? Lorsque j'ai voulu dégager ma parole et composer ce *post-scriptum*, j'y ai trouvé de telles difficultés que j'ai été sur le point de m'en dispenser. En premier lieu, plus j'ai examiné la chose de près, et moins j'ai conçu l'utilité de cette addition. Vous paraissez craindre qu'on ne suppose au roi l'intention de favoriser les prétentions parlementaires. Ne croyez pas cela, monsieur le comte : il n'y a pas de bonhomme en France, qui s'imagine que vos princes travaillent pour ressusciter cette petite opposition bourgeoise qui les ennuyait tant. Je vis l'effet du livre des magistrats français lorsqu'il parut en Suisse; on crut tout bonnement que les princes français, ne se trouvant pas encore assez instruits par les circonstances et assez persuadés des concessions qu'elles exigeaient, avaient vu de mauvais œil un écrit où les droits du peuple étaient mis dans un trop grand jour. Ce fut une des raisons qui m'engagèrent à m'emparer de cet ouvrage, et à dire qu'il méritait la confiance des Français, parce que l'air de défaveur qui l'environnait, prouvait aux Français que ce n'était point un ouvrage de commande.

« Mais, à supposer même l'utilité de la pièce, je me suis trouvé arrêté par d'autres considérations, lorsque j'ai voulu mettre la main à l'œuvre. Vous n'avez pas songé, monsieur le comte, à me citer les passages où ces messieurs ont mis les parlements au-dessus de la nation. Ma mémoire, quoique assez complaisante, ne me les rappelle point; je croyais même avoir copié des textes contraires. Je ne puis plus me procurer le livre; je me suis trouvé très embarrassé, car rien ne dispense, lorsqu'il s'agit surtout de telles extravagances, de citer les textes ou les pages. D'ailleurs, monsieur le comte, le roi n'a besoin que de la bienveillance universelle. Est-il bien nécessaire de rappeler d'anciennes rancunes et d'exciter des souvenirs anciens? Si mon livre venait à exaspérer un seul cœur contre le roi de France, j'en serais inconsolable. D'un autre côté, votre avis, qui est celui du roi, m'a paru si respectable que je n'ai pu me déterminer à revenir en arrière, surtout après avoir promis (à la vérité, sans y songer assez). J'ai donc écrit mon *post-scriptum* et je l'ai refait cinq fois avant d'avoir été à peu près content de moi. Comme je serais fâché que Sa Majesté ne le connût que par l'impression, j'ai l'honneur, monsieur le comte, de vous en adresser ci-jointe une copie.

« Je désire de tout mon cœur avoir réussi. Mais, si je n'avais pas eu ce bonheur, du moins complètement, je ne vous en prierais pas moins, monsieur, de laisser aller l'impression. Nous sommes trop loin pour nous entendre sur toutes les syllabes, et nous perdons un temps précieux. D'ailleurs, il est essentiel de conserver à mon ouvrage cette physionomie d'indépendance qui peut le recommander aux Français. J'ai pris les plus grandes précautions pour écarter toute idée de commission directe, et pour que le roi ne puisse être soupçonné de désapprouver dans ce livre autre chose que les prétentions parlementaires exagérées. J'ai donné à la pièce, en général, une forme hypothétique qui devenait nécessaire, dès que je ne pouvais citer cette critique, même de supposition; je l'ai tempérée par des éloges; car le moment est venu où il faut plus que jamais, suivant l'expression de saint Paul, dire la vérité avec amour. Tout ce qui demande un roi (pourvu que ce soit le légitime) doit être embrassé comme frère; sur tout le reste, il faut ajourner les querelles, sans jamais perdre de vue cette grande vérité aussi certaine qu'un axiome de mathématique, que, dans peu d'années, les Français auront nécessairement, invinciblement, le gouvernement qui leur convient.

« Je regrette infiniment, monsieur le comte, de n'avoir pas eu une idée : c'était de vous demander pour mon livre une préface par une bonne main française au lieu de cet « Avis » qui est certainement d'un homme très estimable, mais qui n'est cependant qu'une espèce de boutade fondée sur ce que j'avais choqué ses systèmes en soutenant la réalité et l'excellence de votre ancienne Constitution. Nous avons eu sur ce point des discussions dont vous vous apercevrez en lisant la deuxième édition.

« Je crois faire plaisir au roi, monsieur le comte, en lui apprenant que mon ouvrage vient d'être réimprimé en France; je ne sais dans quelle ville. Ce que je craignais est arrivé; on a réimprimé le livre sur la première édition. Toutes les fautes sont copiées scrupuleusement, et il y en a de nouvelles. En copiant la note de la page 241 (236 *bis*), les nouveaux éditeurs n'ont pas manqué d'imprimer : « Voir ci-devant la page 216, » quoique leur édition n'en ait que 191. Il n'est pas possible d'être plus automate. Cependant, les intentions du roi sont remplies et l'ouvrage exécuté. Donnez vos soins, je vous en supplie, pour que la deuxième édition fasse son chemin, et parvienne surtout aux journalistes du bon côté.

« Puisque vous êtes en Allemagne, monsieur le comte, vous avez pu vous apercevoir de la manie des traductions qui règne dans ce pays. J'ai vu traduire en allemand tant de guenilles que je puis supposer sans fatuité qu'on me fera le même honneur. C'est encore là, ce me semble, un point dont vous pourriez vous occuper, en faisant circuler l'annonce d'une deuxième édition qui suspendrait le travail des traducteurs, soit en proposant vous-même l'entreprise à quelque homme de lettres de notre couleur. Il faut inciter nos ennemis et faire circuler les idées religieuses et le royalisme, comme ils faisaient et font circuler leurs poisons : par tous les canaux possibles.

« A propos d'idées religieuses, je ne sais comment j'ai oublié de vous faire part d'une anecdote sur mon ouvrage. Il était intitulé : *Considérations religieuses sur la France* (1); mais, l'éditeur sup-

(1) Dans aucune des rares lettres en date de 1794-1797, qui figurent dans la *Correspondance* imprimée, il n'est fait mention

prima l'épithète, de peur de scandaliser le dix-huitième siècle. Il ne fit pas attention qu'il y avait des passages dans le livre qui se rapportaient à ce titre. Par exemple, monsieur le comte, vous n'aurez pas compris les dernières lignes du chapitre III. Je crois, au reste, que ce titre importe peu. Le meilleur, sans doute, serait : *Lisez, Français!*

« Pardon, monsieur le comte, pour cette longue épître. Je voulais vous rendre compte de ce que j'ai fait, et j'avais encore bien des choses à vous dire. Ce que je ne vous aurai jamais assez dit à mon gré, c'est que je suis entièrement dévoué à la cause de votre souverain, et que j'ai rompu je ne sais combien de lances pour cette cause avant que des circonstances inouïes me fissent envisager comme possible, je ne dis pas la faculté, mais la nécessité peut-être de devenir Français. Je suis avec une respectueuse considération, monsieur le comte, votre très humble et très obéissant serviteur.

« Le comte DE MAISTRE.

« *P.-S.* — Je vous demande pardon pour les ratures. J'ai cette incommodité (c'est le mot), et il n'y a plus de remède. »

de cette circonstance que nous n'avons vue, d'ailleurs, révélée nulle part.

Lorsque les deux lettres qui précèdent arrivèrent à Blanckenberg, dans le courant du mois de septembre, on venait d'y recevoir les émouvants récits de la journée du 18 Fructidor. Tout y était trouble, confusion, désarroi. Louis XVIII savait ses principaux agents arrêtés ou fugitifs et ses secrets tombés aux mains du Directoire. Nulle atteinte plus funeste ne pouvait être portée à sa cause. La sollicitation du comte de Maistre survenait donc inopportunément et d'autant plus mal à propos que le coup d'État, exécuté à Paris, paralysait le roi. En le réduisant à une impuissance dont il ne pouvait mesurer la durée, il lui ôtait les moyens de venir en aide à ses partisans, même dans la forme où le demandait Joseph de Maistre.

Le comte d'Avaray fut chargé d'en faire à l'auteur des *Considérations* le pénible aveu. Mais, afin d'atténuer la cruauté d'un refus imposé par les circonstances, et sans doute aussi pour ne pas décourager le solliciteur, alors qu'on demandait à sa plume un nouveau service, Louis XVIII lui fit annoncer un envoi d'argent, véritable secours et aumône déguisée, qu'il se serait dispensé de lui offrir, même sous un prétexte acceptable, s'il eût mieux connu cette âme fière et désintéressée.

« Sans doute, monsieur le comte, lui écrivait

d'Avaray, le 28 septembre, le roi aurait fait avec le plus grand plaisir la démarche que vous désiriez de sa part. Mais, le terrible événement du 4 septembre ne lui en laisse pas les moyens, et c'est un nouveau regret pour lui de perdre ainsi l'occasion de vous donner un témoignage particulier de sa satisfaction, je peux dire de sa reconnaissance.

« Le roi a considéré cependant que la distribution de votre ouvrage dans l'intérieur du royaume ne peut se faire sans un surcroît de dépenses, et il m'a chargé de vous faire passer cinquante louis dont vous disposerez comme vous le jugerez convenable. Cette somme vous donnera non pas la mesure de son estime, mais celle du fâcheux état de ses finances. J'ai été obligé de retarder ma réponse pour attendre une lettre de change que je ne pouvais tirer que de Hambourg.

« C'est un léger inconvénient que mes observations vous soient arrivées trop tard pour trouver place dans la deuxième édition de votre ouvrage. Ce qui me fait bien plus de peine, c'est que vous n'ayez pu y ajouter un chapitre sur l'affreux événement du 4 septembre. Il serait à souhaiter que vous eussiez lié cette catastrophe au plan de votre ouvrage, qu'elle semble déranger. C'est un sujet bien important à traiter, mais que nul écrivain ne peut traiter mieux que vous. Qui fera sentir aux Français combien sont impudents et vils les tyrans qui les asservissent? Qui les soulèvera contre cet odieux despotisme qui attente à la représentation nationale jusque dans son sanctuaire; qui met le Corps législatif sous le joug et le fait consommer tous les actes les plus tyranniques; qui frappe de déportation les députés les plus probes, les plus courageux, les plus éloquents, les plus chers à la nation, sans les accuser, sans les entendre, sans examen; qui annule par un acte de sa toute-puissance tant d'assemblées primaires, tant d'électeurs dont la légimité était authentiquement reconnue; qui détruit enfin cette marotte philosophique des sociétés : la *souveraineté du peuple*, à laquelle trente millions d'hommes doivent la théorie de la liberté et la réalité de l'esclavage? Voilà, monsieur le comte, une matière bien digne de votre plume énergique et profonde. Agréez les vœux que je fais pour vous voir la traiter. »

Quoique les protestations indignées du généreux et fougueux d'Avaray, doivent à leur sincérité de n'avoir pas à souffrir d'être rapprochées de la prose mâle et vibrante de Joseph de Maistre, nous aurions hésité à donner ici le texte intégral de cette lettre si elle n'eût été la cause déterminante d'un malheureux incident (1) dont on va voir son destinataire narrer, en termes navrés, les douloureuses conséquences.

Au moment où il achevait de l'écrire, d'Avaray n'avait pas encore reçu la lettre de change qu'il devait y insérer. Il ne voulut pas cependant retarder sa missive. Il la ferma après y avoir annoncé en trois lignes à son correspondant, pour une occasion ultérieure et prochaine, l'envoi d'argent qu'il était empêché de faire ce jour-là, et l'adressa à M. Plenti, agent de la cour sarde à Francfort, qui s'était chargé de faire passer à Turin les lettres de Louis XVIII. Enfin, quelques jours plus tard, il confiait la lettre de change à la même voie. Il devait donc supposer que ses expéditions étaient parvenues à leur adresse lorsque, le 30 décembre, la lettre suivante de Joseph de Maistre vint lui apprendre que celui-ci ne les avait pas reçues. On remarquera, parmi les plaintes qu'elle contient, la noblesse du refus que l'auteur oppose à l'offre de Louis XVIII.

(1) Il n'y est fait aucune allusion dans l'introduction placée par le comte Rodolphe de Maistre en tête de l'édition des *Œuvres complètes* de son père, pas plus d'ailleurs que dans les lettres imprimées. On va voir cependant que ce fut un gros événement dans la vie de Joseph de Maistre.

« Turin, 20 octobre 1797.

« Écoutez, monsieur le comte, une lamentable histoire. J'avais eu l'honneur de vous écrire que, si vous m'adressiez quelques lettres, elles devaient être mises à la poste en Suisse. Quel mauvais génie vous a fait oublier cette recommandation? Vous m'avez écrit par un courrier d'Allemagne, et votre lettre est allée à Milan tomber entre les mains de Buonaparte ! De son portefeuille, elle ne fera qu'un saut dans celui du Directoire, et me voilà perdu dans ce pays, suivant toutes les apparences. Songez, monsieur le comte, au danger épouvantable auquel cette lettre expose le roi de Sardaigne. S'il plaisait à ces messieurs d'imaginer qu'il connaissait mon ouvrage et ma correspondance avec vous, il y en aurait assez pour attirer la foudre sur le Piémont; et, tandis que ce malheureux prince n'ose pas seulement employer ses sujets les plus fidèles pour se tenir en règle avec ses ombrageux alliés, il se trouverait exposé aux plus terribles soupçons pour une chose dont il n'a jamais ouï parler. Enfin, monsieur, je suis inconsolable.

« Si l'affaire ne sortait pas des mains de Buonaparte, je serais à peu près tranquille; je prendrais même le parti de lui faire lire mon livre (1). Il verrait qu'il est d'un homme contraire au parti qu'il aime (ou qu'il défend), mais au moins d'un homme loyal. Il y a d'ailleurs, presque toujours, dans le cœur des militaires, une fibre honorable à laquelle on peut s'adresser; et il y a en particulier dans la conduite de Buonaparte des traits véritablement grands : Monk ne le valait pas. Je le prierais donc sans façon de me laisser tranquille; mais croyez-vous qu'il puisse se dispenser d'envoyer votre lettre à Paris? Je n'en crois rien, et, dans ce cas, je suis perdu. Les avocats ne pardonnent rien.

« Vous dire, monsieur le comte, comment j'ai appris ce malheur, et comment j'ai appris ce que contenait votre lettre, ce serait une chose fort inutile. D'ailleurs, je ne puis entrer dans ces détails. Vous m'y donniez le plan d'un ouvrage : il faut penser, au lieu d'écrire, à monter en chaise de poste. Le chagrin que j'éprouve ne m'empêche point de sentir vivement la marque de bonté et d'intérêt, que vous m'annonciez de la part de Sa Majesté. Mais, si je reçois la lettre de change annoncée dans cette autre malheureuse lettre, et qui n'y était point contenue, je supplie le roi de me per-

---

(1) Bonaparte l'avait déjà lu et admiré.

mettre de ne point l'accepter. Certainement, monsieur le comte, je ne me ferais aucune délicatesse d'accepter de l'argent du personnage éminent qui est à mes yeux aussi roi que Louis XIV. Mais j'ai encore un souverain (jusqu'à demain peut-être); un bon souverain qui me paye, non pas autant que j'en aurais besoin et qu'il le désirerait probablement, mais assez pour que je puisse vivre. Je suis encore à son service virtuellement, comme on dit au collège; et je n'ai pas encore épuisé totalement mes ressources. Ainsi, monsieur le comte, je prendrai la liberté de ne point accepter la lettre de change.

« Mais, je vous l'avoue, je recevrais avec beaucoup de respect et de reconnaissance un signe de la satisfaction du roi. J'aurais eu la hardiesse de lui demander son portrait, si je pouvais me parer de ce don dans ce moment, et si, même en ne le montrant pas, il n'était pas dangereux pour moi. Mais, un petit bijou, un cachet, un camée, etc., que je pourrais porter et qui ne dirait rien à d'autres yeux que les miens, me serait infiniment agréable.

« Si le roi m'accordait cette faveur, j'exclurais absolument le diamant, et même toute valeur qui s'approcherait de la lettre de change. Si le papier était durable, je demanderais une bague de papier. Vous savez mes intentions, monsieur le comte. Je pense bien que vous ne voudriez pas me chagriner; et même je ne vous fais cette demande que pour mettre à l'aise la bonté du roi auquel, par parenthèse, je faisais une demande sotte dans la première lettre que j'ai eu l'honneur de vous écrire, car j'appris peu de temps après, que la chose n'était pas possible, quand même il n'y aurait point eu de changement.

« Il est une autre grâce que je pourrais demander à Sa Majesté. Si, dans ses relations avec les cours du Nord, elle voyait quelque place auprès de quelque jeune prince, qui pût me convenir, je me recommanderais à ses bontés; car, depuis le fatal événement qui fait le sujet de cette lettre, il me paraît trop certain que je serai forcé de quitter le service du roi; et, en vérité, je ne sais ce que je deviendrai. Je voudrais bien, monsieur le comte, vous parler du 18 Fructidor, mais le 28 octobre m'occupe trop. Je pars sur-le-champ; je vais dans le duché d'Aoste, et, de là, je ne sais où. Je vous supplie de ne pas m'écrire jusqu'à ce que je vous aie dit où je suis. Je crains mortellement que vous ne m'ayez adressé quelque nouvelle lettre par la même voie. Enfin, monsieur le comte, il y a une fatalité incroyable attachée à la bonne cause et qui poursuit tous ceux qui s'en mêlent. Il suffit de vouloir l'appuyer du bout du doigt pour être pincé; cependant j'y mourrai. »

Il semble bien qu'en cette circonstance, Joseph de Maistre ait prévu plus de malheurs qu'il n'avait lieu d'en redouter. C'est ce qui ressort de la lettre moins alarmante qu'il écrivait à d'Avaray, quinze jours plus tard. Comme la précédente, elle est datée de Turin, ce qui prouve qu'il n'avait pas été contraint d'en partir, et elle y ajoute de curieux détails que complètent les deux qui la suivent.

« Turin, 12 novembre 1797.

« Monsieur le comte,

« La malheureuse aventure dont j'ai eu l'honneur de vous faire part dans ma précédente lettre ne m'a point causé de désagréments extérieurs. Mais, j'ai déplu, grandement déplu, et j'en ai eu une preuve amère, car j'étais sur le point d'obtenir une grâce importante qui a été supprimée. Je n'ai point jugé à propos de partir sur-le-champ, et ce, sur de fort bons conseils. Dans quelques jours seulement je m'éloignerai de la capitale, et probablement je passerai en Suisse. Un jour, peut-être, je ferai ma paix.

« J'espère, monsieur le comte, que Sa Majesté est bien convaincue que, malgré mes bonnes intentions, je ne puis plus remplir les siennes au sujet du morceau historique qu'elle me faisait l'honneur de me demander sur le 18 Fructidor. Votre lettre étant connue et mon style l'étant infiniment dans ce pays, si la pièce paraissait et qu'on vînt à y reconnaître ma plume, je serais enterré tout vif. Je suis désespéré de mon impuissance à m'acquitter de cette honorable commission. Daignez, monsieur le comte, être auprès du roi l'organe de mon sensible regret.

« Vous ne serez peut-être pas fâché d'apprendre, monsieur, que Buonaparte, en lisant votre lettre, n'a pas seulement souri, n'a pas laissé échapper un seul mot, un seul signe de désapprobation, n'a pas critiqué une seule ligne. Il a fait dire à quelqu'un : *En vérité, il avait l'air de trouver les raisons de M. le comte d'Avaray fort bonnes.* Certains traits de cet homme à jamais fameux m'ont donné quelquefois des espérances. Lorsque Monk, officier de Cromwell, passait au fil de l'épée une ville royaliste, il était bien plus loin que Buonaparte de la bonne route. J'ai réuni plusieurs de ces traits fugitifs qui sembleraient mener à quelque chose. Mais, d'un autre côté, lorsqu'on voit ce personnage extraordinaire appeler à lui, comme des législateurs, Sieyès, Rœderer et Benjamin Constant, les bras tombent. Qui sait cependant ce qui couve dans le cœur à trente-six mille plis de ce sombre insulaire ? En allant à Paris, il dément les prédictions des meilleurs esprits. La nouvelle du jour, à Turin, est son arrivée dans cette ville. Il arrive demain, peut-être ce soir. Il vient pour venir, sans aucune raison possible que celle de voir le roi. Je tâcherai de savoir quelques détails avant de fermer cette lettre.

« Je dois vous dire pour votre règle, monsieur le comte, que la lettre de change annoncée ne m'est point parvenue. Cependant, il est bien sûr qu'elle n'était pas dans la lettre interceptée, quoique Buonaparte ait dit en riant : *Je suis fâché qu'elle n'y soit pas; nous en avons déjà saisi quelques-unes à ces messieurs.* Au reste, monsieur le comte, de fortes raisons m'empêchent de profiter de cette grâce du roi. J'espère qu'il n'aura point désapprouvé le refus respectueux que j'ai eu l'honneur de vous adresser.

« J'espère aussi que, puisque Sa Majesté voulait bien me donner une preuve de sa satisfaction, je n'aurai point commis une impertinence en vous montrant avec une franchise enfantine l'espèce d'ambition que j'avais sur ce point. Si le roi m'accordait cette faveur insigne, j'insisterais vivement, monsieur le comte, sur ce que j'ai déjà eu l'honneur de vous dire. Fixer quelque chose serait de ma part un ridicule parfait; mais, permettez-moi cependant de vous dire que le quart de la somme que Sa Majesté voulait bien me destiner, me paraîtrait trop fort pour le signe que j'ambitionne, et que moins il vaudra chez l'artiste, plus il vaudra dans mon cœur.

« Serez-vous assez bon, monsieur le comte, pour me répondre quelques mots sur une idée que je n'ai fait que jeter dans ma précédente lettre? Nous sommes perdus, irrémissiblement perdus, pour être demeurés attachés au roi (1). Puisqu'on se tait sur nous dans les traités de paix et d'alliance, puisque les archiducs mêmes n'obtiennent que la restitution de leurs biens non vendus, quel espoir nous reste-t-il, à nous imperceptibles Allobroges? Il faut bien prendre un parti quelconque. Vous savez, monsieur le comte, que c'est un avantage dans ce moment de parler français sans être Français, à cause de l'effroi qu'inspirent les systèmes cachés. J'ai cet avantage; je

(1) Le roi de Sardaigne. Un peu plus loin, c'est du roi de France qu'il parle.

suis dans la force de l'âge (quarante-quatre ans); j'ai rassemblé quelques connaissances. Croyez-vous, monsieur le comte, que quelque grande éducation dans quelque cour du Nord pût me fournir une place au moins décente? Si les bontés du roi pouvaient m'être utiles dans ce projet, peut-être qu'il me les accorderait après avoir pris sur ma personne, comme il est bien juste, tous les renseignements nécessaires. Je sens bien que je n'ai aucun titre auprès de Sa Majesté que d'aimer sincèrement la France et la monarchie; mais peut-être que c'en est un. Quoi qu'il en soit, monsieur le comte, si je suis indiscret en vous parlant ainsi de moi, pardonnez, je vous en prie, au geste machinal d'un honnête homme qui se noie.

« Permettez-moi de ne plus signer, et recevez, je vous en supplie, les nouvelles assurances du respect avec lequel je suis, monsieur le comte, votre très humble et très obéissant serviteur.

N. N.

« Mon adresse est à M. Dubois-Dumilac, aux Chaînes, à Lausanne; en m'écrivant sous son couvert, votre lettre me sera remise à la main. C'est un digne homme, fort connu du brave général de Précy dont je le suis aussi beaucoup. »

« 19 novembre.

« Le départ de cette lettre ayant été forcément retardé, je puis encore vous apprendre que Buonaparte a passé aujourd'hui, allant à Rastadt en droiture. Arrivé à six heures du matin, il est reparti à dix heures sans être sorti de chez Miot (1), et, par conséquent, sans avoir vu le roi. Mgr le duc d'Aoste étant parti ce matin pour son château de Rivoles, on croit qu'il y verra Buonaparte. Les spéculations de tout le monde ont été fort dérangées.

« Le roi a donné au général républicain un cheval sarde de la plus grande beauté, avec des harnais et des pistolets magnifiques. »

Joseph de Maistre attendait encore la réponse de d'Avaray aux lettres qu'on vient de lire, lorsque le texte de celle du 28 septembre, cause de tant d'agitations et qu'il ne connaissait qu'imparfaitement, lui fut communiqué. Il ne nous dit pas par qui. Mais, il n'est pas difficile de deviner que ce fut par le ministre des affaires étrangères du roi de Sardaigne. Miot de Melito avait dû en effet en

(1) Miot de Melito qui représentait alors, à la cour de Turin, le gouvernement français.

entretenir ce ministre au nom de Bonaparte, la lui reprocher même comme une preuve des sentiments hostiles qu'en dépit de la paix conclue entre la France et le Piémont, on nourrissait secrètement à la cour de Turin contre le gouvernement de la République, sentiments dont il recueillait à toute heure maints témoignages et qui provoquaient ses incessantes plaintes. Ce fut, en tous cas, une occasion pour Joseph de Maistre de revenir sur cette pénible affaire en écrivant à d'Avaray :

« Turin, 29 novembre 1797.

« Je la connais enfin, monsieur le comte (et par quelle voie, grand Dieu !), cette belle et malheureuse lettre. Je crois que vous n'avez point de tort. Je l'ai dit, je l'ai écrit à tout le monde. Plus j'y ai réfléchi, et plus je me suis persuadé que vous n'aviez point confié votre lettre à un courrier d'Allemagne; que vous l'aviez au contraire fait mettre à la poste dans un bureau de Suisse. Mais quelle main perfide l'a envoyée à Milan au lieu de la laisser faire sa route par Domo-Dossola sur les terres du roi? C'est ce que nous ignorerons toujours. Je viens de passer quatre ans en Suisse où j'étais chargé de la correspondance de la cour; j'ai écrit peut-être quatre cents lettres par la route que je vous avais indiquée. Aucune ne s'est fourvoyée. Je n'y comprends rien. Mais, le mal est fait, et je crois, tout bien examiné, qu'il ne sera pas fort grand.

« En premier lieu, monsieur le comte, envisageant la chose par son côté le plus important, je ne crois pas que la publication d'un papier qui expose les sentiments du roi sur les affaires publiques, soit capable de nuire à ses intérêts. Je croirais bien plutôt à l'effet contraire. Quant à moi, les apparences ont d'abord été sévères et devaient l'être; mais le cœur du roi, mais celui de Clotilde de France (1) me rassurent beaucoup et m'empêchent de craindre ce qu'on appelle des malheurs. Jusqu'à présent, j'ignore mon sort. Miot n'a fait aucune réquisition; le ministre m'a écouté avec bonté. J'ai dit ce que je devais dire. Je n'ai point d'ordre encore; peut-être faudra-t-il voyager. Je suis prêt à tout, excepté à changer de principes. Les malheurs, les ennuis même ne sont rien lorsque la cause en est honorable. Quelles persécutions ne me sembleraient pas douces si mes

---

(1) On sait que Charles-Emmanuel IV, n'étant encore que prince héréditaire, avait épousé Madame Clotilde, sœur de Louis XVI.

faibles efforts avaient pu éclairer un esprit, échauffer un cœur, gagner un partisan à votre roi!

« Je sens, monsieur le comte, et il m'en coûte infiniment, je sens qu'il faut prendre congé de vous. Vous me permettrez même de vous prier de brûler mes lettres. On imprime les papiers des inquisiteurs de Venise; l'Allemagne est menacée d'un bouleversement; la Suisse s'avance vers le précipice; les traîtres sont partout. Il faut trembler sur toutes les correspondances. Cependant, je vous demande encore une lettre. Dites-moi, monsieur le comte, que le roi daignera conserver une place à mon nom *au livre où sont écrits* les noms de ses partisans les plus purs et les plus décidés. Dites-moi surtout que vous espérez toujours.

« Pour moi, monsieur, je suis inébranlable. Je veux encore croire que le monstre révolutionnaire n'a travaillé que pour le roi. J'espère que le 4 septembre achèvera de convertir les Français. Trop d'aveugles ne voulaient, ne demandaient que le repos. Ah! puissent-ils enfin comprendre qu'il ne peut y avoir de repos pour eux que dans les bras de leur souverain! Quelle expérience leur faut-il encore, et jusqu'à quand veulent-ils rêver des constitutions? Mon espérance la plus douce, mes vœux les plus ardents sont que le voile fatal tombera de lui-même et que le roi des Français, ne devant sa restauration qu'aux Français, ne devra la payer à personne. Qu'il soit connu, qu'il soit aimé, et que l'amour relève l'oriflamme.

« Daignez, monsieur le comte, mettre mes remerciements aux pieds de Sa Majesté. Les assurances de son estime sont inappréciables, et le rédacteur même sera bienvenu chez moi lorsqu'il me les apportera.

« Je tremble sur cette seconde lettre annoncée dans le *post-scriptum* de celle du 28 septembre. Elle est prise sans doute : sera-t-elle encore la matière d'un nouvel éclat? Je le crains beaucoup. J'espère au moins qu'on n'aura pas volé le roi. On n'aurait pu le faire sans un faux qui me paraît difficile. Combien je regrette, monsieur le comte, que les relations précieuses que j'ai eues avec vous, aient amené une aventure aussi désagréable pour vous que pour moi! Mais, quoi qu'il arrive, je me féliciterai toute ma vie d'avoir pu intéresser par mes efforts, quoique très légers, le maître auguste auquel vous êtes attaché. Un jour, peut-être, il sera permis encore de parler. Sa cause est celle de l'Europe; c'est celle de l'humanité. Ceux qui ignorent cette vérité ne sont pas de ma religion.

« Je conserverai précieusement votre souvenir, monsieur le comte; puisse le mien laisser quelques légères traces dans votre mémoire. Je n'ai point osé, comme vous savez, rechercher les bontés du roi. En défendant sa cause, j'étais tout à la fois timide et courageux. Il m'a fait savoir que je l'avais contenté; c'est assez pour moi, pendant que l'orage gronde. Le moment où je pourrai m'en glorifier ne sera pas seulement un des plus beaux de ma vie; il sera encore un des plus heureux pour la France, pour l'Europe, pour l'humanité. »

D'Avaray ne répondit à Joseph de Maistre que le 30 décembre. Sa réponse est brève; elle se ressent des graves préoccupations qui régnaient alors à Blanckenberg. Du moins s'appliquait-il à décliner la responsabilité de la triste aventure à laquelle avait donné lieu sa lettre du 28 septembre. Cette malheureuse lettre était partie « par la voie de M. Plenti », une voie sûre, avec plusieurs autres qui toutes étaient arrivées à leur destination. Par quelle fatalité, la plus importante avait-elle été détournée de son chemin? C'était à n'y rien comprendre. Néanmoins, et en renonçant à se l'expliquer, il s'en excusait ainsi que de la brièveté de ses regrets. Mais, le roi chassé de Prusse allait quitter

l'asile de Blanckenberg « sans savoir où il ira » (1).
« Je m'occuperai de vos intérêts, ajoutait d'Avaray, et de remplacer, comme vous le désirez, la lettre de change que vous avez la délicatesse de refuser. »

En arrivant à Mitau avec Louis XVIII, au mois de mars suivant, il reçut les remerciements de Joseph de Maistre :

« A la cité d'Aoste, par Turin, le 10 février 1798.

« Monsieur le comte,

« Lorsque je prenais congé de vous dans ma dernière lettre, j'ignorais que j'avais très près de moi le moyen de vous écrire sûrement. J'ai eu le plaisir de faire la connaissance de M. de C... chez Mme la duchesse de L... ; il veut bien se charger de ma lettre. Je profite de son offre obligeante pour vous accuser la réception de votre lettre du 30 décembre, fidèlement transmise par le correspondant de Lausanne.

(1) La négociation qu'il avait ouverte avec Paul Ier à l'effet d'obtenir un asile en Russie n'était pas encore terminée. D'autre part, il ne désespérait pas de pouvoir s'établir en Suisse et de rester ainsi « à portée de son royaume ». Il n'y renonça que le 26 janvier suivant, en apprenant que la Suisse était tombée au pouvoir de la France.

« Rien n'est plus vrai, monsieur le comte, le mieux souvent est l'ennemi du bien. Il aurait fallu faire mettre votre lettre dans un bureau suisse. M. Plenti a tout gâté. J'ignore comment il s'y est pris pour faire ce beau chef-d'œuvre; mais, ce n'est qu'un malheur. Si j'avais connu ce correspondant, je vous l'aurais indiqué moi-même. Cette aventure était écrite comme tant d'autres. N'en parlons plus.

« L'ouvrage dont j'espérais un meilleur succès a pénétré à Paris et même à Londres. Je m'attends à un nouvel éclat. Il me paraît impossible que je ne sois pas incessamment exécuté en effigie dans la *Décade philosophique* (1) ou quelque autre papier du même acabit. Je suis d'avance parfaitement consolé. La nouvelle édition gît tout entière dans un magasin en attendant des circonstances plus heureuses. Au surplus, monsieur le comte, je suis poursuivi par le démon de l'incorrection. Un morceau ajouté au sujet de quelques reproches bêtes qu'on fait au roi, s'est trouvé si estropié à l'impression que je n'ai pu m'empêcher d'y voir plus que de la distraction, du moins de la part du correcteur. Si quelque coup de vent porte jusqu'à

---

(1) Ce recueil, qui paraissait à Paris trois fois par mois, avait été fondé sous la Révolution par Ginguené. Il défendait les idées républicaines modérées et disparut en 1807.

vous cette nouvelle édition, je vous prie, monsieur le comte, de vouloir bien corriger, avant de lire, les fautes étranges dont vous trouverez là note ci-jointe, avec celle de quelques autres moins importantes.

« Me permettrez-vous un épanchement? Rien ne m'a scandalisé dans ma vie comme ces Français du bon parti (à ce qu'ils disent) que j'ai entendus si souvent soutenir thèse contre le roi, et critiquer ses démarches. Plaisants royalistes! J'aime mieux les jacobins. Si le roi dans telle ou telle circonstance a fait précisément tout ce qu'il y avait à faire, il est assez curieux qu'on s'avise de le critiquer : et si, dans la carrière la plus épineuse qu'il soit possible de parcourir, il lui arrive de se tromper, l'indulgence, dans ce cas, n'est-elle pas un devoir strict et sacré? Et de quel droit refuserions-nous à nos souverains celle dont nous avons besoin tous les jours dans les circonstances les plus ordinaires? etc. Je m'en suis tenu, à peu de chose près, à ces généralités. J'aurais mieux dit peut-être si j'avais eu l'honneur d'être en correspondance avec vous avant d'avoir livré mes additions; mais, peut-être aussi, je serais tombé dans ces détails, et j'aurais eu l'air moins désintéressé, moins étranger. Je réponds au moins de ma bonne volonté.

« J'ai été infiniment touché du nouveau déplacement de Sa Majesté. Grand Dieu! les rois laisseront-ils donc pousser le roi jusqu'au Spitzberg? Tant de malheurs m'inspirent l'intérêt le plus profond et le plus français. Quelquefois, je me sens abattu; mais, l'espérance vient ensuite me ranimer, et je compte toujours sur un changement heureux.

« Je ne saurais trop vous remercier, monsieur le comte, de l'intérêt que vous voulez bien prendre à ma situation. C'est bien à contre-cœur que je jette les yeux sur l'étranger; car ce qu'un honnête homme a de mieux à faire dans ce monde, c'est de servir son prince. Mais, depuis mon aventure, je crains fort de n'avoir plus le choix. La politique défendant à mon souverain de m'employer tant que cet ordre de choses durera, qui sait quand il lui sera permis d'écouter à mon égard sa justice et sa bonté ordinaires? Si, par hasard, il se présentait quelque chose d'avantageux, il est bon que vous puissiez répondre aux premières questions.

« Je suis originaire de Nice, et plus anciennement de Provence. Je suis fils d'un homme célèbre de son pays, président du Sénat de Savoie, et titré par le feu roi après soixante ans de services continués sous trois règnes. Ma famille est admise à la cour. Sur tout le reste, je n'ai rien à dire, excepté qu'elle est très nombreuse et toute royaliste. Au reste, monsieur le comte, je serais au désespoir que vous prissiez ce qu'on appelle des peines pour cet objet qui d'ailleurs n'est pas pressant; mais, s'il se présentait quelque heureuse occasion de m'assurer une existence, je suis persuadé que vous la saisiriez. Je dois vous répéter, monsieur, que, si le roi avait la bonté de s'y intéresser, il est tout simple que cette faveur soit précédée de toutes les informations préliminaires qui doivent la motiver. Je les provoque même.

« Je vous dois encore des remerciements, monsieur le comte, pour avoir mis dans ma requête à Sa Majesté : « Soit fait ainsi qu'il est requis. » Je me suis reproché l'enfantillage de cette demande qui est sortie de mon cœur malgré moi; mais, puisque j'ai fait cette folie, prenez garde, je vous en conjure : si mes intentions n'étaient pas remplies purement et simplement, je serais inconsolablement humilié.

« Voilà donc la Suisse perdue! Elle pouvait périr plus noblement, il y a deux ou trois ans. Je ne suis pas moins infiniment attristé par les malheurs d'un pays où j'ai été comblé pendant quatre ans des bontés les plus délicates. Le correspondant de Lausanne s'en est allé je ne sais où. Si vous me faites encore l'honneur de m'écrire, ce sera, si vous le voulez bien, par le canal qui vous transmet cette lettre. Je m'appelle Jean-Jacques Durand, négociant. Il ne faut pas que les vôtres contiennent aucune désignation et je ferai de même à l'avenir si vous le permettez. »

Cette lettre clôt définitivement la première période des relations de Joseph de Maistre avec la cour errante du roi de France. Plusieurs années s'écouleront avant qu'elles ne soient reprises. Louis XVIII est à Mitau, autant dire exilé au bout du monde ; Joseph de Maistre réside à Cagliari en Sardaigne, où son souverain, contraint de s'y réfugier, l'a nommé régent de la chancellerie royale, première place de la magistrature dans l'île. Il ne quitte ce poste qu'à la fin de 1802, pour aller représenter le roi de Piémont en Russie. Mais déjà Louis XVIII n'y est plus. Chassé de Mitau, il a trouvé un asile à Varsovie, à la condition de s'y faire oublier, et Joseph de Maistre resterait encore longtemps sans nouvelles de lui si, au printemps de 1803, traversant Rome pour se rendre à Saint-Pétersbourg, il ne se trouvait à l'improviste en présence du comte d'Avaray que l'état de sa santé oblige à passer l'hiver en Italie. Par ce fidèle serviteur du roi de France, il apprend que le monarque proscrit ne l'a pas oublié; qu'il professe pour sa personne, son caractère et son talent la plus haute estime.

— Sa Majesté vous tient, monsieur le comte, pour un fidèle partisan de la cause des rois et de la sienne, lui dit d'Avaray. Elle sait qu'elle peut compter sur votre dévouement tout autant que si vous étiez son sujet.

Rien n'est plus vrai, et Joseph de Maistre ne ment pas lorsqu'il en donne de vive voix l'assurance à son interlocuteur, non moins énergiquement que lorsque, cinq ans avant, il la lui donnait dans ses lettres.

CHAPITRE II

LES DÉBUTS D'UNE AMITIÉ

Avant de rencontrer le comte d'Avaray à Rome, Joseph de Maistre, se trouvant à Florence, au théâtre, dans la loge de la princesse Corsini, on lui avait présenté un jeune gentilhomme français, le comte de Blacas d'Aulps (1). Né en 1770, Blacas appartenait à une maison de Provence, vieille de sept ou huit siècles. Capitaine dans les dragons du roi, il avait émigré à la fin de 1789 et, à Nice, à Coblentz, à l'armée de Condé, dans la légion de Rohan, donné les preuves du plus ardent royalisme, poussant le dévouement jusqu'à s'offrir, comme otage, après l'arrestation de Louis XVI, lorsque le bruit s'était répandu que le roi serait remis en liberté si des gentilshommes français se constituaient prisonniers à sa place.

Au cours de ses séjours à Venise, il avait rencontré d'Avaray qui souvent y venait de Vérone

(1) J'ai longuement parlé de lui dans mon *Histoire de l'émigration*, t. III, p. 310, 311, 403, 409, 456, 457, etc.

où résidait alors Louis XVIII. Le favori s'était pris d'affection pour lui, l'avait conduit chez leur maître commun dont il lui avait assuré la confiance, en le lui recommandant comme un sujet dévoué, fidèle, prêt à mourir pour son roi, et dont il y aurait lieu d'utiliser les services. En 1803, la période militante de l'émigration étant close, Blacas, à Florence, retrouva d'Avaray ramené en Italie par le mauvais état de sa santé; et celui-ci venait de partir pour Rome, quand le hasard l'avait mis lui-même en relations avec Joseph de Maistre.

Blacas, à cette époque, avait déjà couru le monde, traversé l'Italie dans tous les sens, fréquenté beaucoup d'émigrés, laissé partout où il avait passé le souvenir d'un homme de commerce sûr, d'une loyauté rare, et gagné, même parmi les vieillards, de belles amitiés, telles que celles de Nicolaï, évêque de Béziers; de Sabran, évêque-duc de Laon; de l'abbé de Jons et d'autres émigrés de marque, qui en témoignent dans la correspondance qu'ils entretenaient avec lui. A peine âgé de trente-trois ans, il possédait déjà l'expérience, une maturité rare à son âge, et, en outre, au plus haut degré, l'art de verser dans la conversation comme dans ses lettres, le trésor de ses souvenirs. Joseph de Maistre, que le long séjour qu'il venait de faire à Cagliari avait éloigné du monde, fut conquis par ce jeune ami de d'Avaray, qui, simplement, sans prétentions et sans emphase, lui révélait des détails piquants sur les hommes et sur les choses de l'Europe.

On comprendra mieux encore le plaisir qu'il prit à l'entendre, quand on aura lu la lettre suivante que Blacas avait écrite à une amie à la fin de 1799, au sortir d'une visite chez le maréchal Souvarof, et dont probablement il répéta le contenu à son brillant interlocuteur, en apprenant qu'il allait à Saint-Pétersbourg comme représentant du roi de Sardaigne. En cette qualité, Joseph de Maistre ne pouvait qu'attacher le plus grand prix à tout ce qui aidait à le documenter sur les grands personnages de la Russie et sur le plus illustre des généraux moscovites.

« Quand j'ai écrit à Chiavenne à M. de Lavedan, je croyais être obligé de faire le voyage de Schaffouse où l'on m'avait assuré que le maréchal Souvarof avait porté son quartier général. Mais, je l'ai trouvé à Lindau où il est depuis huit jours et où je suis arrivé depuis hier matin. Dès le soir, j'ai vu un aide de camp du maréchal, et, d'après ses instructions, je me suis présenté ce matin à sept heures à la porte du prince-maréchal (c'est ainsi qu'on l'appelle).

« J'ai été introduit tout de suite chez son neveu, le prince Gorsakof. Il m'a conduit chez le prince-maréchal qui m'a accueilli avec une bonté et une obligeance parfaites. Suivant un usage, il m'a donné plusieurs bénédictions, a récité une prière en russe, ensuite une en français, ayant toujours les yeux fermés et les mains jointes.

« Ces prières finies, il est venu à moi, m'a embrassé fort tendrement, m'a fait un fort long discours sur son respect, son attachement pour le roi mon maître et pour M. le prince de Condé, *le héros!* Il m'a parlé avec admiration de l'armée de Condé qui avait prouvé sa constance à *Constance!* et a fini par m'assurer qu'il serait toujours mon sincère ami, et que si je *commandais* quelque chose, je n'avais qu'à lui donner mes ordres.

« Sa harangue finie, sans attendre ma réponse, il a été parler au commissaire anglais qui était entré presque en même temps que moi. Il est ensuite venu de nouveau vers moi pour me donner tous les détails de sa retraite depuis Altorf jusqu'à Coire, en me disant que, si je fusse arrivé plus tôt, je l'aurais faite avec lui et que sûrement, je n'avais jamais vu de pays aussi affreux, ni éprouvé de temps pareils à ceux qu'il avait essuyés. Il m'a ensuite beaucoup parlé de sa campagne d'Italie et a fait appeler le général qui a pris la citadelle de Turin, pour me le faire connaître, comme un *homme qu'il faut aimer*, dit-il.

« Enfin, on a apporté du vin et des tartines de beurre couvertes de fromage. J'ai évité le vin, mais j'ai été obligé de manger du fromage. On a apporté ensuite un plat de tripes à moitié crues. Il m'a dit de m'asseoir à côté de son neveu; j'avais de l'autre côté le baron de Rosnem, ministre de Naples. Le premier plat a été relevé par une soupe aux choux dont le maréchal a mangé plus de la moitié en prenant dans le plat; un bouilli assez mauvais et entouré de pommes cuites a remplacé la soupe. On nous a donné ensuite une espèce de pâté chaud de volailles et de confitures, et, pour terminer le dîner, un gigot de mouton farci de gruau et de raisin de Corinthe, et une assiette de veau avec une sauce au sucre; enfin, pour dessert, quelques pommes partagées et une seule poire dont il a mangé la moitié et laissé l'autre sur une assiette qu'il a envoyée dans sa chambre. Le maréchal a été le seul qui ait bu de différents vins et de toutes sortes de boissons qu'on lui a apportées successivement et qu'il a avalées en faisant des grimaces incroyables.

« Il m'a beaucoup parlé pendant le dîner; il a aussi voulu parler en suédois au baron de Rosnem qui n'a pu ni l'entendre ni le comprendre. Nous avons été si longtemps à table qu'il était onze heures et demie quand il a donné la dernière bénédiction, qu'il s'est levé, et qu'après avoir salué saint Nicolas, il nous a fait une révérence de congé.

« Sa toilette n'était pas recherchée : il avait pour tout vêtement une petite veste blanche, un pantalon de toile, une botte et une pantoufle; les cheveux de ses fasces noués sur sa tête en forme de houppe et une petite queue. »

Ce piquant tableau dut plaire à Joseph de Maistre, alors qu'il s'attendait à se rencontrer avec Souvarof à son arrivée en Russie. Mais, ce qui surtout le disposa à considérer Blacas comme digne de son amitié, bien qu'il fût de seize ans plus âgé que lui, et à regretter la brièveté de leurs relations, c'est la chaleur avec laquelle le jeune Français protestait devant lui de son amour pour les Bourbons. Lui-même les aimait, se plaisait à dire d'eux qu'ils étaient nécessaires au bonheur de l'Europe. Il ne pouvait donc qu'applaudir au dévouement sans limites à leur cause, dont il recevait l'assurance, et qu'accorder son affectueuse estime à ce partisan des rois, qui exprimait avec tant d'éloquence juvénile des convictions pareilles aux siennes. Ils se séparèrent après cette soirée mémorable, sans espérer qu'ils se reverraient de sitôt; bien loin de se douter que l'année suivante les réunirait à Saint-Pétersbourg, et cimenterait d'une amitié indestructible les rapports qu'ils venaient de nouer. Joseph de Maistre se remettait en route pour la Russie et Blacas suivait à Varsovie le comte d'Avaray dont le tout-puissant patronage allait le faire attacher à la maison du roi.

Au mois de septembre 1804, après des péripéties que nous avons retracées ailleurs (1), Louis XVIII se trouvait au château de Blankenfeld, sur la frontière de Lithuanie, où l'hospitalité lui avait été généreusement offerte. Il y attendait qu'il lui fût possible de s'embarquer pour la Suède. Avec l'agrément du souverain de ce pays, il devait s'y rencontrer avec le comte d'Artois; réunion commandée à la fois par leur affection réciproque, car il y avait près de dix ans que les deux frères ne s'étaient vus, et par la nécessité de protester à la face du monde contre l'usurpation de Bonaparte

---

(1) *Histoire de l'émigration*, t. III, p. 336 à 353.

qui venait de s'emparer de la couronne des Bourbons en se faisant proclamer empereur.

La protestation que voulait lancer le roi, il l'avait déjà écrite de concert avec d'Avaray avant de quitter Varsovie. Mais, telle qu'il l'avait faite, elle n'était à ses yeux qu'un projet. Outre qu'il voulait ne la publier que d'accord avec son frère, il jugeait nécessaire de la soumettre à un homme qui fût à la fois un écrivain de race et un grand politique. En cherchant à qui il pourrait demander conseil, il n'avait pas trouvé mieux que Joseph de Maistre. Par son ordre, d'Avaray envoyait à son ancien correspondant le projet de déclaration, en lui demandant de donner à la pensée du roi les formes éloquentes propres à frapper le cœur et l'esprit des Français.

« De toutes les vanités d'auteur, lui disait-il, la plus déplacée serait celle du roi ou la mienne. Taillez, réformez, supprimez, ajoutez. »

Quand il y eut lieu de décider par qui serait porté à Saint-Pétersbourg cet important message, le choix de Louis XVIII, guidé par d'Avaray, tomba sur Blacas. Malgré sa jeunesse, il s'était fait assez favorablement connaître durant son séjour à Varsovie pour lui inspirer une entière confiance. Aussi n'est-ce pas seulement du message pour Joseph de

Maistre qu'il fut chargé, mais aussi de représenter en Russie les intérêts du roi de France et de les défendre auprès de la cour moscovite. Cette mission, qui allait le retenir à Saint-Pétersbourg quatre années durant, était, à vrai dire, une mission d'ambassadeur, d'autant plus difficile qu'en raison des rapports qui s'étaient noués entre Alexandre Ier et le gouvernement français, elle ne pouvait être officiellement avouée ni par l'envoyé qui la remplissait ni par le souverain auprès duquel il devait la remplir.

Lorsque Blacas arriva dans la capitale russe, Joseph de Maistre, qui s'y trouvait depuis plus d'un an, y tenait déjà une place considérable. Il la devait moins à sa qualité de représentant d'un monarque dépossédé d'une partie de ses États qu'à sa réputation d'écrivain, qu'à l'autorité de sa parole, justifiée par la sûreté de ses jugements et l'art génial avec lequel il les formulait. Le tsar se plaisait à le distinguer, à saisir les occasions de s'entretenir avec lui, de lui demander son avis sur les hommes et sur les choses. Honoré de la faveur impériale qui n'allait pas tarder à s'exercer en faveur de son fils Rodolphe et de son frère Xavier, il était, dans le monde de la cour et dans le corps diplomatique, l'objet du plus respectueux empressement.

« La vie que je mène ici, écrit-il au chevalier Rossi, chef du gouvernement sarde, n'est pas extrêmement conforme à mes goûts; il faut pour ainsi dire vivre en carrosse. Je pourrais occuper deux secrétaires et fatiguer huit chevaux par jour. Toujours je suis en arrière, toujours je manque ici ou là; je fais ce que je puis. Les maisons russes auxquelles je m'attache le plus sont : les deux frères Tolstoï : le premier, grand maréchal de la cour, et le second, gouverneur militaire de Saint-Pétersbourg; le comte Kotchoubey, ministre de l'intérieur; l'amiral Tchitchagof, ministre de la marine. Je vous ai parlé amplement du comte Strogonof. Toutes ces connaissances sont fort essentielles, parce qu'en leur parlant, c'est comme si je parlais plus haut.

« On me comble de politesses chez le prince Beloselski : j'en profite avec reconnaissance; mais cette liaison est bien moins utile. La princesse Wiasemski a tous les jours une assemblée et un souper où je suis invité-né.

« On l'appelle en riant la belle-mère du corps diplomatique, parce qu'elle est la belle-mère du duc de Serra-Capriola, qui est le doyen, et qui y mène beaucoup de monde. Je ne pourrais déserter cette maison sans me faire beaucoup de tort. J'y vais donc aussi souvent que je le puis, quoiqu'il me fût plus utile d'aller ailleurs. Je profite de l'occasion d'un courrier pour vous peindre en gros ma manière de vivre. Je sers le roi en perdant mon temps; j'en emploie cependant autant qu'il m'est possible dans le cabinet. »

Le patronage du représentant de Sardaigne devait seconder efficacement Blacas. Toutefois, ce ne fut qu'un peu plus tard qu'il put en profiter. A son arrivée, ils s'étaient retrouvés, de Maistre et lui, tels qu'ils étaient en se séparant à Florence, attirés l'un vers l'autre par une sympathie réciproque, par des goûts communs, par une manière identique de sentir. Mais, bien que le hasard eût logé Blacas dans la maison qu'habitait de Maistre, les circonstances étaient telles que celui-ci avait cru devoir dissimuler leurs relations bien vite devenues affectueusement confiantes. « Il ne m'est venu voir que la nuit et seul, mandait-il au comte Rossi, en lui parlant de Blacas. Dans le monde, je le salue froidement, sans lui parler. » Mais l'heure était proche, où ils pourraient se départir de cette réserve, et leur amitié prendre ouvertement son essor.

Il est d'ailleurs à remarquer qu'aucun de ses biographes n'en a parlé et qu'il n'en existe que d'imperceptibles traces dans sa correspondance, publiée par son fils. « Le comte de Blacas, représentant confidentiel du roi à Saint-Pétersbourg, était aussi très lié avec M. de Maistre, se contente d'écrire le comte Rodophe. Une similitude de position, d'infortune et de dévouement avait cimenté ces liens. » Ce n'est pas assez dire et c'est dans les lettres encore inédites, échangées entre les deux amis, qu'on va pouvoir mesurer, en toute son étendue, leur affection réciproque, ainsi que la place qu'elle a tenue dans leur vie, en faisant de plus en plus de chacun d'eux le confident de l'autre.

Le premier objet qui les occupe, c'est la proclamation que Louis XVIII a voulu soumettre à la censure et aux corrections de Joseph de Maistre. La correspondance se renoue entre l'illustre correcteur aux lumières duquel on a fait appel et le comte d'Avaray parlant au nom du roi (1), et le roi lui-même. « On n'a jamais donné de pouvoirs plus amples, lui écrit de Maistre; j'en ai usé en toute liberté de conscience, et j'espère que Votre Majesté, qui a le tact si sûr, aura parfaitement senti, dans tout ce que j'ai écrit, la chaleur d'un

(1) Les lettres écrites par de Maistre à cette occasion figurent dans la *Correspondance* imprimée. (Édition de Lyon, vol. Ier.)

homme qui craint pour lui-même. » Mais, le débat qui s'engage, encore qu'il révèle estime et confiance d'un côté, déférence de l'autre, ne donne pas les résultats qu'on en avait espérés. Le roi tient à ses idées, quoi qu'il en dise, et, en plus d'un point, son correspondant les trouve dangereuses. Peut-être la querelle amènerait-elle un refroidissement si Blacas n'était là pour le conjurer. Il admire Joseph de Maistre; il est en train de conquérir son amitié et il s'applique à lui faire oublier qu'après lui avoir demandé son avis, on n'a voulu admettre ni les critiques qu'il formulait, ni les corrections qu'il proposait. L'incident se dénoue sans blessure pour de Maistre; il n'en conservera aucun souvenir irritant et se rappelera toujours qu'au début de ces pourparlers, ayant reçu une lettre flatteuse du roi (1), il a terminé sa réponse par ces mots : « Je croyais, sire, n'avoir plus rien à laisser

(1) « Votre excellent ouvrage m'a donné, monsieur, presque autant de droits sur vous qu'il vous en a donné sur moi. Je ne chercherais cependant pas à vous dérober quelques-uns de ces moments qui sont tous dus à mon frère, à mon ami, à mon compagnon d'infortune, si je n'avais d'autres titres à faire valoir auprès de vous. Mais, l'amitié promise de votre part au comte d'Avaray en est un plus puissant; c'est à ce sentiment, qui est aussi ma propriété, puisqu'il appartient à mon ami, que j'ai recours aujourd'hui avec une pleine confiance. Je laisse à celui qui forme entre nous un lien qui m'est précieux, à vous développer ma pensée; mais, je me suis réservé le plaisir de vous

à mon fils; je me trompais. Je lui léguerai la lettre de Votre Majesté. » Mais, désormais, c'est le comte de Blacas qui sera l'intermédiaire entre lui et Louis XVIII, et, sauf deux lettres écrites à d'Avaray en 1807, c'est dans sa correspondance avec Blacas, lorsque celui-ci aura quitté Saint-Pétersbourg, qu'on trouvera les informations et les avis qu'il juge utile de faire parvenir au roi de France.

Au moment où Louis XVIII, après s'être séparé de son frère à Calmar (1), se préparait à retourner à Varsovie, il avait appris que le roi de

assurer, monsieur, de tous les sentiments que vous m'avez inspirés, et qui ne finiront qu'avec ma vie. — Louis. »

Varsovie, le 25 juin 1804.

(1) A propos de ce voyage, Joseph de Maistre, encore incomplètement informé, écrivait à son gouvernement, en parlant de Louis XVIII et des avis que lui-même avait été prié de donner :
« Il n'a trouvé personne à Calmar, pas même Mgr le prince de Condé; les Anglais les ont retenus, en leur représentant l'imprudence de cette démarche, qui déclarerait tacitement au peuple anglais qu'il fait la guerre pour les Bourbons, ce qu'il faut bien se garder de lui dire. On a su et beaucoup approuvé, à Berlin, cette décision du cabinet de Saint-James, avant que le roi de France en fût instruit.

« Ce prince est allé un peu vite dans toute cette affaire. Son voyage lui servira seulement à dater sa déclaration de la Baltique, pour ne compromettre personne. Les plaisants de Paris ne manqueront pas de demander s'il a écrit dans l'eau. Dès que la pièce paraîtra, j'en ferai tenir un exemplaire au roi, avec les notes convenables, pour mettre Sa Majesté parfaitement au fait de tout. Jusqu'à ce que vous m'ayez fait connaître sa manière de

Prusse refusait de le laisser revenir à Varsovie et lui fermait ses États pour ne pas déplaire à Bonaparte. En quête d'un autre asile, il ne pouvait le trouver qu'en Russie et il sollicitait du tsar Alexandre l'autorisation de retourner à Mitau, d'où Paul Ier l'avait expulsé en 1801. Mais, Alexandre, au lieu de lui accorder Mitau, lui désignait pour résidence Kiew, « misérable petite ville sur les bords du Dnieper, non loin de la mer Noire, sans un magasin, sans un banquier, et, pendant huit mois de l'année, noyée dans la boue ou ensevelie sous la neige. » Le roi se récriait, en appelait à l'humanité du tsar, et Blacas, chargé de présenter ses prières, était assez heureux pour les faire exaucer.

Ce fut sa première négociation, et plusieurs autres qu'il noua au nom de son maître n'eurent pas un moindre succès. Il le dut aux sentiments de sympathie et d'estime, qu'il avait inspirés aux hommes d'État russes, à divers membres du Corps

---

penser, je ne saurai pas trop si j'ai bien ou mal fait de condescendre en p rtie au désir du roi de France. Quoi qu'il en soit, vous voudrez bien observer, monsieur le chevalier, que j'étais parfaitement le maître de ne rien dire de toute cette affaire. En communiquant tout, même les lettres originales, j'ai satisfait à ce qui me paraît un devoir. Je crois qu'un ministre doit faire connaître à son maître, non pas seulement ses actions, mais ses pensées; car, s'il en avait par hasard de mauvaises, il ne serait pas juste que le roi se fiât à lui. »

diplomatique tels que le duc de Serra-Capriola, ambassadeur de Naples et le baron de Stedting, ministre de Suède, mais surtout à Joseph de Maistre. Par son esprit, sa réserve, la dignité de sa vie, il s'était fait aimer de ces personnages, de la duchesse de Wurtemberg, du comte Strogonof, de la princesse de Tarente, une émigrée française qui vivait à la cour russe.

Dans ces conditions, la vie pour Blacas fut agréable et facile, et il en alla ainsi jusqu'au moment où, en juin 1807, le roi, à l'improviste, le manda à Mitau. Louis XVIII était résolu à quitter la Russie pour se rendre en Suède où Gustave IV. l'appelait en vue d'une descente sur les côtes de France. Avant de partir, il voulait donner ses dernières instructions au représentant qu'il laissait à Saint-Pétersbourg. A cet effet, il lui avait enjoint de se rendre auprès de lui. Un billet écrit par Joseph de Maistre à Blacas, quelques heures avant le départ de celui-ci, nous révèle le caractère affectueux de leurs rapports à cette époque.

« Je vous ai manqué deux fois ce matin, mon très cher comte : maintenant, me voilà obligé de sortir. Si vous passez après dîner, je ne vous verrai pas, ce dont je suis entièrement fâché. Tous mes vœux vous accompagnent pour votre heureux voyage et pour tout ce qui peut vous intéresser. Mettez-moi aux pieds de votre excellent maître et dites bien des choses à M. le comte d'Avaray, dont la santé me tient fort en peine. Enfin, quoiqu'on ne puisse pas passer par la poste, apprenez-moi au moins que vous êtes arrivé sain et sauf. Si je puis faire quelque chose pour vous ici, pendant votre absence, ne m'épargnez pas.

« Tout à vous, monsieur le comte, dans les siècles des siècles. »

En arrivant à Mitau, Blacas y apprenait des événements cruellement attristants pour son maître. L'abbé Edgeworth, le confesseur de Louis XVI, compagnon d'exil de Louis XVIII, venait de mourir et l'armée russe de subir à Friedland une sanglante défaite qui contraignait le tsar à la paix, laquelle fut signée à Tilsitt quelques semaines plus tard. Le second de ces événements ne pouvait que rendre le séjour de la Russie odieux à Louis XVIII et encourager ses projets de départ. Mais il avait lieu de craindre maintenant que le roi de Suède, effrayé par les victoires de Napoléon, ne renonçât à ses projets belliqueux, et jugeant utile, avant de se rendre à cet appel, de connaître ses intentions, il chargeait Blacas d'aller les lui demander. L'envoyé rentrait à Mitau au retour de cette course quand il reçut de Joseph de Maistre la lettre suivante (1), début d'une correspondance qu'ils devaient entretenir durant tant d'années.

« Saint-Pétersbourg, 4/16 juin 1807.

« Je courais en très bonne compagnie vers le Ladoga, mon très cher comte, lorsque vous arriviez tristement à Mitau. Sans cette course, vous auriez reçu plus tôt cette lettre. En attendant, mon cher duc vous aura parlé de moi.

« Grand Dieu! quel événement chez votre auguste maître! Quel vide immense dans sa famille! L'abbé Edgeworth devait une fois faire une entrée publique à Paris et illuminer la pourpre aujourd'hui ternie par la nécessité. Tous nos projets nous échappent comme des songes; tous les héros disparaissent. J'ai conservé tant que j'ai pu l'espoir que les fidèles seraient appelés à rebâtir l'édifice; mais il me semble que de nouveaux ouvriers s'élancent dans la profonde obscurité de

(1) Elle figure dans la *Correspondance* imprimée (édition de Lyon, tome Ier), mais avec de nombreuses coupures. Nous la reproduisons ici intégralement.

l'avenir et que Sa Majesté la Providence dit: *Ecce!
nova facio omnia.* Pour moi, je ne doute nullement
de quelque événement extraordinaire, mais de date
indéchiffrable. En attendant, mon cher comte, je ne
me lasse pas d'admirer la *divine bizarrerie* des évé‑
nements. Le confesseur de Louis XVI, l'héroïque
Edgeworth, mourant à Mitau d'une contagion
gagnée en confessant, en consolant, en envoyant
au ciel des soldats de Bonaparte (1), à côté de
Louis XVIII, — quel spectacle !

Et quel temps fut jamais plus fertile en miracles !

« Un de plus, mon cher comte, et tel que nous
le désirons, nous arrangerait fort. Malheureuse‑
ment, on contemple les miracles, on les admire ;
mais on ne les commande pas.

« J'ai traduit à Mme la princesse de Tarente (2)
l'épitaphe de l'excellent homme que vous regrettez.
L'auguste auteur fait un honneur insigne à la
langue latine en le faisant parler lui-même sur le
marbre. Il ne saurait mieux prouver que le roi très
chrétien est le *fils aîné* de l'Église romaine. Puisse

---

(1) L'abbé Edgeworth était mort en soignant les prisonniers
français, internés à Mitau.
(2) Elle avait émigré et avait été appelée à la cour de Russie
comme dame d'honneur de l'impératrice.

ce titre de *roi très chrétien* revivre plus brillant que jamais, et ne finir qu'avec cette même Église qui ne peut finir qu'avec le monde.

« Tant de vertus, tant de talents, tant de bonnes intentions seront-ils enfin récompensés? Personne n'en sait rien; c'est le secret de la Providence; mais, ce qu'on peut savoir dès à présent, c'est que, depuis seize ans, toute l'Europe travaille sans relâche pour ce roi de France dont nous n'ignorons que le nom. Si, dans le principe de nos troubles, on avait marché droit à Paris, on aurait écrasé la Révolution comme un ver; mais, c'en était fait de la France et de sa supériorité continentale : une nation pénétrée est une nation perdue. Ceux qui lui auraient donné la loi, l'auraient ensuite donnée à son maître. Si d'abord, après les premières conquêtes, on avait voulu s'entendre avec le roi pour un effort général, franc et efficace, il aurait signé sans difficulté un traité qui n'eût pas été long : *Rendez-moi mon peuple et je vous rendrai tout ce qu'il vous a pris*. Qui sait même de quels sacrifices volontaires il aurait payé les bons offices de ses amis? Vous voyez déjà, mon cher comte, naître un axiome politique, non moins certain qu'un axiome mathématique, savoir, *que l'unique moyen d'empêcher l'agrandissement énorme de la France, c'était de servir son roi, avec toutes les forces de l'Europe.* Et l'inverse de cette proposition n'est pas moins vrai ; car, si la force des circonstances et le vœu des Français reportent tôt ou tard le roi de France à sa place (ce que j'ose croire infaillible), il ne devra rien à personne, car il n'aura stipulé avec personne. Il fera ce qu'il voudra et ne verra rien d'égal à lui sur la terre. Que si quelqu'un veut croire à une nouvelle dynastie, comme on dit à présent, ce sera bien pire pour l'Europe, et c'est toujours elle qui aura fabriqué cette puissance gigantesque.

« Il y a bien longtemps, monsieur le comte, que je contemple, avec une admiration mêlée de terreur et de regret, la marche des événements en Europe. Tout se fait *contre les Français* qui souffrent tout ce qu'on peut souffrir ; mais, tout se fait *pour la France* qui est portée aux nues. Tout agit contre Louis XVIII ; mais, tout agit pour *le roi de France*, à qui on se trouvera en fin de cause avoir décerné la suprématie européenne. Un très grand résultat de tout ce que nous voyons depuis 1789, me paraît au rang des choses les plus certaines ; et peut-être que, si j'avais l'honneur de connaître jamais votre auguste maître autrement que par ses bontés, j'aurais le courage de lui dire ce que j'entrevois dans l'avenir.

« Voilà un succès marqué à Gutstadt. Je m'en réjouis fort. Dieu veuille que les armes de notre bon et puissant empereur, triomphent comme il en est digne. Jusqu'à présent, il n'y a rien de décisif; mais, parmi les affaires de second ordre et d'avant-postes, celle du 25 est très remarquable. Ce qu'il y a d'excellent, c'est l'esprit de l'armée qui devient tous les jours meilleur. Vous voyez que plusieurs noms se font répéter. Le talent du général ne peut être développé que par la chaleur de la guerre. Après une longue guerre, il faut un certain temps pour que ce développement s'opère; mais tous les germes existent.

« La prise de Dantzig est un morceau difficile à digérer. Que voulez-vous, monsieur le comte? Dantzig devait y passer aussi. Toute l'Allemagne septentrionale sera broyée, repétrie et métamorphosée. Rien ne peut rétablir l'Empire germanique; rien ne peut rétablir la puissance prussienne; rien ne peut rétablir, etc., etc., etc.

« Peu m'importe, en vérité; je ne dois rien à toutes ces victimes qui ont voulu l'être, et qui m'ont étouffé dans leur sang glacé et décoloré. Je ne dois rien qu'à l'empereur de Russie. Tous mes vœux sont pour lui. Je souhaite, autant qu'il est possible à l'homme de souhaiter, qu'il se tire de cette lutte mémorable avec un honneur immortel, et je sais bien que cette profession de foi est la vôtre.

« Le propriétaire de notre maison (si vous n'aimez pas cette transition, mon cher comte, vous n'avez pas de goût); enfin, il faut y venir : je ne veux point prendre une autre feuille de papier pour vous dire que l'honnête acquéreur nous intime une augmentation de 300 roubles : 100 pour vous et 200 pour moi. Voilà qui fait dresser les cheveux. Je ne crois pas qu'il y ait cette année en Europe une plus grande affaire d'argent. Que voulez-vous faire? J'ai offert 1,800 roubles de *tout l'hôtel*. S'il avait accepté, je vous aurais *traité très honnêtement*; mais, il a refusé.

« Bonjour, mon très cher comte. J'ai toujours peur que vous me fassiez faux bond et que vous m'enleviez mon voisin. Comment me rembourseriez-vous de cette perte? Si vous croyiez par hasard la chose aisée, ce serait une grande présomption de votre part.

« Mettez-moi, s'il vous plaît, de temps en temps, aux pieds de votre maître qui a toujours daigné agréer avec bonté mon très profond respect et mon dévouement inaltérable à sa cause qui est celle des rois et des peuples et peut-être plus des peuples que des rois.

« Comment se porte Mme la comtesse d'A...? Présentez-lui mes hommages, je vous en prie. Veuillez aussi me rappeler au souvenir de Mme la marquise d'Autichamp qui a mis fin, bien mal à propos, à nos scandaleuses courses de Morsinka. Elle aura été bien affligée de la perte de ces pauvres Saint-Priest, et vous ne l'aurez pas moins été (1). Pour moi, j'en suis malade. La jambe de l'aîné me fait plus de mal que toute la personne du cadet. Celui-ci m'était à peu près étranger par la grande distance d'âge. Mais ce pauvre comte si aimable, si plein de bons principes et de talents! mutilé à cet âge! Et ce malheureux vieillard de Stockholm! Ah! mon cher comte, *en ce temps-là, malheur aux pères!...* Permettez-moi de finir sans compliment, en vous assurant de mon éternel attachement. »

Au reçu de cette lettre, Blacas y répondit.

« Mitau le 17/29 juin 1807.

« Je n'ai reçu, mon très cher comte, qu'à mon retour du quartier général l'aimable lettre que vous

---

(1) Les deux fils du comte de Saint-Priest, officiers dans l'armée russe. L'un venait d'être grièvement blessé; on croyait l'autre tué, bien qu'il ne fût que blessé, lui aussi. Leur père apprit ce cruel et double malheur à Stockholm où il vivait retiré depuis qu'il avait quitté Mitau.

m'avez fait l'amitié de m'écrire, et je n'eusse pas attendu pour vous demander de vos nouvelles, pour me rappeler au souvenir d'un voisin que je regrette tous les jours, si j'avais eu un peu plus de repos depuis trois semaines; mais, tous les événements qui se sont passés ne sont pas faits pour en donner, et ceux qui se préparent, ne peuvent même pas nous en faire espérer. Ce ne sera qu'une tranquillité funeste et momentanée, qu'une tranquillité qui nous annoncera de nouveaux troubles, de nouveaux malheurs, de nouvelles usurpations. Peut-être, faut-il tout cela pour nous ramener au seul ordre de choses qui puisse rendre le calme et le bonheur au monde; car, ce n'est plus seulement pour le bonheur de la France qu'il faut lui rendre son légitime souverain, c'est pour assurer celui de tous les peuples et pour raffermir tous les trônes.

« Combien vos réflexions, vos idées, vos pensées sont justes, sages et profondes! J'ai éprouvé une véritable jouissance à les mettre sous les yeux du roi; il vous a reconnu à tout ce que contient votre lettre et il me charge de vous le dire, en vous renouvelant l'assurance de tous les sentiments qu'il vous porte.

« J'ai été bien inquiet, mon cher comte, pour

votre jeune chevalier-garde (1); mais, nous avons heureusement appris qu'il s'en était tiré sain et sauf, et je puis dire que le plaisir que j'en ai éprouvé, a été bien partagé par mes chers maîtres et par tous leurs serviteurs.

« Je ne puis calculer précisément encore l'instant de mon retour à Pétersbourg; il tient à des circonstances et à des affaires dont il est impossible que je prévoie le terme. Mais, soyez certain, mon très cher comte, qu'on se trouve trop bien dans votre voisinage pour ne pas chercher à y revenir et je consentirai volontiers aux demandes de notre nouvel hôte, quelque ruineuses qu'elles puissent être, pour rester auprès de vous. Vous voyez d'après cela que le renouvellement de mon bail tient au parti que vous prendrez.

« Vous avez vu sans doute que le comte Emmanuel de Saint-Priest n'avait eu que la jambe fracassée! Son jeune frère est ici, on ne peut pas dire hors de danger, mais en bon chemin de guérison. Le comte Armand n'a appris pour ainsi dire qu'en le voyant, qu'il existait encore. Mme d'Autichamp le soigne comme une mère, et elle nous édifie,

---

(1) Le comte Rodolphe, fils de Joseph de Maistre, à qui le tsar, à la prière du père, avait accordé un grade dans ses armées.

quand vous voudriez qu'elle ait avec vous scandalisé le public de Pétersbourg.

« Voilà bien les hommes de ce siècle...

« Le comte d'Avaray vient m'ôter la plume des mains; il veut répondre à votre lettre. Je vous aime trop l'un et l'autre pour ne pas lui en laisser le plaisir. Il vous envoie deux dynasties mises en comparaison d'une manière curieuse. C'est M. de Saint-Jules qui sera le porteur de son paquet; quant à moi, ennemi des occasions promptes, je mets le mien à la poste et je finis à la hâte pour faire mes gros paquets, car je dois encore courir le monde avant de vous rejoindre.

« Adieu, mon très cher comte. Mille choses de ma part à notre respectable duc et à l'excellent ambassadeur de Suède (1). Je finis sans compliments; c'est ma manière de vous dire que je n'en fais pas quand je renouvelle l'assurance de mon invariable attachement. »

Ces lettres sont les seules qu'échangèrent les deux amis pendant l'absence de Blacas. Lorsqu'il écrivait la sienne, celui-ci ignorait encore la date de son retour à Saint-Pétersbourg ni même s'il y

(1) Le comte de Stedting, dont le nom revient souvent dans cette correspondance.

retournerait. L'entrevue de Tilsitt, dont on vient de le voir prédire et déplorer les conséquences, créait entre les deux empereurs une alliance dont Louis XVIII était menacé de payer les frais. Elle lui faisait perdre son plus puissant protecteur et le décidait, une fois en Suède où sa présence eût constitué un danger pour Gustave IV, à ne pas retourner en Russie et à passer en Angleterre. Néanmoins, il ne voulait pas rester sans représentant à Saint-Pétersbourg, et il demandait à Blacas, comme une nouvelle preuve de dévouement, d'aller y reprendre son poste. Blacas s'empressait d'obéir, et, à l'automne de 1807, il retrouvait Joseph de Maistre. Mais ce second séjour devait être de courte durée. Les difficultés de sa situation étaient devenues telles que bientôt, redoutant d'être expulsé, il sollicitait du roi la faveur d'aller le rejoindre en Angleterre. Elle lui était accordée, et, au mois de juin 1808, il quittait définitivement la Russie, en laissant au comte de Maistre le soin de régler quelques-unes de ses affaires personnelles qu'il n'avait pu terminer avant de partir.

C'est en l'entretenant de l'une d'elles que son illustre ami débute dans la première lettre qu'il lui écrit et qui le rejoindra en chemin.

« Saint-Pétersbourg, 1/13 juin 1808.

« Mon très cher comte,

« Je commence par l'article de l'intérêt dont je veux d'abord me débarrasser, parce qu'il est sot. Non seulement, maître Spiegler n'a rien voulu rabattre du devis que vous m'avez remis en partant; mais, lorsqu'on est venu examiner de près la voiture, elle s'est trouvée beaucoup plus malade que nous ne le croyions. Les deux bras du timon étaient rompus ainsi que l'essieu de bois qui soutient celui de fer, etc. Enfin, après avoir dûment marchandé, les réparations ont été fixées à 360 roubles. Spiegler a estimé la voiture *in statu quo* à 300 roubles. Ensuite, j'ai fait venir un autre expert qui l'a estimée à 200. Sur l'objection qu'un autre maître l'avait évaluée à 300 roubles, il a répondu que ce dernier l'avait bien estimée ainsi, mais qu'il n'en donnerait pas certainement cette somme, s'il devait l'acheter. Cela peut être; cependant, cette dernière estimation me paraît exagérée en moins. Tout bien considéré, monsieur le comte, il me semble qu'en se tenant à ce qu'a dit Spiegler, l'évaluation était équitable, parce que d'un côté, vous perdez 100 roubles, sur le prix que vous aviez d'abord fixé et que de l'autre, j'ajoute 150 roubles aux réparations sur lesquelles j'avais compté. Il en sera cependant ce que vous voudrez. Je ne monterai jamais dans cette voiture, mon cher comte, sans penser au temps où nous y montions ensemble. Je ne m'accoutume point du tout à la perte d'un ami tel que vous. Voilà le malheur des temps et de notre métier en particulier. Tous les jours, on meurt pour quelqu'un en attendant qu'on meure pour tout le monde. Je me dis bien que, lorsque je fis votre connaissance dans la loge de la princesse Corsini, à Florence, il n'y avait guère d'apparence que nous dussions un jour habiter la même maison et même nous casser la tête ensemble à Pétersbourg, ce qui est cependant arrivé, et qu'ainsi, il ne faut désespérer de rien. Tout cela est bel et bon; mais, les années volent, les choses vont en empirant, et je n'ose plus me flatter de vous revoir. C'est l'idée qui me saisit en vous quittant. Venez la démentir, vous serez bien aimable.

« Je pense, mon cher comte, que les nouvelles d'Espagne vous auront extrêmement réjoui après tant de renversements douloureux et de violences criminelles. Quel plaisir de voir quelque chose d'aussi pur! D'un côté, quelle philosophie! quel détachement des biens de ce monde trompeur!

quelle résignation étourdissante! et, de l'autre, quelle grandeur d'âme et quelle générosité! Quand je songe à ces châteaux, à ces campagnes données *la vie naturelle durant*, l'eau m'en vient à la bouche. — Mon cher comte, tout est perdu, *fors l'honneur*. Voici le moment prédit par l'immortelle chanson de 1775 :

> Les rois, se croyant des abus,
> Ne voudront plus l'être.

« C'est une chanson qui ne donne pas envie de rire. Mais je m'arrête, de peur que vous ne me disiez : *Que me chantez-vous là?* Mon très cher comte, je vous embrasse de tout mon cœur avec un sentiment profond de tristesse et d'attachement. Conservez-moi votre souvenir et votre amitié *que j'aime comme vous savez*. Quant à moi, je ne puis cesser d'être à vous.

« Faites-moi plaisir de me renvoyer par une occasion sûre, si vous la trouvez, la lettre que je vous ai remise pour Londres, et, si vous n'en trouvez pas, de vouloir bien la brûler avant de partir et m'en faire part.

« Tout à vous. — M. »

La semaine suivante, nouvelle lettre.

« Wassili-Ostroff, 8/20 juin 1808.

« Quoiqu'il y ait bien peu de jours que je vous ai écrit, mon très cher comte, cependant je n'ai pas la force de laisser partir un exprès sûr, qui m'est annoncé par le comte de Briou (1), sans vous dire encore deux mots ;

« J'ai vu avec grand plaisir que notre cher ambassadeur partait enfin. Dieu veuille que tout ce qu'on a dit sur un prétendu mécontentement de son maître soit une pure imagination. Vous n'avez pas oublié cette lettre que je ne pus remettre à sa femme, mais que son valet de chambre reçut de votre propre main au moment du départ. C'est une lettre importante. J'ai écrit à M. l'ambassadeur une lettre extrêmement affectueuse sur son départ et je l'ai prié de vouloir bien me faire savoir s'il a reçu la première adressée à M. le comte de Front (2), à Londres. A mon grand étonnement, il ne m'a pas répondu. Serait-il en votre pouvoir, mon cher comte, de m'éclaircir cela ?

---

(1) Le comte de Briou, maréchal de camp émigré, fixé à Saint-Pétersbourg, avait été chargé par le comte de Blacas de s'occuper à sa place des affaires du roi.
(2) Ministre de Sardaigne à Londres.

« Par un billet que m'écrit le comte de Briou, il me semble que la frégate qui vous porte doit toucher à Praltie-port. D'ailleurs, vous verrez sans contredit l'ambassadeur en Suède. Quand ce serait dans la lune, obligez-moi de me tranquilliser au sujet de cette lettre s'il est possible. Celle que j'ai écrite au baron de Stedting a été remise ici au consul de Suède qui en a fait son affaire; aussi, je ne puis douter qu'elle soit parvenue. Ces lettres sont un des grands ennuis de la vie lorsqu'on ne commande pas les courriers, et, pour comble d'agrément, elles ne servent à rien.

« Depuis que mon fils est parti, je n'en ai eu qu'une seule lettre du 19 mai. Rien ne passe, et l'on garde sur tout ce qui se passe en Finlande un silence absolu. Pour moi, j'imagine que, puisqu'on ne dit rien, c'est qu'il ne s'y passe rien, car jusqu'à présent je n'ai pas connaissance d'une *bataille incognito ;* mais, pourquoi ne se passe-t-il rien? Voilà la question. Il me vient dans la tête une foule de soupçons sur l'état actuel des choses; mais il serait inutile de vous en fatiguer. Le monde va son train et s'embarrasse fort peu de mes imaginations, en quoi je l'approuve infiniment.

« On a donné ici pour sûre, mais pour très sûre, la rupture entre la France et l'Autriche. On ajoutait même que cette dernière puissance avait débuté par un succès marqué. Aujourd'hui, mon hôte, revenu de la ville, m'apprend qu'on y a répandu un autre bruit : que les deux ambassadeurs de France et d'Autriche avaient donné au ministère une note commune par laquelle ils se plaignaient de *bruits aussi ridicules et aussi injurieux pour deux souverains dont l'amitié*, etc. Le reste s'entend.

« Vous trouverez ci-jointe, monsieur le comte, une lettre pour M. le comte de Front, pour être mise à la place de celle que je vous avais remise et que je vous ai prié de brûler, à moins que vous ne trouviez une occasion sûre pour me la renvoyer. Il y a dans cette première lettre un papier que je ne serais pas fâché d'avoir. Cependant, comme la chose n'est pas d'une véritable importance, si vous n'avez pas une occasion parfaitement sûre, je vous prie de la brûler, ce qui est la même chose pour moi. Ressouvenez-vous seulement que celle-ci ne doit être remise qu'en supposant la suppression de la première.

« Bon voyage encore une fois, très cher comte. Mes vœux les plus ardents vous accompagnent *sur la terre et sur l'onde*. Je commence à être ici presque aussi embarrassé que vous ; mais, il faut bien qu'il arrive encore quelques changements de

scène. Ne m'oubliez pas, je vous prie, auprès de
M. le comte d'Avaray. Que puis-je vous dire encore? rien : vous savez tout. Croyez au souvenir, à
l'attachement éternel avec lequel je suis envers et
contre tout, mon très cher comte, votre humble,
très obéissant serviteur et dévoué ami. — M...

« Je suis venu passer ici quinze ou vingt jours
avec le comte de Czernicheff, pour rompre un peu
la grande roue des visites et jouir en paix de ma
mauvaise humeur. »

CHAPITRE III

APRÈS LA SÉPARATION

Dès le mois d'août 1808, le comte de Blacas était installé en Angleterre auprès du roi son maître. Il secondait d'Avaray dans la direction du cabinet royal. Il y était à peine arrivé qu'une lettre de Joseph de Maistre vint l'y trouver.

« Saint-Pétersbourg, 6/18 août 1808.

« Voilà, mon très cher comte, M. le baron de Bremer qui part et qui me fournit l'heureuse occasion de répondre à votre question : *Quand pourrons-nous nous écrire?* Je vous tiens pour être arrivé heureusement avec votre auguste compagnie (1). La voilà, du moins, à l'abri de toute attaque physique; les autres ne tuent pas, quoiqu'elles méritent grande attention.

(1) Blacas avait quitté la Russie en même temps que la reine et la duchesse d'Angoulême, qui, de Mitau, allaient rejoindre Louis XVIII en Angleterre.

« Vous voilà plongé dans une atmosphère bien différente de celle que nous avons longtemps respirée ensemble. Combien j'aurai de plaisir à *deviser* avec vous dans six mois, et combien vous aurez de nouvelles idées! Ici, les choses sont comme vous les avez laissées; mais, je ne dis pas qu'elles continuent sur le même pied.

« Il y a trois jours que le Caulaincourt (1) a donné un repas superbe de quatre-vingts couverts environ, où il ne manquait que vous et moi, pour célébrer la naissance de son maître. Le comte Nicolas (2) se leva le premier pour annoncer la santé de l'empereur Napoléon d'abord: après, Caulaincourt porta celle de l'empereur Alexandre. Mais, écoutez un charmant *sproposito :* pendant qu'on se préparait à ces deux grands actes, la musique russe, qui n'y entendait nulle finesse, se mit à jouer *God save the king.* Certaines personnes étaient tentées d'y entendre finesse; mais, ce fut tout uniment une heureuse bêtise.

« Je vous remercie de tout mon cœur de l'oraison funèbre de l'abbé Edgeworth. Sans être au

---

(1) Le général de Caulaincourt était alors ambassadeur de Napoléon auprès du tsar.
(2) Le comte de Romanzoff, ministre des affaires étrangères de Russie.

niveau de nos chefs-d'œuvre dans ce genre, elle est bonne ; mais, tout ensemble, elle ne vaut pas le texte qui est très, très, très heureusement trouvé. Si vous connaissez mon guignon pour le néologisme révolutionnaire, vous ne serez pas surpris que j'aie été impatienté par le mot *imposteur*, trouvé dans cette pièce.

« Bien obligé, mon cher comte, de votre intérêt pour mon fils ; il m'est revenu et je ferai ce que je pourrai pour le retenir. Il a fait preuve en deux occasions d'une valeur tranquille et à toute épreuve. C'est assez. Je m'ennuie de le voir jouer sur ce vilain échiquier. Le général (Barclay de Tolly) a demandé pour lui la croix de Saint-Anne et celle de Saint-Wladimir. J'espère qu'il les aura. Je ne me repens nullement de l'avoir jeté dans la carrière des armes. Pour longtemps, il n'y en aura pas d'autres, et, d'ailleurs, c'est la meilleure pour tout homme qui n'est pas aveugle comme moi. D'ailleurs encore, je n'avais pas le droit de sacrifier mon fils. D'ailleurs encore, cette carrière n'en exclut point une autre. On écrit fort bien une pièce diplomatique avec la pointe d'une épée. Quelquefois, les liaisons ne sont pas bien faites ; mais, la lettre est bien formée, ce qui suffit. Étudiez bien la constitution anglaise, monsieur le comte ; puis vous m'en direz votre avis une fois ou l'autre. Elle ne peut être, je crois, parfaitement connue que sur les lieux.

« Je désire que vos maîtres se trouvent bien en Angleterre. Il me semble qu'il n'y a plus pour eux d'autre position décente et qu'ils ne sont pas faits pour être pris au collet quand Paris le juge à propos. Disons donc comme Lusignan : « Allez! le ciel fera le reste. »

« Mon cher comte, je vous embrasse tendrement. Je me recommande à votre souvenir. Pour moi, je ne puis cesser de vous aimer, ni de vous regretter. »

A la suite de cette lettre, Joseph de Maistre en écrit plusieurs coup sur coup sans que nous voyions apparaître entre elles une réponse du comte de Blacas. Elles se passent de commentaire et nous les reproduisons dans l'ordre de leur date.

« Saint-Pétersbourg, 8 octobre 1808.

« C'est encore moi qui arrive à vous, mon très cher comte ; tout l'honneur de la correspondance m'appartient. C'est M. Roversi, consul de Portugal, auquel nous remettons nos dépêches.

Nous avons toujours ici quelques bonnes fortunes par-ci par-là : quant à vous, il me paraît bien difficile que vous trouviez un trou pour faire passer une feuille de papier. Cet état peut-il durer?

« Eh bien, monsieur le comte, que dites-vous de cette immortelle Espagne? Si l'on nous avait dit ici, pendant que nous étions à nous apitoyer sur l'état des choses : « Dans six mois, votre ami Napoléon perdra cinq ou six batailles de suite; on lui prendra quatre ou cinq de ses généraux, on lui fera des prisonniers par cinq ou six mille; où est-ce que tout cela se passera! » Nous aurions dit : *En Pologne ou en Allemagne. Les nations y auront vu clair. Les princes seront d'accord,* etc. etc. Alors, si le prophète nous avait dit *Nieton,* tout cela se fera par des paysans espagnols, n'est-ce pas, mon cher comte, que nous aurions été bien ébahis? Que je regrette de ne pouvoir parler de ces merveilles avec vous! Au reste, je tremble comme un roseau dans la crainte que toute cette belle affaire ne finisse mal. Nous ne manquons pas, comme vous pouvez bien l'imaginer, de gens qui nous prouvent par bons et beaux raisonnements que l'Espagne doit nécessairement plier. J'aime à croire le contraire. Je ne veux point trop me flatter; mais, quant à la *possibilité,* j'y crois fermement; je vais même jusqu'à la *probabilité.* Que de choses, monsieur le comte, peuvent naître de cette Espagne! Il me semble, entre autres, que ce serait bien le moment pour les Antilles de faire le saut. Mandez-moi (dans dix ans) si mes idées sur ce point ont été trouvées totalement chimériques.

« Vous serez tombé des nues en apprenant le voyage d'Erfurt. Ici, tout s'est ébranlé pour l'empêcher; tout a été vain. Personne, dit-on, n'a été plus éloquent que la grande-duchesse Marie (Weimar) (1). C'est que l'excellente dame en a tâté. L'Empereur en est toujours au grand mot : *J'ai donné ma parole*. Mais voici qui est remarquable ; il a ajouté : *Je l'ai donnée quand il était heureux. Je ne puis la retirer à présent qu'il est dans le malheur*. Dans ce dernier mot, je lus toutes les nouvelles d'Espagne que nous ne savions point encore. J'espère cependant que ce voyage ne produira pas tout le mal qu'on en craignait. L'Empereur paraît asservi, et en effet il l'est dans un sens. Il est vaincu intérieurement; il n'a plus de foi ni en lui-même, ni dans sa nation. Il croit ne posséder aucun talent militaire. Chez lui, il se croit perdu s'il faisait un geste contre la France; voilà tout le secret. Du reste, il s'est laissé dire si

---

(1) Femme du grand-duc qui fut plus tard l'empereur Nicolas Ier.

tranquillement, il y a peu de temps; il s'est laissé écrire même de telles vérités; il s'est laissé présenter de tels projets qu'on ne peut le soupçonner d'être *perverti*. Au reste, Nicolas a dit que toute la gloire militaire de feu son papa disparaîtrait devant celle que lui procurerait ce voyage. Préparez-vous donc, mon cher comte, à battre des mains.

« Ne trouvez-vous pas les Anglais trop aimables de ne vouloir absolument point battre les Russes? Je vous assure que c'est une excellente plaisanterie. Dans le Tage, cependant, il aura fallu prendre. Mais vous aurez déjà oublié cet exploit lorsqu'il sera parfaitement connu de nous; car, jusqu'à présent, il n'est encore que probable. Ah! pauvre Junot d'Abrantès! J'en suis inconsolable et vous aussi, Seigneur. *Cio s'intende.*

« Je suis toujours tel que vous m'avez laissé, collé sur mes livres une grande partie du jour et, le reste du temps, errant et vagabond comme vous l'avez vu. Je tiens toujours beaucoup dans la société de la Perspective qui s'amincit cependant un peu. La douce demoiselle d'honneur me paraît peu contente de certaines choses, mais sans rien dire, du moins à moi. Je n'entends jamais fronder les grâces d'une noble dame sans penser à vous.

Mme Swetchine (1) arrive au premier jour; c'est encore une personne que je vois avec plaisir; mais, parbleu! il n'y a que sept jours dans la semaine et il n'y a pas moyen d'y tenir.

« Contez-moi un peu l'Angleterre quand vous pourrez. Êtes-vous content? Vous voyez, au reste, comme les choses vont à l'envers de tout ce qu'on imagine. Quand *l'heure du roi* sera venue, il importera fort peu de savoir ce qu'on pense ici ou là. Bonjour ou plutôt bonsoir, cher et aimable comte. Souvenez-vous que je vous suis acquis (vaille que vaille) jusqu'à la fin de ma sotte vie. »

« Saint-Pétersbourg, 16/28 décembre 1808.

« C'est pourquoi je dis que, si une occasion sûre ne nous accordait même qu'un quart d'heure, il faudrait l'employer à dire un mot au cher, au très cher comte de Blacas. Enfin, voilà une occasion

(1) Demoiselle d'honneur de l'Impératrice, elle venait de se marier, lorsque de Maistre arriva à Saint-Pétersbourg. Ils se lièrent étroitement et il contribua à la convertir au catholicisme qu'elle embrassa en 1815. L'année suivante, elle quitta la Russie pour se fixer à Paris où elle vécut jusqu'à sa mort: « C'est une amie digne de vous, » écrivait Bonald à de Maistre. Elle fut aussi l'ami de Lacordaire, de Montalembert, de Falloux. On sait que celui-ci a publié un attachant récit de la vie de cette noble femme et un recueil de ses pensées et sa correspondance.

sûre après un siècle de silence. Je vous ai écrit le 20 juin et le 8 octobre. Qui sait si mes lettres vous sont parvenues? Quant à moi, je n'ai rien reçu de vous; mais, je vous ai bien rendu justice. Je ne doutais pas que vous ne m'eussiez écrit. En effet, j'ai appris par vos deux lettres à Mme la princesse de Tarente et à M. le comte de Briou, que vous m'aviez donné de vos nouvelles; mais, rien ne m'est parvenu. Vous n'avez pas idée de la garde qu'on fait à toutes les issues possibles pour empêcher toutes sortes de nouvelles d'arriver à nous. J'en excepte cependant une victoire complète de Bonaparte sur les Espagnols, si elle avait lieu; mais ce bonheur ne nous est point encore arrivé. Je me rappelle que lorsque je vous écrivis pour la dernière fois avant votre départ, j'avais le cœur gonflé de toutes les turpitudes de Bayonne.

« Que les temps sont changés! L'histoire présente peu de faits aussi extraordinaires dans tous les sens que cette sainte insurrection des Espagnols. Reportez-vous à l'époque où l'Espagne entière était possédée par les Français, Mgr le grand duc de Berg siégeant à Madrid, et demandez-vous : « Quel moyen de sauver la monarchie? » Vous ne trouverez qu'une réponse terrible : « Chassez la maison royale, » ce qui ne pouvait s'exécuter par un honnête homme, puisque personne n'avait ce droit. Or, cette seule violence qui pouvait sauver l'Espagne, notre ami commun M. Buonaparte l'a faite. Demandez-vous ensuite : « L'insurrection s'étant formée, quel moyen de la faire cesser et de ressaisir l'Espagne? » La réponse est encore plus aisée : « Remettre la famille royale à sa place, ainsi que Son Altesse sérénissime Mgr le prince de la Paix. » Or, cela, il ne l'a pas fait; de manière qu'il a fait l'unique chose qui pouvait sauver l'Espagne et n'a pas fait l'unique chose qui pouvait la lui rendre *(en faisant, bien entendu, abstraction d'une conquête)*. Mais cette conquête, hélas! est-elle possible? Bien des militaires prétendent que les Espagnols ont mal commencé, même dans leur système de ne point livrer de bataille; mais, je doute que cette affaire se décide par les règles ordinaires. Elle a eu de *prime-saut* un caractère particulier qui la sort des événements vulgaires. Je souhaite bien ardemment de ne pas me tromper. Mais vous, mon cher comte, songez que vous ne pouvez pas me faire un plus grand plaisir, ni même rendre un plus grand service à vos amis en général, que de me faire connaître les grands événements qui pourraient avoir lieu dans cette péninsule si célèbre aujourd'hui. Je vois que la voie de

Hollande est bonne. Les lettres d'Amsterdam arrivent fort bien. Écrivez-moi en blanc entre lignes, comme vous écriviez au duc (1), sans autre signe que deux points mis à la suite de la date, comme vous le voyez ici. Il faudrait seulement supprimer mon titre de ministre, à cause des spéculateurs intermédiaires. Le reste, tout au long. Supposez qu'on me chauffe une lettre : eh bien, qu'importe, dès qu'on n'y trouvera rien contre ce pays, ce qu'il faut soigneusement éviter? Voilà, mon très cher comte, l'humble demande que je vous prie de m'octroyer, le cas échéant. (Dites que j'ai oublié les termes propres.)

« Je voudrais bien savoir comment vous êtes là dans cette Bretagne grande. J'ai de grands doutes sur ce point. Combien d'obstacles de tous les genres sous les pas de votre auguste maître! Mettez de nouveau mon hommage à ses pieds, si vous croyez qu'il en vaut la peine. Aujourd'hui, je ne puis plus plaider sa cause devant ceux qui pouvaient la faire vaincre. Mais, c'est égal, disons toujours et allons toujours. Une fois peut-être le bon grain semé germera. Que de choses vous devez

---

(1) Le duc de Serra-Capriola, ambassadeur de Naples à la cour de Russie et souvent chargé par Louis XVIII d'appuyer ses démarches auprès de cette cour.

voir là où vous êtes, et que j'aurais grand besoin de m'en retourner encore quelquefois avec vous dans la même voiture, dussé-je encore me faire quelques bosses à la tête!

« Au premier jour, nous attendons le roi et la reine de Prusse. Ils ne veulent point retourner à Berlin sans venir remercier leur bienfaiteur chez lui (1). Prenez bien garde, monsieur le comte, de croire cela au pied de la lettre. De son côté, ce cœur tendre et délicat qui est à Burgos (et peut-être, hélas! plus loin) ne manquera pas de croire qu'il s'agit uniquement de remercier. En attendant, Caulaincourt ne se gêne pas et témoigne à table combien ce voyage lui déplaît. Certainement, il se serait jeté au travers si ce n'était la crainte de choquer le nouvel ami avant qu'il n'y ait plus de mesure à garder. Je vous laisse à penser si la belle reine (2) *tanta inviperita* saura parler ici au maître; nous verrons ce qui en résultera. Rien probablement, quoique je m'en fie du reste aux femmes pour faire ce que tous les hommes d'État réunis ne feraient pas; mais, dans ce cas, je doute. L'em-

---

(1) On sait qu'à Tilsitt, le tsar Alexandre plaida avec ardeur auprès de Napoléon pour empêcher l'entière destruction du royaume de Prusse.
(2) La reine Louise de Prusse.

pereur a paru triompher du service important qu'il a rendu à son ami; mais, vous voyez assez à quoi il se réduit. Bonaparte accorde ce qu'il aurait fait de lui-même; il a besoin de ses troupes ailleurs; il change une nécessité en acte de clémence impériale et il garde des citadelles; voilà tout. On a fait en Allemagne une épigramme où il est dit que les mouches espagnoles ont attiré tout le venin de l'Allemagne (vous observerez que les cantharides s'appellent en allemand *mouches espagnoles*).

« Ce qui continue à me crever le cœur, c'est cette guerre de Suède (1). Vous aurez appris peut-être qu'elle a coûté la vie, il y a deux mois, plus ou moins, au prince Michel Dolgorouky. C'était à peu près ce que je connaissais de meilleur ici. Vous apprendrez bien d'autres choses. Il y a sûrement une fatalité contre ce malheureux roi. Vous l'aurez probablement vu chez lui. J'espère encore qu'il se tirera de là.

« Mon cher comte, soyez sûr que je ne vous oublierai jamais. Vous devez, suivant le cours de nature, demeurer dans ce monde bien longtemps

---

(1) Alexandre avait déclaré la guerre à la Suède où régnait Gustave IV, afin, disait-il, de la détacher de l'Angleterre et de rendre libre la Baltique. La paix fut définitivement conclue au mois de novembre 1809, après la chute de ce prince.

après moi; cependant, nous pouvons encore y vivre quelque temps ensemble, et, pendant que ce temps durera, je ne cesserai d'espérer que je pourrai encore vous voir, vous embrasser et vous donner tous les témoignages du cas infini que je fais de votre personne et de mon éternel attachement.

« Mon fils, qui se porte à merveille, me charge de vous offrir ses respects. Tout à vous, cher comte, dans les siècles des siècles.

« Toujours Catherine Canal, n° 42.

« Saint-Pétersbourg, 10/22 août 1809.

« Voilà, mon très cher comte, une occasion pour vous écrire; j'en fais part tout de suite à la bonne princesse et je me précipite sur ma plume pour vous donner de mes nouvelles, hélas! sans intérêt, car vous ne pouvez pas me donner des vôtres. Je me rappelle vous avoir dit une fois que la chose serait possible par la voie de Hollande; mais, puisque je n'ai pas reçu un mot de vous, j'aime à croire que cette possibilité s'est trouvée impossible comme tant d'autres. Je ne suis plus votre voisin, mon cher comte; nous ne pouvons plus nous retirer dans la même voiture. Il a fallu me séparer de

M. Nicolas Milatin et venir me loger sur le canal de la Fontalka, à côté des boutiques du cabinet, chez M. Athanase Ievseieff. Quant au numéro, il n'est point encore placé; mais, vous en savez assez pour arriver tout droit chez moi quand il vous plaira.

« A mon âge, comme vous savez, on ne change plus de goûts ni d'allures; ainsi, vous voyez ma vie d'où vous êtes. J'ai perdu la maison des Czernicheff; les Orloff courent aussi le monde, mais c'est pour revenir au mois de novembre. Toutes les autres maisons sont les mêmes. J'oubliais Tchitchagoff qui part avec toute sa famille pour Paris, après avoir vendu tout ce qu'il possédait ici, même ses livres. Étant en position depuis longtemps de lui dire tout ce qui me passe dans la tête, je lui ai dit ma pensée très clairement sur le parti qu'il a pris, mais fort inutilement. Je vais toujours beaucoup chez la comtesse G... Je vois ce que vous avez vu dans le temps; cependant, il n'y a rien de mieux. J'ai un bon moyen de trouver ce séjour délicieux : c'est de songer au reste de l'Europe, ou si vous voulez à l'Europe, car il n'est pas bien clair qu'ici nous y soyons. Dieu veuille que l'incendie ne vienne pas jusqu'à nous; en attendant au moins, ce poste vaut mieux que beaucoup d'autres.

« Que de belles choses a faites encore l'aimable Corse depuis que nous nous sommes séparés ! Je crains bien, au reste, mon très cher comte, que votre auguste maître n'ait pas pour lui toute la tendresse et la reconnaissance qu'il lui doit. Sans doute que Buonaparte pouvait écrire son nom à côté de celui des grands princes, donner la paix au monde, se mettre à la tête du système religieux de l'Europe, et gouverner sagement la France augmentée d'un quart. Sans doute ; mais, alors il était légitime et il prenait racine pour toujours. En pillant, en trompant, en saccageant, en égorgeant, il donne les plus légitimes espérances qu'il doit disparaître, dès que ses commissions seront accomplies, et il renonce lui-même formellement à la qualité de légitime souverain : c'est cette attention délicate dont je suis touché. Ah ! mon cher comte, que je voudrais être aussi sûr de la date des événements que je le suis des événements mêmes ! Mais, c'est là le mystère. Toute la raison, toute l'attention humaine ne peuvent pénétrer jusque-là. En attendant, faites-moi des Bourbons, je vous en prie, prenez-vous-y comme il vous plaira, mais faites-en.

« Tout retentit dans ce moment de la noble détermination de l'empereur François II, et de l'heureuse expédition des Anglais sur l'île de Walcheren : mais, tout cela est déjà vieux pour vous, et, lorsque cette feuille de papier sera dans vos mains, ce ne sera plus qu'un supplément à feu M. Rollin. C'est cependant une grande aventure que cette occupation de Walcheren; d'abord en elle-même, et ensuite par ses conséquences. Si le fort de l'île est *forçable* ou si les forces de terre, débarquées, sont suffisantes pour s'ouvrir un chemin sur la gauche de l'Escaut, les Anglais pourraient fort bien allumer les chantiers du Corse à Anvers, ce qui ne laisserait pas que d'être un feu très artificiel. Mais, je suis inconsolable de tout ce bois qu'on brûle inutilement au roi de France et de tous les hommes qu'on lui tue mal et méchamment. Je sais bien que la terre et les femmes mettront toujours ordre à tout; mais, il faudra bien du temps, et cependant le vilain barbon nous fauche comme de l'herbe. Enfin, c'est notre sort; il faut boire ce calice.

« Je suis toujours à la place où vous m'avez laissé, ministre comme un autre, traité comme tel, sans voir les Français comme vous l'imaginez bien et sans leur faire aucune espèce d'avance. Cependant, ils ne cherchent pas à me nuire, sans que je sache trop pourquoi. Cette situation fait spectacle et contrarie si fort les apparences que j'ai reçu des lettres de Vienne adressées à M. de,... *ci-devant ministre*, etc. L'état de guerre où je suis a pour moi le grand avantage de me dispenser de toute communication avec ces messieurs; les autres sont obligés de dévorer repas, *Te Deum*, feux d'artifice, toasts, ce qui est ma foi bien indigeste. A tout prendre, je trouve qu'un homme extrêmement malheureux ne saurait guère être plus heureux. Voilà ma position, mais que je voudrais savoir quelque chose de la vôtre! *No sentito mormosare che non era contente il Padrone Possibili!* Si les bontés dont il a daigné me combler en plusieurs occasions me permettent de me mettre à ses pieds, je vous prie, mon cher comte, d'être mon introducteur. Ayez aussi la bonté de me rappeler au souvenir de M. le comte d'Avaray. Comment le traite la brume d'Albion?

« Mais je vous fais des questions sans savoir que vous ne pouvez pas y répondre. Adieu donc, adieu mille fois, cher comte, bon voisin que j'aime tant et que je n'oublierai jamais. Conservez-moi de votre côté un souvenir auquel j'attache tant de prix, et croyez-moi, dans les siècles des siècles, votre très humble serviteur et bon ami. »

« Saint-Pétersbourg, 24 décembre 1809/5 janvier 1810.

« Votre lettre du 6 août (1), mon très cher comte, m'est arrivée le 7 novembre et aujourd'hui seulement, je trouve l'occasion d'y répondre. Voilà ce qu'on appelle un commerce bien suivi. Pour que vous sachiez si les miennes vous sont parvenues, voici leurs dates en style nouveau : 8 octobre, 28 décembre 1808, 22 août 1809. Tant que ces entraves dureront, nous ne pourrons nous écrire qu'une ou deux fois dans un siècle. Mieux vaut cependant se dire quelques mots que d'être condamnés à un silence absolu. Je dirai comme vous, cher et aimable ami : *Hélas! que vous dirai-je?* En effet, que peut-on dire au milieu de ce renversement universel dont nous sommes les témoins et les victimes? Vous avez vu la puissance autrichienne disparaître en trois mois comme un brouillard du matin. A-t-on jamais rien vu d'égal à six armées commandées par six princes, tous grands généraux et tous d'accord; à cette invasion de l'Italie, avant d'être sûr de rien en Allemagne; à cette armée de Ratisbonne qui ne sait pas où est Buonaparte (vrai

(1) Nous n'avons pas retrouvé cette lettre.

au pied de la lettre) et qui est écrasée en un instant pendant qu'une armée de quarante mille hommes écoute tranquillement le canon de l'autre côté du Danube et demande ce que c'est; à ce général qui laisse traverser un fossé appelé Danube sans tirer un coup de fusil sur les *traverseurs*, qui se retranche de l'autre côté et se laisse tourner? etc. Enfin, mon cher comte, miracles, miracles et toujours miracles. Il faut s'envelopper la tête comme César et laisser frapper.

« Malgré tout ce qu'on nous raconte de la France où l'on souffre sans doute, je trouve dans le cœur humain que la nation se laissera enivrer par des succès inouïs et se consolera, comme les anciens Romains du temps des empereurs, des soufflets qu'elle reçoit par ceux qu'elle donne. L'homme est fait ainsi. Voilà cette monarchie universelle, dont on a tant parlé, réalisée sous nos yeux; car jamais on n'a entendu ce mot *universelle* au pied de la lettre, et il me semble que l'Europe entière moins l'Angleterre ne laisse pas de faire un assez bel établissement pour un officier. Vous me dites : *N'y aura-t-il jamais un prince qui sache périr?* etc. Et qu'y gagnerions-nous, je vous prie? Un malheur de plus. Jamais un prince ne se défendra contre un usurpateur. Tous ceux qui, dans les révolutions, ont voulu faire tête à l'orage, y ont perdu le trône ou la vie. Il y a des raisons (honorables même pour eux) qui les rendent incapables de se tirer de ces épouvantables tourbillons. Je ne sais si c'est à M. le comte d'Avaray que j'écrivais un jour : *L'or ne saurait couper le fer.* Je ne m'en dédis pas. Voyez le Tyrol, voyez l'Espagne. C'est une vérité qui ne doit certainement point humilier les souverains. Mais, je ne veux point m'embarquer dans cette dissertation. L'édifice élevé par Buonaparte tombera sans doute. Mais quand? Mais comment? Voilà le triste problème. Le plus sûr est de compter sur une longue durée, car le monde entier est modifié par cette épouvantable révolution et des ouvrages de cette espèce ne se font pas en huit jours. Parmi tous ces miracles, le plus grand de tous les miracles, c'est l'inconcevable aveuglement des princes qui jamais n'ont vu comment il fallait attaquer la révolution. Non seulement, ils ont laissé égarer les yeux des Français, non seulement ils n'ont jamais voulu les fixer sur un objet unique; mais, ils ont fini par prendre en aversion cet objet unique, et, au lieu de l'élever de toutes leurs forces pour le rendre visible de loin, ils n'ont rien oublié pour l'enterrer. Il ne reste plus maintenant qu'à négliger la succession, et cela, mon cher comte, c'est vous autres qui le ferez; car il faut bien que tout le monde s'en mêle. Vous direz : *Il n'en manque pas; il y a bien du temps*, et vous verrez où ces phrases vous mèneront. J'ai peur du sophisme mortel : *Nous serons sages demain*. Il faut l'être aujourd'hui. Je suis inconsolable de cette lettre dont vous me parlez dans celle du 6 août, et dans laquelle vous me parliez de vos résolutions personnelles. Je ne l'ai pas reçue. *No saputo qualche cosa delle me periperie ma ben poco, e non mi barta.* — Mon Dieu! Mon Dieu! quel épouvantable renversement! D'un autre côté, je ne puis absolument être séduit par les événements et croire que ces viles races doivent un jour commander paisiblement l'Europe. J'attends donc ou que vos princes proposent à d'illustres demoiselles de nous faire des Bourbons, ou que le mariage le plus intéressant de l'Europe (1) devienne tout à coup miraculeusement fécond. Je m'amuse avec ces idées; hors de là, je ne sais où me tourner.

« J'ai appris que votre devancier a eu un grand chagrin et que c'est un Français qui le lui a procuré (2). C'est la règle. Vous n'avez pas oublié que

(1) Celui de Madame Royale, fille de Louis XVI, avec le duc d'Angoulême, qui avait été célébré à Mitau, en 1797.
(2) Allusion à la querelle Puisaye-d'Avaray.

j'ai traité souvent ce texte avec vous. Je sais peu de chose sur vous tous. En gros, il me semble que vous n'êtes pas couchés sur des roses. Hélas! il n'y a plus de lit de roses pour les honnêtes gens. Vous me gronderiez, mon cher comte, si je terminais cette lettre sans vous dire quelques mots de moi. Je me porte à merveille; je loge sur la Fontalka, à côté des boutiques du cabinet, maison d'Athanase Ievseieff, maison neuve sans numéro. Mes affaires vont comme les vôtres. On a beaucoup de bontés pour moi, mais, il me manque beaucoup d'argent et je n'ai pas la moindre espérance de revoir ma famille. Mon fils marche droit et me rend la vie douce; il me paraît qu'on est fort content de lui. Mes liaisons sont à peu près les mêmes; l'intimité est toujours chez la comtesse de G... Je me suis accoutumé peu à peu à la mine sombre de la princesse de Tarente. Elle, de son côté, me montre beaucoup de clémence. Je finirai par être de votre avis.

« Vous savez comme quoi l'Empereur est allé à Moscou et comme quoi on l'a comblé de toutes les marques de tendresse qui peuvent flatter un souverain. C'est une époque dans sa vie. Il a parlé longuement au comte Rostopchin dont il a fait le fils page. Le père vient ici pour remercier. Il loge chez la comtesse. Nous verrons ce que cela produira.

« Vous connaissez, mon très cher comte, mes sentiments pour vous; vous savez le cas que je fais de votre personne et le prix que j'attache à votre amitié. Ces sentiments sont aussi durables que votre très humble serviteur et bon ami.

« ... Les papiers anglais ont dit des horreurs de l'empereur et du comte Nicolas. J'en suis fâché. Ces personnalités influent très souvent sur la politique. Je vous ressemble encore à l'égard du comte Nicolas; je n'en pense pas si mal que les autres. Il est vrai que je suis suspect parce qu'il me traite fort bien. Il vient d'avoir un grand chagrin. Son frère, le comte Michel, grand échanson, est devenu fou chez l'impératrice mère à Gatschina. On ne voit encore aucun signe de guérison. On dit le comte Nicolas pénétré de douleur au point de pleurer. Il est bien malheureux, car, outre ses malheurs domestiques, on le traite d'une manière terrible et il ne peut l'ignorer. Cependant, on devrait bien au moins penser qu'il n'est pas empereur. Je souhaite qu'il se tire honorablement de cette situation difficile. L'anathème est sur les échansons. Le pauvre prince Belozelsky, grand échanson aussi en second, fut frappé l'autre jour d'un accident, l'apoplexie, et dont il ne peut se relever. Il a bien donné quelques signes de connaissance, mais passagers, et l'on ne peut présager un rétablissement. C'est une grande désolation dans cette maison, une des plus ouvertes aux étrangers. Il avait maintenant ce qu'il voulait et qu'il avait attendu si longtemps. C'est lorsque les bulles de savon se parent des plus brillantes couleurs qu'elles sont prêtes à éclater. — Adieu, cher comte. »

Les lettres qu'on vient de lire nous conduisent, on le voit, à la fin de 1809. Il y avait alors près de dix-huit mois que de Maistre et Blacas s'étaient séparés. Durant ce long intervalle, celui-ci n'avait pas reçu de lettres de son ami. Ce n'est pas que Blacas eût négligé d'écrire. Mais, le malheur de ces temps, c'est que trop souvent les lettres s'égarent en chemin, et tel avait été le sort des siennes. Joseph de Maistre n'avait été informé sur lui que par des communications rares et indirectes. Puis, brusquement, au printemps de 1810, un sort meilleur semblait vouloir favoriser la correspondance des deux amis et de Maistre trouvait dans son courrier la lettre suivante de Blacas :

« Hartwell, ce 4 mars 1810.

« Je regrette, mon cher comte, de ne pouvoir

vous écrire aujourd'hui aussi au long que je le désirerais; mais, on m'a pressé de fermer mon paquet qu'une occasion doit porter à Londres, d'où une autre occasion le portera en Suède; et enfin, Dieu aidant, il arrivera, ou il n'arrivera pas, à Pétersbourg, car il me semble que mes lettres n'y parviennent pas très exactement. A la date de celles que je viens de recevoir, il me manquait deux de mes expéditions au comte de Briou; il les aura eues sans doute depuis lors, et vous aurez reçu, avec une très longue épître de votre serviteur, un écrit qui vous aura expliqué fort en détail toute cette horrible affaire dont vous me parlez dans votre lettre du 24 décembre/5 janvier. Je n'ajouterai point de réflexions à celles que je vous ai déjà faites; il est, vous le savez, des positions dans lesquelles il faut savoir gémir et se taire... La mienne est cruelle et pénible sous plus d'un rapport; les bontés et la confiance du roi peuvent seules me la faire supporter, mais *supporter* est le mot...

« Vous êtes bien loin, mon cher comte, de connaître le pays qu'habite votre ancien voisin : ceux qui le gouvernent, ou, pour mieux dire, qui le mènent, ne connaissent eux-mêmes que les petites intrigues qui doivent leur procurer un avantage plus ou moins marqué pour le moment. Mais, l'avenir n'occupe personne; on ne connaît ni le parti que l'on peut tirer des circonstances, ni les moyens que l'on peut employer pour soutenir une opération que l'on veut entreprendre, ni les mesures qui peuvent déjouer des projets déjà connus et en prévenir d'autres. On sait les nouvelles, on apprend les événements; mais tout étonne parce qu'on n'est instruit de rien, parce qu'on ne cherche à rien prévoir, parce que rien n'intéresse réellement hors de son enceinte, et que, loin de s'occuper du grand, du seul intérêt qui devrait tout diriger, on n'y pense même pas.

« Ce que les journaux du continent nous disent des changements arrivés en Russie, et dans le ministère, et dans l'administration, me donne un vif désir d'en connaître les détails d'une manière certaine. Qu'est-ce qui a pu amener et décider ce nouvel ordre de choses? Ma question vous fera juger mon éloignement et ma profonde ignorance.

« Voilà un Bourbon qui vient d'épouser une princesse de Bourbon (1). Quel terrible souvenir le nom que porte maintenant la fille ne doit-il pas rappeler à la mère? Il y aurait une autre union que

(1) Le duc d'Orléans venait d'épouser à Palerme la princesse Marie-Amélie de Naples, nièce de Marie-Antoinette, et qui fut plus tard reine des Français.

vous devriez décider, puisque vous avez été le premier à porter la parole... On s'en occupe ici, mais on ne finit rien.

« On nous menace d'un mariage qui me fait frissonner... (1). Une descendante de saint Louis ! une petite-fille de Louis XIV !! Mon sang se glace... Personne ne lui rappellera-t-il que, quand on proposa à l'infante Charlotte d'épouser César Borgia, duc de Valentinois, elle répondit : « Je ne veux pas épouser un sanguinaire, un assassin, infâme par sa naissance et plus infâme encore par ses forfaits. »

On verra plus loin que le mariage qui arrachait à Blacas ces accents indignés n'excitait pas au même degré l'indignation de son ami et inspirait à celui-ci des réflexions de l'ordre le plus élevé, où perce toujours l'extraordinaire originalité de son esprit. Mais, il n'en parle pas dans sa lettre du 4/16 juillet. Elle débute par une allusion à la grande querelle qui avait éclaté à Londres entre d'Avaray et le comte de Puisaye (2). Le bon droit, en cette affaire, était assurément du côté de d'Avaray. Cependant,

(1) On était à la veille du mariage de Napoléon avec l'archiduchesse Marie-Louise d'Autriche.
(2) On en trouvera tous les détails dans l'*Histoire de l'émigration*, t. III, p. 473 et suiv.

il l'avait envenimée par d'inutiles provocations. Le roi avait pris parti pour son favori, et, exerçant en sa faveur ses droits de souverain comme s'il eût été sur le trône, il venait de le proclamer duc et pair. On voit, dans la même lettre, de Maistre se réjouir de la nomination de Blacas comme chargé de la direction des affaires de Louis XVIII.

« Saint-Pétersbourg, 4/16 juillet 1810.

« Depuis longtemps, mon très cher comte, Mme la princesse de Tarente m'avait dit que le duc d'Avaray avait éprouvé un très grand chagrin; mais, je ne savais de quoi il était question et je n'avais reçu aucune lettre de vous, de manière que j'ai tout appris par l'exposé que M. le duc d'Avaray vient de me transmettre par la voie du comte de Briou. Il est aisé de se former une idée nette de cette affaire et de l'exprimer en deux mots. *Ce sont des torts qui ont produit des crimes.* On voit clairement que M. d'Avaray s'est tout permis dans le genre du blâme et même de l'insulte. L'autre (le comte de Puisaye), profondément ulcéré, s'est rendu criminel, ce qui ne peut jamais être excusé. Je ne saurais vous dire à quel point j'ai été révolté de ces accusations horribles, autant qu'absurdes, insensées, contre votre ami. Quel fonds épouvantable de méchanceté et d'impudence! Mais, au nom de Dieu, mon cher comte, comment est-il permis d'imprimer tout cela librement? Et comment l'accusé est-il obligé de tenir sa défense sous le séquestre? Je ne puis comprendre cette liberté de la presse.

« Je savais depuis longtemps que vous étiez chargé des affaires. Plût à Dieu que vous l'eussiez toujours été : il y aurait eu de grands scandales de moins, entre autres celui-ci. Que vous dirai-je? rien. C'est plus tôt fait, et il est pour le moins inutile d'entrer dans de certains détails. Jamais je n'ai cessé un instant de m'occuper de vous, de m'informer, de réfléchir, etc. Quel calice il faut boire jusqu'à la lie! Voilà ma réponse au duc. Qui sait où elle le trouvera? Je vous ai écrit, je ne sais combien de fois: mais, jamais je n'ai reçu une ligne de vous, ce qui m'a entièrement dégoûté. Je suis fort éloigné, cependant, d'accuser votre amitié. Je vois seulement que ce n'est pas moi qui décachette les lettres que vous m'écrivez, ce qui me semblerait cependant tout à fait juste.

« Comment parler des affaires publiques? Comment digérer ce que nous avons vu? Il vaut infiniment mieux n'en pas parler. Au reste, mon cher comte, je n'ai pas changé d'idée sur cette épouvantable révolution; rien ne tiendra. Mais, pour nous, pour tout ce qui a cinquante ans, tout est fini suivant les apparences. Je souhaite de tout mon cœur que vous viviez assez pour assister à quelque chose d'intéressant. Mon grand chagrin, celui qui passe tous les autres et qui embarrasse le plus mes spéculations, c'est l'extinction de la grande famille (1). Ce qui se passe en Sicile ne signifie rien, voilà pour moi le plus grand des maux actuels. Je souhaite mal voir.

« Rien de nouveau dans ma situation. Beaucoup d'agréments dans un certain genre. Amertumes inépuisables d'un autre côté. Heureusement la vie s'en va. Ce qu'elle présente de meilleur, c'est l'amitié des hommes qui vous ressemblent. La mienne vous appartient pour toujours. Conservez-moi la vôtre. Probablement nous ne nous reverrons plus : n'importe, il ne faut jamais être étrangers l'un à l'autre. Adieu mille fois, cher comte. Je vous embrasse tendrement et tristement. »

Les communications entre l'Angleterre et la Russie devenaient de plus en plus difficiles, et c'est

---

(1) La maison de Bourbon, dépossédée en ce moment en France, en Espagne et à Naples.

seulement le 4 septembre que Blacas, ayant reçu cette lettre, pouvait y répondre.

« Hartwell, ce 4 septembre 1810.

« Je consentirais, mon cher comte, à ce que vous ne fussiez pas le premier à lire mes lettres, quoique cela fût assez juste; mais, je voudrais du moins qu'après les avoir commentées et copiées, si elles méritent cet honneur, on voulût bien vous les faire passer; car, en vérité, on gagne bien peu à les garder et je perds beaucoup de ne pouvoir vous faire parvenir une nouvelle assurance de l'attachement, de l'amitié, de tous les sentiments qui m'unissent à vous.

« Oui, mon cher comte, c'est moi, indigne, qui suis chargé, comme vous dites, de l'emploi du monde le plus honorable; mais, combien ne serait-il pas au-dessus de mes forces et des mes moyens, si ceux de mon maître ne suppléaient à tout ce qui me manque? Je m'en aperçois tous les jours, à tous les moments, et je puis dire que je jouis, en voyant que sa tête froide, son esprit juste et droit, son jugement sain, son éloquence naturelle, ses connaissances profondes, sa facilité pour tout, son indulgence et sa bonté infinies, le mettront, dans quelque circonstance qu'il se trouve, plus en mesure qu'homme au monde de conduire les affaires, de tout diriger et de ramener les esprits. Mais, il faut qu'on le sache; il faut que personne n'en doute, et ce doit être là ma principale occupation; car, c'est pervertir l'ordre des choses que de laisser attribuer les résolutions aux sujets et les déférences au souverain. C'est à la tête seule qu'il appartient de délibérer et de résoudre, et toutes les fonctions des autres membres ne consistent que dans l'exécution des commandements qui leur sont donnés. Ce principe sera toujours le mien, et plût à Dieu que dans tous les temps il eût été à *l'ordre du jour*.

« J'attends avec bien de l'impatience des nouvelles de l'illustre voyageur (1) dont vous aurez été bien surpris d'apprendre l'arrivée en Russie, si, dans le siècle où nous vivons, quelque chose a droit de surprendre. Le baron de Stedting doit avoir été bien embarrassé de sa contenance; mais, ses nerfs qui, dans les grandes occasions, ne lui permettent pas d'agir, l'auront peut-être empêché de se montrer.

« Nous sommes ici dans un moment de crise

---

(1) Le roi de Suède qui venait d'être chassé de ses États.

pénible. La santé du roi George a été tellement altérée par la vue de la longue agonie de sa fille chérie que tout travail lui est impossible depuis six jours, et les affaires les plus pressantes restent suspendues. Le parlement a été obligé de s'assembler au terme de sa première prorogation, celle qui le renvoyait au 29 septembre n'ayant pas pu être signée; mais, il a eu le bon esprit de s'ajourner lui-même au 15 du courant. Si la santé de George III n'est pas rétablie à cette époque, quel parti prendra-t-on? M. Pitt ne vit plus. Vous jugerez facilement l'agitation, l'inquiétude, l'attente de tout le monde.

« J'ai peu vu le comte de Front depuis que je suis ici; il m'a paru avoir de l'esprit et le sens droit; mais, il ne connaît pas plus le pays que vous habitez qu'on ne connaît celui-ci où vous êtes. Il en est de même de son collègue, le prince de Castel-Cicala qui réunit tout ce que nous aimons dans notre cher duc, et même ce que nous n'en aimons pas. Dieu vous préserve de l'Angleterre, mon cher comte, et plaignez ceux qui voudraient y faire leurs affaires et celles des autres, parce que l'on n'en finit jamais aucune.

« Il en est une bien importante que je voudrais voir terminée et dont vous devriez vous occuper, vous qui êtes en mesure de tout dire au comte Nicolas. Faites-lui sentir qu'il doit travailler à renouer ce qu'il a été si impolitique de rompre. La chose aura lieu très facilement s'il veut. Ici, on ne sera pas difficile et l'on doit l'être encore moins à Pétersbourg. Si le comte Nicolas termine cette grande affaire que je me chargerais de finir en huit jours, il jouira de son ouvrage; s'il ne la fait pas, il sera forcé de quitter la place, et celui qui le remplacera en aura l'honneur et le profit.

« Quant aux conditions, rien de plus aisé. Vous avez besoin de denrées coloniales, nous vous en donnerons en échange de vos bois qui nous sont nécessaires; vous avez besoin d'argent, eh bien, nous vous achèterons votre fer, vos suifs, etc.; vous rétablirez pour dix ans le traité qui en avait existé vingt. Voilà les bases; je vous laisse le soin des détails; mais, concluez; envoyez deux cent mille hommes dans les provinces allemandes et polonaises; nous nous chargerons de l'approvisionnement et d'une partie de la solde. Vous voyez que je suis généreux. Signons et recommandons-nous au grand saint Nicolas qui conduisait si bien les soldats de Souvarof. »

Blacas ne reçoit aucune réponse à cette invitation. Il y revient le 9 avril 1811. Mais, en même temps, il se plaint du silence de son ami. Il s'en plaint d'ailleurs sans amertune, accusant plus encore les circonstances qu'il n'accuse celui-ci; et pour lui prouver que, malgré tout, il ne lui tient pas rigueur, il ne parle de ses griefs qu'en les enveloppant des formes les plus affectueuses.

« Je suis très étonné et affligé, mon cher comte, de ne pas recevoir de vos nouvelles. Vous devez avoir vu par mes dernières lettres que j'avais besoin des vôtres, et il me tardait d'en avoir quand j'apprends, indirectement, que vous vous plaignez de mon silence. Sans reproche, cher comte, voici la cinquième épître que j'ai l'honneur de vous adresser depuis cinq mois : la première, du 8 août, a été envoyée au baron de Roll; la seconde, du 3 novembre, a dû vous être remise par le baron de Roll; la troisième, du 1er décembre, est partie sous le couvert du comte de Briou. Le roi de Suède Gustave IV a daigné se charger de la quatrième et celle-ci voyage sous les auspices du ministre de Portugal, qui va à Pétersbourg. Elle vous arrivera donc aussi sûrement que celle qui l'a précédée. Je devrais croire que les autres vous parviendront également; mais, depuis que je suis ici, il y a un sort attaché à mes lettres. Tout se réunit pour me tourmenter, me vexer, me contrarier, et les contrariétés et les vexations sont encore peut-être les moindres peines que j'éprouve. Celles qui portent sur l'objet de tous nos vœux, de tous nos souhaits sont les plus sensibles.

« J'ai acquis la malheureuse certitude que les mêmes systèmes qui ont tout perdu sont toujours ceux qui dirigent les affaires; que les hommes changent, mais que les principes restent; que personne ne connaît son véritable intérêt; que le but que l'on devrait tâcher d'atteindre est celui que l'on voit le moins, et qu'il est même devenu inutile de le montrer. Ne croyez cependant pas que je désespère. A Dieu ne plaise! mais, il faut toute ma volonté de résister pour tenir tête, d'une part, à ceux qui veulent tout laisser perdre, et de l'autre à ceux qui, croyant tout perdu, voudraient tout abandonner.

« Je vous ai parlé, dans mes lettres du 4 novembre et du 1ᵉʳ décembre, de la facilité avec laquelle on pouvait rétablir les liaisons qui n'auraient jamais dû cesser d'exister entre la Russie et l'Angleterre. Je vous engageais à voir le comte Romanzoff, à lui en parler avec franchise. Je sais qu'il y a eu des paroles dites de part et d'autre et que l'on n'a pu s'entendre ; je sais que tout le monde le voudrait, et je crois qu'il serait très utile pour la cause et très intéressant pour nous de pouvoir amener à un rapprochement d'une si haute importance pour l'intérêt de tous. Je crois être sûr que le porteur de cette lettre l'est de paroles importantes. Dieu veuille que vous ou lui soyez écouté.

« Je ne vous dirai qu'un mot de ce qui nous regarde. Mon ami est toujours à Madère (1) où sa santé ne paraît pas se rétablir entièrement ; de sorte qu'il y restera, et j'en suis véritablement affligé. Oui, mon cher comte, vos idées sur lui ne sont pas justes : il était nécessaire ici ; personne ne peut le remplacer, et moi bien moins qu'un autre, soyez-en certain.

« Adieu, mon très cher comte. »

(1) D'Avaray était parti pour Madère le 23 avril 1810. Il y mourut au mois de juin 1811.

CHAPITRE IV

DISSENTIMENTS ET DISCUSSIONS

Joseph de Maistre ne reçut qu'au commencement de juillet 1811 la lettre qui clôt le chapitre précédent. Il y répondit aussitôt. Sa réponse, en laquelle il fait large mesure, s'expliquait sur tout sans rien oublier. Elle est, à vrai dire, une magnifique page d'histoire ou, mieux encore, un lumineux, passionné et parfois injuste commentaire en marge de l'histoire.

« Saint-Pétersbourg, 3 juillet 1811.

« Je suis enchanté, mon très cher et aimable comte, que *vous soyez étonné et affligé de ne pas recevoir de mes nouvelles ;* car, c'est une preuve que vous en désirez toujours ; et, en vérité, telle est l'iniquité humaine que je commençais à en douter. Je croyais que la correspondance vous accablait et que vous étiez forcé de mettre la mienne de côté, même malgré vous ; de sorte qu'à mon tour, je ne vous ai plus écrit depuis la mienne du 4/16 juillet 1810, remise au comte de Briou. En tout cela, j'avoue qu'il y a beaucoup d'injustice; mais l'homme est fait ainsi, et, quoiqu'il n'y ait pas de plus grand sophisme que ce raisonnement banal : *Je n'ai point reçu de lettres de lui, donc il ne m'a pas écrit,* j'ai vu cependant que tout le monde est plus ou moins sujet à s'y laisser prendre. Tout ceci vous dit assez que, malgré toutes vos conjectures, je n'ai pas reçu de vous ce qu'on appelle une *panse d'A* depuis le 1er juin 1810, jusqu'à l'aimable épître datée de Hartwell le 9 avril dernier, à laquelle je réponds en ce moment. Il m'est impossible de vous exprimer une très légère partie de la joie qu'elle m'a causée.

« J'ai tant d'estime et d'amitié pour vous, mon cher comte, qu'il m'en coûtait véritablement de ne plus voir vos *caractères,* comme on dit en Italie. Jamais, au reste, je ne vous ai perdu de vue, et toujours, je me suis occupé de vos peines de toute espèce.

« Il y a longtemps que j'ai acquis la *malheureuse certitude* dont vous me parlez. La révolution a changé de forme; mais, elle subsiste toujours, et le sophisme original n'a cédé ni au raisonnement, ni à l'expérience. Que signifie cet inconcevable sentiment qui, de tout côté, repousse le souverain légitime? Ce peut être un signe de ce que nous craignons le plus, vous et moi, car la Providence est bien la maîtresse; ce peut être aussi un signe pur et simple des erreurs toujours subsistantes qui entretiennent la révolution. Ma tête tremble devant la première supposition; mon cœur est tout pour la seconde, et je ne crois pas que ce mouvement du cœur soit à beaucoup près destitué de tout appui logique.

« Le fatal mariage (1) a beaucoup compliqué la question. Vous savez bien, monsieur le comte, que le cuivre seul et l'étain seul ne peuvent faire ni canon ni cloche, mais que les deux métaux réunis les font très bien. Qui sait si un long sang auguste, mais blanc et affaibli, mêlé avec l'écume rouge d'un brigand, ne pourrait pas former un souverain? Voilà la pensée qui m'a souvent assailli depuis la déplorable victoire remportée sur la souveraineté européenne par le terrible usurpateur. Cependant, je crois qu'il y a encore contre lui de puissants raisonnements. Mais, que faire et qu'attendre, tandis que toutes les puissances sont devenues des complices d'une manière ou d'une autre? Si j'étais Français et résidant en France avec tous les sentiments que vous me connaissez, je vous donne ma parole d'hon-

---

(1) Celui de Napoléon avec Marie-Louise.

neur, mon digne ami, que je me battrais de toutes mes forces pour l'usurpateur. Quand on renverse quelque chose, en politique surtout, il faut savoir ce qu'on mettra à sa place. C'est une grande sottise de tuer César pour avoir ensuite un triumvirat, puis Octave, puis Tibère et enfin Néron. Quand la vie de Napoléon dépendrait d'un seul acte de ma volonté, il n'aurait rien à craindre tant qu'on ne me montrerait pas sur le trône celui qui doit y être. La dessiccation de cette branche auguste et précieuse, est une épine dans mon cœur, qui ne cesse de le déchirer. Je crois que je vous l'ai dit, mais, je vous le répète avec beaucoup de plaisir, si je devais, en y allant à pied, trouver au Kamchatka une plante capable de donner un enfant à Mme la duchesse d'Angoulême, je partirais sur-le-champ, et même sans terminer cette lettre, bien persuadé que vous m'en dispenseriez. Il m'a paru quelquefois que vous n'aviez pas assez de crainte sur cet article. Mgr le duc de Berry badine avec le temps qui n'aime pas qu'on le plaisante. Il y en a d'autres, me direz-vous; pas du tout, à ce qui me semble.

« Au reste, mon très cher comte, vous sentez bien qu'à mon âge, on ne change guère de système. Ma philosophie théologique va toujours son train. Tout ce que nous voyons n'est qu'une révolution religieuse. Le reste, qui paraît immense, n'est qu'un appendice. Le roi de France était à la tête du système religieux de l'Europe; il était le pape temporel; et l'Église catholique était une espèce d'ellipse qui avait un foyer à Rome et l'autre à Paris. Il est impossible de dire ce qu'aurait pu faire le roi de France dont les devoirs égalaient nécessairement la puissance (car ces deux choses dans le monde, *puissance* et *obligations*, sont une équation éternelle). Au lieu de ce qu'aurait pu faire ce grand souverain (je ne prononce, comme vous sentez, et je ne vois même aucun nom), qu'a-t-il fait? Il a livré l'Église au Parlement de Paris que je n'ai jamais aimé, à vous parler franchement, depuis que j'y vois clair, et sauf toutes les exceptions que j'honore, malgré une ancienne parenté de robe qui n'a pu me séduire. Il lui a permis d'établir en France comme loi de l'État les quatre propositions de 1682, le plus méprisable chiffon de l'histoire ecclésiastique, et dont l'absurdité intrinsèque saute à tous les yeux qui veulent s'ouvrir, et dont l'ennemi du monde vient de tirer un tel parti qu'à l'avenir, elles ne pourront plus être défendues que par d'incurables fanatiques qu'il faut laisser mourir. Il l'a permis même, malgré le repentir et le désaveu formel de Louis XIV, que les novateurs étaient venus à bout de cacher aux Français. Il a permis à une secte exécrable de saper tous les principes, d'empester ses sujets qui ont empesté l'Europe, et de détruire complètement et impunément *la souveraineté religieuse et la religion politique*. Voltaire surtout reçut du roi très chrétien une espèce de sauf-conduit en vertu duquel il lui fut permis de blasphémer pendant un siècle dans les États du roi, pour être ensuite tranquillement couronné dans la capitale.

« Qu'est-il arrivé? Hélas! tout ce qui devait arriver. Il faut baisser la tête et se frapper la poitrine. Mais, avec la même franchise, mon cher comte, je vous dirai qu'*avec* et *malgré* toutes ces fautes, il n'y avait rien de meilleur que le roi de France, qu'il n'a pas connu la moitié du mal commis en son nom et qu'il était entraîné par l'esprit du siècle qui est plus fort que les rois. Je ne puis d'ailleurs m'empêcher de croire à une *rédemption* quand je songe aux *victimes* qui ont été livrées. Je mourrai donc paisiblement avec cette foi, car je dois mourir bien avant la fin de ce tremblement de terre. Considérez d'ailleurs ceci. Combien de choses merveilleuses se sont faites et qui ne pouvaient se faire que par un usurpateur! Le roi de France pouvait-il descendre de son trône pour venir *conturber* les docteurs d'Allemagne, déchirer le traité de Westphalie, arracher le sceptre aux sans-culottes de Berlin, casser l'épouvantable mariage fait au seizième siècle entre la souveraineté et le protestantisme, faire parler le français jusque sur la Baltique, etc., etc. ? Le roi de France n'avait ni ce pouvoir, ni ce vouloir; il ne pouvait pas même rêver de pareilles choses. Cependant, elles sont faites par celui qui pouvait les faire. Maintenant, je vous demande si l'on peut imaginer quelque chose de plus grand, de plus sublime, de plus *divin* et par conséquent de plus probable que celui d'un Bourbon porté par un *hosanna* universel sur ce trône, après qu'un usurpateur universellement détesté en serait tombé par un coup de foudre; qui arriverait au milieu de tous ces débris, avec tant de puissance et tant de moyens de reconstruction, fort de ses réflexions, de ses expériences, de ses intentions, voyant tous les yeux tournés sur lui, appelé à pacifier et à rassainir l'Europe, connaissant tous ses amis et tous ses ennemis? Ce coup d'œil est éblouissant. Je m'y tiens, et je n'abandonnerai jamais ces raisonnables et délicieuses espérances.

« Je vous avais prévenu dans tout ce que vous me dîtes ou plutôt dans tout ce que vous vouliez me dire sur un certain chapitre. Ceux qui croient connaître les constitutions politiques dans les livres sont de pauvres gens. On ne peut les étudier et les connaître que sur les lieux. Vous me faites beaucoup trop d'honneur, mon cher comte, en croyant que je pourrais influer sur quelques déterminations, dans le pays où vous êtes. Je me croirais le plus fat des hommes si je permettais à une telle pensée d'approcher seulement de mon esprit. Je crois au contraire que je suis très peu fait pour ce pays, ce qui fait qu'en l'admirant, je l'ai toujours craint. Ainsi, je n'ai nulle envie d'y aller. Cependant, comme un illuminé du premier ordre m'a dit en Suisse, l'an de grâce 1797, en me regardant avec des yeux uniques et avec l'assurance que j'aurais si je vous disais que je vous estime : *Et vous, monsieur le comte, vous irez en Angleterre pour cette affaire,* me voici tout résigné en attendant l'accomplissement de cette belle prophétie dont j'ai ri souvent avec mes amis. Comme elle n'est pas tout à fait aussi sûre que celle d'Isaïe, vous feriez bien de venir ici vous-même si vous voulez me voir avant que je radote. Avec quel plaisir je vous verrais de nouveau ! Comme je serais content de me trouver encore dans la même voiture avec vous ! Nous écririons à frais communs au comte de Kreptowich pour l'inviter à venir nous voir passer.

« Pour en revenir à ce qu'il y a d'important, je ne vois dans le ciel aucune éclaircie qui annonce la fin des orages. Les bons mêmes sont divisés. Les Français se consolent de tout ce qu'ils souffrent avec la gloire militaire qui a toujours consolé l'homme de tout, même les sujets de Néron. Personne ne leur parle; ils ne voient que ce qu'ils voient. Toutes les idées morales sont éclipsées, tous les souvenirs sont éteints. Leur véritable maître est annulé et traité par les autres puissances comme une espèce d'ennemi, au lieu d'être élevé sur le pavois pour être visible de tous côtés. Tous les moyens lui manquent à la fois. Quel état de choses! Un jour que je disais en général, devant la princesse de Tarente, que les Anglais pourraient bien s'ils le voulaient donner au roi de France une très belle existence momentanée, en attendant mieux, elle se hâta de me dire : *Mais le roi refuserait le moyen que vous avez en vue.* Je ne jugeai pas à propos d'entrer dans aucun détail; mais, je vis qu'elle avait connaissance du mémoire que je vous remis un jour sur les Antilles (1), et qu'elle savait

---

(1) Ce mémoire avait pour objet de démontrer que l'Angleterre devait rendre au roi les colonies conquises par elle sur la France et lui assurer ainsi, avec des moyens d'existence, une résidence où il serait chez lui.

de plus qu'il n'avait pas été du goût de votre maître.

« Pourquoi, cependant, ne recevrait-il pas d'une main amie la restitution d'une partie de ses États, faite purement et simplement sans aucune renonciation au reste? Je comprends moins, je vous l'avoue, le mystère de la Trinité! Heureusement (ou malheureusement), nous sommes bien loin de ce refus. Quant à moi, je n'y vois goutte et ne sais pas même imaginer la possibilité d'une autre signification digne d'un aussi grand personnage, comme simple expectative.

« J'ai *vu* le porteur de votre lettre (1), mais pas davantage. Je doute qu'il y ait des liaisons proprement dites entre nous. Je n'en cherche plus. Et le dégoût commence à me saisir. Vous me conseillez de parler au C... (2), dans un certain sens. Mon Dieu! que pourrais-je dire qu'on ne lui ait dit? D'ailleurs, je ne sais pas du tout s'il a tort. Ne dirait-on pas qu'il tient son maître en tutelle? Ceux qui ont cette idée connaissent bien peu le maître. L'empereur ne veut pas la guerre parce qu'il ne se croit pas en état de la faire et parce qu'il ne croit pas avoir, dans ce moment, un seul talent de général

---

(1) Le ministre de Portugal qui la lui avait apportée.
(2) Le comte Romanzoff.

dans la main : voilà tout le mystère, mon cher comte. Du reste, ne croyez pas, s'il vous plaît, qu'il soit la dupe de Napoléon et qu'il ne le connaisse pas. Si vous me dites ensuite qu'il a très mal fait de se compromettre à Austerlitz, à Friedland, et surtout à Erfurth où il a été véritablement *vaincu*, je n'ai rien à répondre; vous avez raison, mais le mal est fait. Au reste, il n'y a pas tout à fait mille ans que vous avez quitté ce pays; rappelez-vous les personnages que vous avez connus, et dont nous avons tant parlé. Sur qui repose notre confiance? Vous me répondrez sûrement comme le cyclope : *Sur M. Personne.* Ce comte Kamenskoï (1) qui vient de mourir, et dont vous avez beaucoup lu le nom dans les gazettes, était, je vous l'assure, un homme fort ordinaire. Le maître sait tout cela. Il craint de se mesurer encore avec les armes françaises. Encore une fois, voilà tout le mystère. Cependant, il faudra se battre; mais quand? mais comment? Ceci est lettre close; ce que je puis vous dire, c'est que les préparatifs sont sages et immenses. Pour cette fois, je vous réponds que l'empereur ne sera pas pris sans vert, ni sur le pain, ni sur la poudre.

(1) Le feld-maréchal comte Kamensky, mort assassiné en 1809. Il avait commandé les armées russes pendant la campagne de 1806.

« Je regrette bien vivement que l'air de Madère n'ait point encore pu rétablir le digne comte d'Avaray. Vous m'accusez de ne pas lui rendre justice; n'est-ce point vous, au contraire, mon cher comte, qui ne me la rendez pas? Quel homme dans le monde entier estime plus votre ami comme particulier, comme Français, et comme sujet? Qui peut rendre plus de justice que moi à son attachement sans réserve, à son dévouement héroïque, à son inébranlable fidélité? Mais, si vous le considérez comme instrument politique, c'est une autre chose. Je vous dis que celui qui n'a pu dans aucun pays aborder aucun homme public sans l'aliéner, n'est pas fait pour les affaires. Ce génie est un génie à part, comme celui de la poésie et des mathématiques. On l'a ou on ne l'a pas. Il était nécessaire *ici*, me dites-vous : oui, sans doute, *ici*, dans la chambre, ou tout au plus dans la maison où j'écris; mais, hors de là, je crois que c'est tout le contraire. Feuilletez, d'ailleurs, l'histoire universelle, et dites-moi le nom d'un favori proprement dit, qui ait réussi dans la guerre ou dans la politique. Vous êtes bien le maître de dire de vous tout le mal que vous voudrez; mais, vous êtes bien un autre homme sous ce rapport. Vous me dites cependant : *Je suis moins fait qu'un autre pour le remplacer.* Tant pis.

Mais par qui? Voilà la question. J'espère, mon cher comte, que vous ne trouverez rien d'injuste dans ces idées quand vous les examinerez de près et de sang-froid.

« Mon fils est extrêmement sensible à votre souvenir et vous présente ses respects. Il est aujourd'hui 6° lieutenant (de 11) et aide de camp du général Depreredowitz, colonel chef de son régiment. Je ne pense plus qu'à lui : quant à moi, je pense que mon rôle sur cette planche est terminé.

» Le maréchal comte de Stedting (1) (car ce sont ses titres aujourd'hui) est sur le point de nous quitter. Nous en sommes tous très fâchés et je crois qu'il l'est lui-même plus qu'il ne le dit. La Suède se trompe bien, à mon sens, si elle croit qu'on quitte les rois comme des habits usés pour en prendre d'autres sans coup férir. Elle verra ce qui l'attend. Je ne sais que vous dire de ces *particularités* dont vous me parlez et qui vous ont fait de la peine (2). On lui a toujours voulu du mal dans le pays que vous habitez, où on l'appelait *jacobin* parce qu'il aimait la France (suivant le dictionnaire reçu).

---

(1) Après la chute de Gustave IV, il était revenu à Saint-Pétersbourg comme ambassadeur.
(2) Dans l'entourage de Gustave IV, on accusait Stedting de n'avoir pas su défendre son maître contre l'insurrection qui le renversa.

D'ailleurs, mon cher comte, au milieu des tempêtes politiques, celui qui manœuvre à peu près bien, doit être agréé et fêté partout, et c'est notre intérêt de ne pas faire attention à tout; autrement, notre parti ne cessera de s'amincir, et nous finirons par dire comme cet écolier :. *Une fois que nous n'étions qu'un, oh! que nous nous amusâmes!*

« L'infortuné roi de Suède, quoique infiniment respectable comme souverain et comme homme, était d'ailleurs si peu fait pour les circonstances terribles où il se trouvait, qu'il ne serait pas fort étonnant que ses meilleurs serviteurs se fussent trouvés entraînés à quelques fautes involontaires; car, il s'en faut de beaucoup qu'on fasse ce qu'on veut quand un royaume croule. Je suis bien fâché que le fils du roi ne soit pas avec lui. Pourquoi laisser ce germe précieux sous la griffe du tigre? Comme j'ignore les raisons qui ont motivé cette séparation, je n'en dis rien.

« Je vous ai parlé en toute franchise, mon cher comte, à charge et à décharge, vous montrant également mes craintes et mes espérances, de manière que vous voyiez aussi bien que moi ce qui se passe dans ma tête. Je crois que l'abominable révolution n'est qu'une conséquence juste et nécessaire des fautes faites partout, mais surtout chez vous. Je crois qu'elle dure toujours. Enfin, j'espère de toutes mes forces, et pour des raisons dont je vous ai à peine présenté un léger aperçu, que Malherbe ne se sera point trompé lorsqu'il se moquait, il y a plus de deux siècles, de certains prophètes de malheur,

> De qui le cerveau s'alambique
> A chercher l'air climatérique
> De l'éternelle fleur de lis.

« N'est-ce pas vous laisser, comme on dit, sur la bonne bouche? Adieu mille fois, mon très cher comte. Je vous remercie de la lettre à laquelle je réponds et de toutes les autres que je n'ai pas reçues. Comptez sur le prix infini que j'attache à votre amitié et sur celle que je vous ai jurée pour la vie.

« Il y aurait peut-être de l'impertinence à vous prier de me mettre de nouveau aux pieds de votre seigneur et maître, comme l'un des meilleurs sujets qu'il ait parmi ceux qui ne le sont pas. Eh bien, n'en faites rien; je ne veux pas être impertinent. »

Cette lettre avait été écrite le 3 juillet; mais, Joseph de Maistre, faute d'une occasion sûre pour la faire parvenir à son destinataire, dut la garder par devers soi pendant plus de six semaines. Il ne put l'expédier que le 18 août, grâce au départ du chevalier Navara de Andrade, chargé d'affaires du Portugal, qui, de Saint-Pétersbourg, se rendait en Angleterre où il devait s'embarquer pour le Brésil. Celui-ci allait partir lorsqu'une de celles de Blacas, que de Maistre n'attendait plus, arriva à l'improviste. Il en accusait aussitôt réception à son correspondant.

« Saint-Pétersbourg, 18/30 août 1811.

« Dans la joie que me donne votre lettre du 9 avril, reçue le 2 juillet dernier, je me suis mis sur-le-champ à vous répondre, mon très cher comte, comme si j'avais eu à mes côtés un courrier pour vous porter ma lettre qui a dormi dans mon portefeuille jusqu'à ce jour. Je la remets avec cette petite addition à M. le chevalier Navara de Andrade que vous avez connu ici et qui s'en va à Londres pour apprendre ce qu'il doit devenir.

« Depuis ma lettre du 3 juillet, rien n'a changé ici, excepté seulement que les apparences de guerre sont plus fortes. J'ai fait vos compliments au comte qui les a reçus à merveille. Il m'a parlé de vous avec toute sorte d'estime et d'intérêt. Nous avons beaucoup politiqué ensemble. Il m'a beaucoup dit que le système adopté par l'empereur finirait par être aussi utile à la Russie qu'à l'Europe. Je l'ai prié de prendre garde qu'il n'eût inventé un remède infaillible pour guérir en quarante jours une maladie qui devait nous tuer en trente-neuf. Toute cette conversation est fort bien allée. Enfin, mon cher comte, on se battra encore; mais, je vous l'avoue, j'en espère peu. J'ai appris, il n'y a que cinq ou six jours, la mort du pauvre comte d'Avaray. Voilà un grand malheur pour votre maître. Je n'ajoute rien à ce que je vous ai dit sur lui dans ma lettre ci-jointe. Il me semble que je lui ai rendu bonne et pleine justice. Écrivez-moi toujours quand vous le pourrez. Adieu mille fois, très cher et digne ami. »

Cette lettre écrite, de Maistre eut une nouvelle surprise, et il s'empressait de l'apprendre à Blacas.

« Saint-Pétersbourg, 20 août/1er septembre 1811.

« Presque au moment du départ du chevalier Navara, mon très cher comte, M. le comte de Briou m'a remis votre lettre du 15 mars dernier. Je suis ravi de pouvoir encore vous tranquilliser sur le sort de cette épître, remise primitivement en des mains si respectables. Quant à celles des 3 novembre et 1ᵉʳ décembre 1810, elles sont ce qu'on appelle flambées; et j'en suis grandement fâché, puisque c'est précisément dans ces dépêches que vous m'avez parlé à cœur ouvert.

« J'ai peu de chose à ajouter à ma longue épître cachetée il y a deux jours. J'ai dit au comte Nicolas tout ce que ma position permettait de dire. D'ailleurs, de quoi s'agit-il? de la guerre? Mon Dieu! nous l'aurons et probablement pour notre malheur. Elle nous a toujours fort mal réussi. Quelles raisons avons-nous de croire que les choses iront mieux? Et quelle force peut aujourd'hui dicter des lois à la France? Tant que vos Français continuent à se faire égorger pour *lui*, il n'y a point d'espérance légitime; et les événements qui peuvent changer la face des choses sont possibles pendant la paix comme pendant la guerre. Je vous ai raconté tous mes chagrins et toutes mes craintes; je n'y reviens plus.

« Oui, sans doute, monsieur le comte, c'est un étrange spectacle que celui des restes d'une reine de France, allant chercher dans un vaisseau anglais un petit coin de terre catholique (1); mais, le monde est ainsi fait. Tout souverain malheureux est repoussé par les autres. L'histoire est pleine de ces abandons dont la raison métaphysique n'est pas cachée bien profondément. Dès que les souverains ont méconnu le maître légitime, leur intérêt est de l'écraser absolument et de le faire disparaître, parce que son existence seule les accuse et les offense; et, dès qu'ils ont reconnu l'usurpateur, leur intérêt est de l'exalter à mesure même qu'il les a humiliés, pour justifier leur nouvelle religion. Voilà le cœur humain, mon cher comte; il n'est pas aimable, mais nous ne le réformerons pas. Peu de sujets sont aussi tristes.

« Je ne sais pas trop que vous dire de l'auguste voyageur dont vous me paraissez extrêmement épris. Mille fois, j'ai ouï dire au comte de Stedting qu'il ne connaissait pas d'homme à qui le titre de vertueux appartînt plus légitimement, et, sur cet article qui est le principal, il n'y a pas de doute. Je crois de plus avec les meilleurs juges que, dans des temps ordinaires, rien ne lui aurait manqué pour rendre ses peuples heureux. Mais, en le

---

(1) Sur le désir exprimé par la reine, femme de Louis XVIII, sa dépouille mortelle avait été envoyée en Sardaigne pour y être inhumée.

(2) Gustave IV, de Suède.

jugeant sur l'époque présente et d'après les faits, il me semble n'avoir aucune connaissance ni du monde comme il est, ni des hommes, ni des sujets en particulier, ni de lui-même par-dessus tout. Comment excuser son illuminisme et son apocalypse, sa manie pour le matériel du militaire, avec une incapacité absolue pour la science militaire proprement dite, et une valeur personnelle fort équivoque? Un roi, d'ailleurs, qui désespère sa nation et déplaît à tout le monde, n'a-t-il pas tort en cela même? La nation, me direz-vous, extravague; mais, le premier devoir d'un souverain n'est-il pas de la prendre comme elle est et de se donner garde de se conduire par de vaines théories? Sur tout cela, mon cher comte, je voudrais vous entendre, car je ne m'obstine sur rien; et j'étais moi-même coiffé de ce prince qui m'a paru depuis tout à fait étranger aux circonstances. »

Dans la lettre qui suit, se devine l'admiration qu'inspirent à Blacas les brillants commentaires de son correspondant et la gratitude qu'il ressent d'avoir été choisi pour en recevoir la confidence. Mais, il se révolte amicalement contre les appréciations théologiques de Joseph de Maistre et son mépris pour les propositions gallicanes de 1682.

« Hartwell, 20 octobre 1811.

« Mon cher comte,

« Vous m'avez écrit non une lettre mais un livre plein d'esprit et de raison et je regrette qu'une occasion pour Pétersbourg qu'on me propose à l'instant. me laisse à peine le temps d'y répondre fort à la hâte. Le chevalier de Navara a bien voulu m'envoyer tous les paquets dont il était chargé; mais, il me tarde de le questionner. J'ai bien des choses à lui demander sur vous, sur notre cher duc, sur la société, sur les affaires, sur ceux qui les conduisent ou les laissent conduire.

« J'ai vu avec plaisir que mon ancien voisin était toujours en mesure de s'expliquer franchement avec le comte Nicolas. Pourquoi, d'après cela, ne pas entamer la grande affaire qui nous occupe? Que désire-t-il si ce n'est de conserver son poste et quel moyen a-t-il d'y rester si ce n'est en faisant lui-même ce que l'on peut faire sans lui? Il sera obligé de quitter son poste, tandis que s'il traite, s'il n'attend pas le quarantième jour pour guérir de cette maladie dont on meurt le trentième, quelque haine qu'on ait pour lui, quelque désir que l'on témoigne de l'éloigner, il faudra bien qu'on le garde et même qu'on le remercie. Qu'il dise donc franchement ce que l'on veut, ce qu'on peut faire; on répondra de même, l'on ne sera difficile sur aucune condition; personne n'a rien à rendre; on se rapprochera, on se soutiendra, on donnera au besoin des moyens à celui qui n'en a pas et, des deux côtés, on trouvera un avantage d'autant plus considérable qu'il manque chez l'un ce qui abonde chez l'autre et que, réunis, ils peuvent ce qui leur sera toujours impossible séparément.

« Je ne vois pas aussi en noir que vous sur les conséquences de la guerre : tout ce que l'on dit des forces de la Russie et de la nouvelle administration me donne de la confiance. Une artillerie nombreuse et bien montée, un commissariat et des hôpitaux bien organisés, des réserves considérables, un ministre de la guerre intègre, que faut-il de plus quand on est assuré d'un allié riche, puissant et prêt à vous fournir tous les moyens qui peuvent manquer?

« Je saute d'une chose à l'autre, car je n'ai qu'un moment et je voudrais répondre à tout. Comment pouvez-vous dire que les quatre propositions de 1682 sont le plus misérable chiffon de toute l'histoire ecclésiastique ? Je cache votre lettre aux regards de Bossuet dont le portrait est dans une chambre; mais, de grâce où avez-vous vu le repentir et le désaveu de Louis XIV? Si c'est les novateurs qui ont cherché à le cacher, il faut convenir qu'ils ont parfaitement réussi, car les petits-fils du grand roi, ignorent eux-mêmes ce repentir et ce désaveu qu'ils croient une invention des novateurs ultramontains. »

« ... Je suis persuadé, mon cher comte, que vous regrettez mon malheureux ami qui a trouvé la mort où il allait chercher la santé. Je crois qu'une femme à grand nez vous a donné sur lui, sur sa volonté d'être, tant de fausses préventions. Je sais que l'on en dit autant de moi, quoique l'on ne m'honore pas encore d'un titre (celui de favori) que j'espère ne jamais mériter parce que je le regarde comme humiliant pour celui qui le porte et insultant pour celui qui le fait porter... Croyez, mon cher comte, que s'il n'a pu, comme vous le dites, dans aucun pays, aborder aucun homme public sans l'aliéner, ce n'est pas qu'il ne fût fait pour les affaires; mais, en voici la raison, c'est de vous-même que je l'emprunte :

« Tout souverain malheureux est repoussé par les autres et dès que les souverains ont méconnu le maître légitime, leur intérêt est de l'écraser absolument et de le faire disparaître, parce que son existence seule les accuse et les offense. C'est ce désir, c'est cette volonté qu'il a trouvée partout, et que partout il a voulu combattre, qui lui avait attiré la haine honorable dont vous parlez.

« Que me dites-vous, mon cher comte, de votre baron de Stedting auquel je ne reconnais pas plus le titre de comte qu'à son prétendu maître celui de roi. Jamais, je ne l'avais accusé d'être jacobin; mais, je l'accuse de s'être trouvé à la porte du cabinet de son maître quand on a osé porter sur lui une main sacrilège et de n'avoir eu ni le courage de le défendre ni le courage de l'attaquer ouvertement, et puisqu'il dit qu'il ne connaît pas d'homme auquel le titre de Vertueux appartienne plus légitimement qu'à Gustave IV, comment n'a-t-il pas oublié ses fautes, ses torts mêmes s'il en a eu, pour défendre en lui son souverain, son maître, et l'homme du monde *le plus vertueux*.

« ... Je ne voulais vous écrire que quatre lignes et voilà quatre pages. Recevez-les comme elles sont; je n'ai pas même le temps de les relire. Je ne les fermerai pas sans vous prier de dire mille choses aimables à M. votre frère et à M. votre fils; il me semble que contre l'ordinaire, la cavalerie va en Russie moins vite que l'infanterie. »

On voit qu'il s'en fallait de beaucoup que Blacas acceptât d'emblée toutes les idées de Joseph de Maistre et qu'il plaidait notamment en faveur des Quatre Propositions de 1682, si durement traitées par son ami et qu'à l'en croire, Louis XIV repentant avait désavouées, ce que contestait Blacas. « Les petits-fils du Grand Roi ignorent eux-mêmes ce repentir et ce désaveu qu'ils croient une invention des novateurs ultramontains. » Cette phrase vivement relevée par de Maistre allait être entre eux le point de départ d'une longue dissertation théologique où sont aux prises l'ultramontanisme et l'Église gallicane.

Ce n'est pas d'ailleurs seulement sur ce point que Blacas contredisait son illustre ami, témoin la lettre suivante de celui-ci, qui marque sur quoi et en quoi ils différaient et le marque avec le fougueux emportement qui caractérise la plupart de ses écrits.

« Saint-Pétersbourg, 24 décembre 1811/5 janvier 1812.

« Qui m'aurait dit, mon très cher et aimable ami, que je pourrais répliquer si tôt à votre excellente épitre du 28 octobre. C'est ce qui arrive cependant et j'en suis tout joyeux. Rien de nouveau ici depuis celle que vous avez reçue de moi, excepté les victoires du comte Koutousoff qui a maneuvré divinement contre les turbans (1). Le fruit de la victoire a été tout ce que vous avez vu dans les gazettes. On n'est pas peu surpris ici de n'avoir pas vu arriver la paix qu'on attendait déjà le jour de la fête de l'Empereur. L'anicroche est probablement la Serbie. Je crois cependant que tout s'arrangera, car les Turcs sont absolument à bas et ne savent plus de quel bois faire flèche. Seize mille janissaires mettant bas les armes et se rendant à discrétion, sont un événement inouï dans les annales du Croissant et un signe de décrépitude et de véritable agonie politique. J'entends bien que Napoléon intriguera de toutes ses forces pour retarder la paix; mais, les Turcs sont aux abois. D'ailleurs, et ne vous y trompez pas, ils connaissent parfaitement l'ennemi commun : j'en ai des preuves frappantes. Ainsi, je compte sur la fin prochaine de cette guerre également impolitique et immorale. La postérité aura peine à croire qu'on a perdu des flots d'or et de sang dans cette abominable lutte, tandis que le salut du monde est en l'air.

« Ensuite, qu'arrivera-t-il? Je n'en sais rien, et

(1) La Russie était en guerre avec la Turquie depuis 1809. La paix fut signée à la fin de 1811. De Maistre l'ignorait encore.

même, je ne désire rien, parce que je n'ai pas de raisons décisives pour désirer. Les armées, à la vérité, sont fort belles, l'artillerie nombreuse et admirable, etc., etc., etc. Voilà bien de la matière; mais, où est l'âme? L'esprit d'infidélité, de vol et de gaspillage, inné de la nation, n'est point du tout affaibli et va son train. L'Empereur le sait : il croit de plus n'avoir point de généraux, quoique, sur ce point, il faille, cependant, se résoudre à tâtonner car, si l'on ne fait pas la guerre, comment avoir des généraux, et comment savoir qu'on en a?

« Mais il y a d'autres difficultés terribles. En premier lieu, une guerre de ce genre ne doit jamais être faite par un souverain en personne et, de plus, il amènera son frère (1) qui est le fléau et l'horreur de l'armée. Jamais un roi soldat ne combattra avec avantage un soldat roi. Les raisons en seraient longues et toutes infiniment honorables à la souveraineté légitime; mais, il n'y a pas moyen de s'embarquer dans ces détails. Je me contente de vous dire, ou de vous redire *que l'or ne peut pas couper le fer*. De plus, on n'aura rien fait, si l'on n'a pas fait naître en France *l'esprit qui ne veut plus de Napoléon*, et hors de la France, *l'esprit qui aurait*

---

(1) Le grand-duc Constantin.

envie de le renverser. Où sont ces deux esprits? Le Français n'aime rien, ne désire rien, ne regrette rien, ne préfère rien et même ne connaît rien. Amenez à celui qui a dix mille francs de pension un nouveau maître qui lui en donne quinze, il l'aimera un tiers de plus. Du reste, vive l'opéra-comique et la gastronomie! La noblesse vaut peut-être moins que le reste, et le même phénomène peut encore s'observer chez nous, car, je répondrais bien moins au roi de sa noblesse que du second État, et cela encore est tout à fait naturel. J'ai beau regarder dans le monde, je n'y vois aucun signe favorable, pas une tête qui passe l'autre, pas un jeune homme brillant qui ait sur la tête cette flamme inconcevable qu'on aperçoit de tous côtés et qui réunit toutes les volontés Aucun homme de votre parti, mon cher comte, ne peut prétendre à cet honneur immortel. *Nul homme qui a suivi les rois ne peut les rétablir.* Vérité terrible et amère qui m'a souvent serré le cœur, mais dont je contemple sans préjugé la triste et incontestable évidence.

« Cette raison (entre mille) démontre à l'évidence que pour aucune raison il ne faut quitter son pays à cause d'une révolution, car celui qui sort, comment sait-il qu'il ne pourra pas servir le gouvernement légitime? Je ne vois à cela qu'un petit nombre d'exceptions très justes et très honorables. Je veux parler des personnes, en petit nombre, attachées à celle des princes et qui sont appelées à les suivre ou à les servir suivant leurs désirs (des princes), ici ou là. Ces hommes ne doivent plus tourner la tête. Le reste doit demeurer sur la terre en convulsion, faire le bien qu'il peut, empêcher le mal qu'il peut et conserver l'espérance jusqu'au moment où elle devient absurde. Cette manière d'envisager les choses m'a toujours rendu, comme vous avez pu le voir, tout à fait tolérant pour tout acte fait dans l'intérieur, à moins qu'il ne s'agisse d'un crime : à cet égard la règle est sûre. *On doit refuser à l'usurpateur tout ce qu'on refuserait au souverain légitime.* Tout le reste est permis et n'a rien d'immoral. Blake disait à ses gens : *Mes amis, ne nous mêlons pas de ce qui se fait à Londres. C'est l'affaire de la Providence; notre métier à nous est de nous battre contre les Espagnols* (1). Et en effet, la *Providence* sut fort bien se défaire de Cromwell,

---

(1) L'amiral anglais Blake, qui vivait au dix-septième siècle, avait d'abord pris parti pour Cromwell. Après le procès de Charles Ier, qu'il avait blâmé, Cromwell, qui redoutait son influence, l'éloigna de l'Angleterre en lui confiant le commandement de diverses expéditions maritimes, qui se terminèrent par des victoires et accrurent la popularité de Blake. La capture des flottes espagnoles, en 1757, y mit le comble et ne précéda sa mort que de peu de temps.

et les victoires de Blake demeurèrent à l'Angleterre qui révère son nom aujourd'hui un peu plus que s'il était allé demander du pain à d'insolents étrangers.

« Sur cet article, nous avons été souvent divisés d'opinion, quoique très bons amis d'ailleurs et de la même religion. Je le vois encore dans votre dernière lettre où vous me dites comme une chose décisive contre le comte de Stedting : *Gustave IV l'a vu à la porte de son cabinet.* Diable, mon cher comte, comme vous créez les crimes de lèse-majesté! Permettez que je n'aille pas si vite. Si vous aviez été engagé seulement pendant quinze jours dans le torrent d'une révolution, vous sauriez qu'il entraîne les hommes comme le sable, et que dix hommes se trouvent quelquefois rassemblés avec dix projets différents. Stedting était là; je le crois puisque le roi l'a dit. Je respecte sa véracité autant que son caractère. Mais pourquoi y était-il? Il y était probablement par la raison qui mène tous les hommes dans les grands événements : *ut videret finem*, comme dit la Passion selon saint Luc, pour voir la fin. Dans toutes ces occasions terribles, il est dans l'homme d'accourir pour voir comment les choses tourneront. J'ajoute que, très probablement, il y était pour voir s'il y aurait moyen de sauver le roi ou de lui être utile de quelque façon. Il avoue la faiblesse de son caractère; il s'en plaint même de la manière la plus naïve et la plus intéressante. Sur ce point, il est coupable, comme je le suis d'avoir la vue basse; mais, je le crois très incapable d'être entré dans le moindre complot contre son maître, auquel cas il serait un homme abominable. Mais, jusqu'à ce que j'en aie la preuve, j'en croirai davantage une vieille estime que le témoignage d'une vue, je ne dis pas trouble, mais au moins nécessairement troublée. Si nous n'adoptions pas la règle salutaire de ne juger les hommes que par leur caractère général, il ne nous resterait pas un ami au milieu de ce déchaînement universel de soupçons et de calomnies. Mais laissons là ce chapitre. Je condamne tout ce qui est mauvais, et vous aussi; je n'abdique pas aisément un ami, ni vous non plus, je crois. Si nous errons par hasard dans l'application des règles, ce n'est que faiblesse humaine de part et d'autre.

« Il est un article essentiel sur lequel nos pensées sont diamétralement opposées, c'est la fameuse déclaration du clergé de 1682. Vous m'avez fait peur au pied de la lettre, en me disant que *les petits-fils du grand Roi ignorent son repentir et son désaveu.* Hélas! mon cher comte, des princes excellents peuvent donc ignorer pendant plus d'un siècle, ce qu'ils n'auraient pas dû ignorer deux minutes. Vous voyez par cet exemple ce qu'est l'empire des sectes et des cabales, sur votre nation surtout, qui est sans contredit, et sauf votre respect, la plus aisée à tromper et la plus difficile à détromper. Quant à l'illustre Bossuet que personne ne vénère plus profondément que moi et que je regarde comme *le dernier et le premier* des pères, croyez-moi, cher comte, lorsque vous voudrez louer Corneille, ne louez pas *Pertharite* : citez *Rodogune* ou *Cinna*. Mais n'accusons plus un grand homme! Il a dit sur la fin de sa carrière (et c'est bien assez) : *Que la déclaration aille se promener!* Le latin est un peu moins familier, mais tout aussi énergique et parfaitement synonyme : *abeat qui voluerit*. Il fut, dans cette fatale assemblée, le modérateur de quelques mauvais esprits très mal disposés ; il arrêta le projet de l'évêque de Tournay qui était, je crois, un Choiseul et dont la rédaction était absolument et ouvertement schismatique. Enfin, il couronna ses services envers l'Église et l'État par son fameux sermon sur l'Unité, chef-d'œuvre qui a eu l'honneur d'être traité d'exagération par je ne sais quel héros de Saint-Médard et qui peut bien faire équilibre à ces tristes propositions qui sont réellement le scandale du sens commun, à ne les considérer même que sous le point de vue politique.

« Vous soupçonnez, mon digne ami, et vous *croyez* même, et de grands personnages croient aussi, que le désaveu dont je vous ai parlé est *une invention des novateurs ultramontains*. Novateurs, mon cher comte, en vérité? J'aurais droit de vous dire comme Jeannot : *Ah! ben oui, tu t'y connais!* C'étaient au contraire les ultramontains qui, depuis près de trois siècles, n'avaient pas de plus grande occupation que celle de se défendre contre les fatales innovations de vos sectaires qui s'appelaient l'Eglise catholique, avec la permission d'un Parlement gangrené de philosophisme et de jansénisme. La différence entre vous et les Italiens, est que ceux-ci n'ont cessé de rendre justice à l'Église gallicane, avec une loyauté et, si je puis m'exprimer ainsi, avec une *plénitude* également honorable pour l'une et pour l'autre, tandis que les Français ne pensaient qu'à eux et n'estimaient qu'eux. Bossuet était connu, estimé, vanté en Italie autant qu'en France; mais, Bellarmin, qui n'a point de supérieur, pas même Bossuet, était à peine nommé en France. Mais, les étrangers ne partageaient pas cette injustice et Leibnitz, qui a su le plus de choses, a dit de bonne foi : *Les arguments de Bellarmin en faveur de la puissance du Souverain Pontife sont si pressants qu'ils ont paru tels à Hobbes même ;* il était néanmoins protestant ; mais, il avait la candeur qui convenait à un grand homme et sa main très sûre se posait sur le Pape comme sur la clef de la voûte européenne. Ce qu'il y a de singulier, c'est qu'il a reconnu l'autre chef, *le Roi de France*, ce qui lui fait beaucoup d'honneur (faites accorder *lui*, cher comte, avec ce que vous voudrez). La différence entre ces deux *clefs*, c'est que l'une est divine, et partant impérissable, l'autre est humaine et peut périr.

« Son plus grand intérêt était donc de conserver sa sœur et la voûte. Les conjurés le savaient bien ; aussi, ils adressaient tous leurs coups *au Pape et à la Maison de Bourbon.* Nous savons maintenant tous les secrets de l'affreuse secte dont le tour de force a été de se servir de la main du *fils* aîné pour porter à la mère des coups qui devaient infailliblement retomber sur lui. Comment vous dire en quelques lignes ce qui exigerait des livres ?

« Mettez-vous bien en tête, mon cher comte, que depuis trois siècles, il y a en Europe une puissance qui ne dort jamais, et qui, sous une forme ou sous une autre, ne cesse de prêcher la doctrine suivante : *Toute société quelconque ne peut être gouvernée que parce qu'elle veut l'être, et il est impossible qu'une société quelconque ait cédé et voulu céder le droit de nuire; donc, dès qu'un chef abuse de sa puissance qui est une pure concession, on peut lui résister, le juger et le déposer.* Comment faire signer cela au roi de France? Comment? Rien de si aisé; il n'y a qu'à changer les termes et à mêler l'erreur, par un artifice très simple, à la prérogative royale. Alors, la souveraineté n'entend plus rien, ne voit plus rien, ne comprend plus rien; elle est prise par *l'esprit de vertige et d'erreur*, et c'est à elle à y penser auparavant.

« C'est ce qui arriva en 1682. Ce tripot lui parut une affaire d'État, et dès lors Louis XIV ne vit pas la moindre difficulté à établir chez lui comme loi fondamentale : *Que les Conciles généraux sont au-dessus du Pape*; c'est-à-dire par une conclusion claire, directe, inévitable : *Que les États Généraux sont au-dessus du Roi*. Attendons que les circonstances soient favorables pour l'exécution. *Aujourd'hui décrétons seulement le principe*. Vous ne manquerez pas de vous écrier : *C'est bien différent!* Sans doute, car l'autorité du pape étant divine, on peut réfuter le principe, au lieu que celle du roi étant humaine (suivant les nouveaux dogmes), elle prête le flanc entièrement à découvert.

« Mon cher, mon très cher ami : laissez-moi vous dire que votre nation ne ressemble à aucune autre; jamais, elle n'est de sang-froid; tous ses jugements sont passionnés et la vérité même prend chez elle une pointe d'enthousiasme, qui ressemble quelquefois à la frénésie. Si, dans cet état, quelque grande erreur se présente à vous, sous quelque ressemblance apparente avec le sentiment juste et légitime (quoique exalté), qui vous domine, l'un et l'autre s'amalgament dans votre esprit et vous devenez incurable.

« Vous ne croyez pas, par exemple, être révolutionnaire; vous l'êtes, cependant, parfaitement, car vous croyez que *la France est le Roi*. C'est l'amalgame du christianisme avec la politique et du sacerdoce avec l'aristocratie nationale, qui avait composé cette magnifique monarchie, que je pleure peut-être de meilleure foi et avec plus de connaissance de cause que ses anciens sujets. Ginguené dit à Paris, aussi haut qu'il lui est permis de parler : *Si comme l'a dit et assez bien prouvé, l'auteur des « Considérations sur la France, etc.;* » et il existe ici un exemplaire de ce livre, tout apostillé par la main de Jean-Louis Soulavie dans les endroits où je marque ces caractères de la monarchie française, qui la rendront éternellement le modèle de toutes les autres. Il est dit dans *un assez bon livre* (comme disait La Fontaine) : *Les femmes publiques vous précéderont dans le royaume*. Il faudrait vous dire à vous : *Les sans-culottes vous précéderont*. Assouplis par l'expérience, par la réflexion et par les remords, plusieurs sont devenus très accessibles à la vérité. Mais vous, mon cher comte, si bon, si droit, si noble, si pur, si fidèle, savez-vous ce que vous feriez si les choses changeaient brusquement et que le pouvoir fût en vos mains? Vous commenceriez par un schisme, sans que les sanglots des gens de bien, ni les applaudissements de la canaille puissent jamais arriver jusqu'à votre tympan. Pourquoi? Je vous l'ai dit, parce qu'une erreur s'étant malheureusement jointe dans votre esprit à des sentiments aussi nobles que justes, sur lesquels vous êtes, avec grande raison, excessivement chatouilleux, le tout est devenu, dans votre esprit, *un et indivisible* comme l'auguste République française, de manière que vous vous passionnez pour ce funeste alliage comme vous auriez droit de le faire pour la pure et sainte vérité. Si le préjugé s'était moins emparé de votre tête, il suffirait d'une seule considération pour en chasser la déclaration de 1682 et toutes les idées accessoires : c'est de voir que le monstre (Napoléon) en fait son code ecclésiastique, sa loi chérie, son évangile politique, qu'il l'a fait réimprimer, afficher, étudier, jurer, encadrer, préconiser, etc. Encore une fois, il n'en faudrait pas davantage pour vous la faire abhorrer si vous étiez de sang-froid; mais vous ne l'êtes pas.

« Je m'amuse à voir que votre juste fierté s'indigne d'un certain titre (1). Cependant, vous ne pourrez guère l'éviter, car il est toujours et légitimement décerné par l'infaillible opinion à la passion qui n'écoute personne et ne sait pas trier. Je veux cependant faire encore un effort sur votre esprit que j'estime beaucoup. Je griffonne à la hâte un Précis sur la déclaration de 1682 (2), et je vous l'adresse. C'est une démonstration complète; mais, réussira-t-elle auprès de vous? J'en doute infiniment : votre nation ne revient guère; trompé une fois, le Français l'est pour toujours, pour peu que la vanité ou l'esprit de parti s'en mêlent. Voyons

(1) On a vu qu'en annonçant à Joseph de Maistre la mort de d'Avaray et en défendant ce dernier contre des critiques qu'il trouvait injustes, Blacas avait écrit : « Je sais que l'on en dit autant de moi, quoique l'on ne m'honore pas encore d'un titre (celui de favori) que j'espère ne jamais mériter, parce que je le regarde humiliant pour celui qui le porte et insultant pour celui qui le fait porter. »

(2) Nous avons retrouvé ce Précis dans les archives Blacas. C'est un résumé que de Maistre développa en 1820, dans son ouvrage : *De l'église gallicane.*

cependant ce qu'il en arrivera, car si l'on peut attendre une exception, c'est de votre part.

« Comment descendre de ces hauteurs, je vous en prie, pour en arriver au nouveau maître des cérémonies et à sa chaste moitié (1)? Le premier est tous les jours plus joli, plus potelé et plus clairvoyant. Cette dernière bonne fortune lui a donné encore plus d'aplomb; personne, je vous l'assure, n'est plus à son aise. Nous avons raisonné souvent sur le phénomène singulier de ces hommes qui sont là, à telle place, sans qu'on sache expliquer pourquoi. On dira ce que l'on voudra, mais ils y sont et les plaisants mêmes y donnent les mains, tandis que d'autres hommes avec les mêmes droits extérieurs seraient sifflés et culbutés s'ils s'asseyaient à la même place. Cela se voit partout. Quant à la chaste moitié qui a sûrement fait une impression ineffaçable sur votre chaste cœur, elle est devenue beaucoup plus belle depuis que la bonne maman Catinsky a tout cédé à ses deux filles, ne réservant qu'une pension pour ses menues aumônes. La fille a maintenant plus de 200,000 roubles de rente. Son hôtel qu'elle a entièrement refait est magnifique; l'escalier de granit est à peu près le plus

---

(1) Nous n'avons pu découvrir qui de Maistre veut désigner.

beau de Saint-Pétersbourg. C'est le chef-d'œuvre de notre ami Thomas de Thomond. Enfin, mon cher comte, venez-y voir.

« Mon frère (1) est colonel dans l'état-major général à la suite de Sa Majesté! Il a fait la guerre en Perse et il a reçu près d'Alcalcik, il y a un an environ, un coup de feu qui lui perça le bras droit de part en part. Pendant un mois, il fut question de perdre le bras après des douleurs diaboliques. Heureusement, il nous rapporte dans peu de jours sa personne, son bras, et deux croix. Saint-Wladimir au cou et accordée d'emblée à un officier qui n'avait aucun autre ordre, était une assez jolie chose. Il leur a plu d'y joindre la deuxième de Sainte-Anne. Grand merci; mais, c'est cependant la mettre sous l'autre. Lorsqu'il sera arrivé, je lui ferai connaitre votre souvenir qui lui fera grand plaisir, car, à cet égard, il est bien de la famille. Mon fils vous remercie de tout son cœur et vous présente ses hommages. Il est le sixième lieutenant de treize et aide de camp de son général (Preradowitch). Il me ruine, mais sagement, de manière que je n'ai rien à dire. Véritablement, je trouve que son cheval avance peu, quoiqu'il me

(1) Xavier de Maistre, qui avait pris du service en Russie à l'exemple de son neveu le comte Rodolphe, fils de Joseph.

coûte 1,200 roubles. Il y a, dans le service, de ces moments terribles qu'il faut laisser passer avec résignation.

« Comment oublierai-je de vous parler des tableaux ! Je vous félicite de les aimer toujours. J'aime les goûts permanents. En achetez-vous, par hasard? Tant mieux, c'est marque que vous avez de l'argent. Ce que j'aimerais en fait de beaux-arts, c'est qu'il vous plût de me sculpter deux ou trois *Puttini* qui se nommassent Blacas et que mon fils aimerait lorsque je ne serai plus de ce monde. Mais sans doute vous êtes occupé comme le duc de B... (le duc de Berry). Que le diable emporte les affaires! Je pense bien que le comte de Front est trop anglais pour vous. Vous connaissez assez mes systèmes et mes devoirs pour comprendre que je n'ai rien à répondre au surplus de l'article de votre lettre qui le concerne!...

« De grâce, faites-moi savoir de quelle manière a retenti l'événement de Savone (1) dans le pays que vous habitez. L'estampe y a-t-elle pénétré

---

(1) A la suite du concile national, tenu à Paris en 1811, par ordre de Napoléon, plusieurs évêques se rendirent en députation à Savone où Pie VII était prisonnier, afin de lui soumettre les décisions de ce concile et de les lui faire approuver. On sait qu'il s'y refusa, malgré les pressions qu'on s'efforçait d'exercer sur lui. Des estampes ayant fixé les scènes de Savone, la circulation en fut interdite en Russie.

malgré les mesures terribles de B... (Bonaparte)? Imaginez qu'ici, on s'est cru en devoir d'étouffer la chose et de faire disparaitre l'estampe. Cependant une estampe n'est point une preuve. Il est possible qu'un faussaire l'ait fabriquée; chacun est libre de n'y pas croire et de s'en moquer. Cependant, on a choisi la voie de la suppression et du silence, de peur de choquer, ce qui peut fort bien n'être pas du tout de la faiblesse, mais, seulement, une application salutaire de la sainte maxime : *Caresse toujours jusqu'au moment où tu dois mordre.*

« Mais, il y a apparence que bientôt on se mordra. Sera-ce un mal? Je l'ignore et tout le monde, je pense, l'ignore comme moi. Le grand problème européen n'est pas susceptible d'une solution unique. La famille de Bourbon est-elle proscrite ou non? Il y a pour l'affirmation des indices que vous voyez, des indices que vous ne voyez pas et des indices que vous voyez sans les voir. Dans ce cas, tout honnête homme doit prendre le deuil; tout est perdu pour nous; l'édifice européen que nous avons vu est renversé sans retour; il n'y a plus moyen de le relever; c'en est fait de presque toutes les familles régnantes et l'Europe est livrée à une agonie de quatre ou cinq siècles, semblable à celle du moyen âge. Mais, cette famille peut-elle renaître et se rasseoir à sa place ? Quelques miracles physiques peuvent-ils en produire d'autres d'un autre genre ? Pourrait-il se faire encore que... *mais j'ai peur de vous ennuyer; mon billet* deviendrait trop long. Tant il y a que pour croire à la possibilité de certains événements, il y a des motifs que je ne puis vous détailler, *parce que vous êtes Jacobin.* Cependant, je vous aime de tout mon cœur. Toujours, je conserverai l'envie de vous revoir; mais, je compte peu sur ce plaisir. Adieu mille fois, mon cher et très cher comte. Je suis à vous plus que je ne puis vous l'exprimer. Aimez-moi toujours, tout hérétique que je suis; de mon côté, je suis plein de vénération pour le portrait du grand Bossuet par Drevet, grand papier avant la lettre. Après, c'est autre chose, ma vénération et mon admiration continuent; mais, pour les mettre parfaitement à l'aise, il faut que je rature quelque chose. Je termine par cette impertinence qui est un essai fait sur vous, car si vous m'aimez impertinent, je n'ai plus rien à craindre.

« Je vous serre dans mes bras, cher et excellent homme. »

Le comte de Blacas ne pouvait n'être pas touché profondément par cette lettre, où, dans une argumentation révélatrice de son savoir et de ses incessantes observations sur les hommes et sur les choses, Joseph de Maistre le traitait, nonobstant sa jeunesse, comme un égal en expérience et en jugements. Sensible à l'honneur qui lui était fait et plus encore au témoignage d'amitié que lui apportaient ces lignes éloquentes, il y répondait par une véritable déclaration d'amour :

« Hartwell, 20 mars 1812.

« J'ai reçu avec bien du plaisir, mon cher comte, votre lettre du 27 décembre/11 janvier, il me tardait d'avoir une occasion pour y répondre et pour vous dire que je vous aime de tout mon cœur, non seulement parce que vous êtes très aimable, mais parce que vous me témoignez une amitié, un intérêt, un attachement que je sais apprécier et que je n'oublierai de mes jours. Soyez également sûr, mon cher comte, que personne ne rend plus justice que moi à votre génie, à vos connaissances, à vos sentiments et que j'aime votre façon de penser autant que j'estime votre personne. Mais, il est un objet sur lequel je ne puis céder, ni à vos raisonnements, ni à votre profonde conviction. C'est les quatre fameux articles de 1682, que vous condamnez et que je regarde au contraire comme renfermant tout ce qu'on a dit de mieux sur la puissance ecclésiastique.

« Quant au premier de ces articles, je ne doute pas que vous ne soyez de mon avis, car si le Pape avait tout pouvoir sur le temporel des rois, il aurait eu le droit de faire ce qu'il a fait en France, et il en résulterait que le sieur Buonaparte serait souverain légitime puisqu'il a été reconnu et déclaré tel par le Pape. La différence d'opinion entre nous, sur les trois autres articles, vient de ce que vous regardez l'Église catholique comme une monarchie dont le Pape est le roi, et que moi, quoique fort soumis d'ailleurs à la cour de Rome, je ne considère le Saint-Père que comme le chef de l'Église. Aussi, ne puis-je admettre aucune comparaison entre les Conciles et les États généraux, dont le pouvoir est limité par les lois de l'État et par la puissance royale sans laquelle ils ne sont rien, tandis que les Conciles, qui sont d'institution divine, ont un pouvoir fort au-dessus de celui du Pape puisqu'ils représentent l'Assemblée des Apôtres auxquels notre Seigneur a dit : « Quand quelques-uns de vous sont réunis, je serai toujours au milieu d'eux ». C'est-à-dire l'Esprit saint sera avec vous et il parlera par votre bouche, d'où est venue la formule employée par saint Jacques au premier concile de Jérusalem : Il a semblé bon au Saint-Esprit et à nous, etc.

« Cette supériorité des conciles sur les Papes a été si bien reconnue par les Souverains Pontifes eux-mêmes, que vous trouverez dans les lettres de saint Nicolas Ier : « l'Église de Rome dans tous ses actes se conforme toujours à l'autorité bien reconnue des saints Pères » et dans celle de saint Zozime : « l'autorité de ce siège (de Rome) ne peut rien changer, ni établir contre les statuts des Pères. » Enfin, saint Léon le Grand était certainement pénétré du même principe quand il écrivait à l'empereur Marcien : « Les privilèges des Églises, qui sont fixés par les décrets du vénérable concile de Nicée, ne peuvent être changés par aucune nouveauté : c'est pour moi une nécessité indispensable de m'appliquer constamment, avec les secours de J.-C., à empêcher que ce changement n'ait lieu, parce que *l'administration* m'est confiée et que je me rendrais coupable si, ce qu'à Dieu ne plaise, je connivais à l'infraction des règles établies par les décrets des saints Pères. » Les Papes pouvaient-ils reconnaître d'une manière plus authentique et en même temps plus précise l'autorité des conciles? etc., etc.

« C'est à tous ses apôtres qu'il a dit ensuite : « Je vous le dis en vérité, tout ce que vous lierez sur la terre sera aussi lié dans le ciel., » etc., etc., et c'est encore à ces mêmes disciples que N. S. a dit en montant au ciel : « Toute puissance m'a été donnée dans le ciel et sur la terre, allez donc enseigner les nations, baptisez-les, etc., et voilà que je suis avec vous tous les jours jusqu'à la consommation des siècles. »

« Le Seigneur a donc transmis les mêmes pouvoirs à tous les apôtres et l'autorité absolue ne peut appartenir qu'à la réunion de tous ceux qui les ont reçus. Mais, en remettant les clefs à saint Pierre et en lui disant : « Tu es Pierre et sur cette pierre, je bâtirai mon Église », il l'a créé prince des apôtres et lui a donné cette suprématie d'ordre et d'honneur, de vigilance, d'inspection et de juridiction sur toutes les Églises particulières, telle que l'a déclarée le Concile général de Constance et telle que l'Église de France l'a reconnue de tout temps dans la personne du successeur de saint Pierre. Car, elle n'a jamais varié dans ses maximes qui sont encore celles qu'elle suivait du temps de saint Hilaire, lorsque Dieu daigna la choisir pour vérifier ses oracles et empêcher les portes de l'Enfer de prévaloir contre son Église que le pape Libère, fort de son infaillibilité (comme M. Necker de sa conscience) avait fait ce qu'il avait pu pour rendre Arienne.

« Permettez-moi de croire, mon cher comte, que ces faits sont aussi certains que la rétractation de Louis XIV, qui n'est rien moins que précise, car il est bien difficile de voir dans le seul mot, conjecture, un repentir et un désaveu formel. Ne soyez donc pas surpris que de grands personnages ignorent ou ne veuillent pas reconnaître une lettre qui, avant 1789, n'avait jamais été publiée qu'en Italie; qui n'était, s'il faut l'avouer, qu'un acte de faiblesse, commandé par la politique, et qui n'avait été suivie d'aucun arrêt pour révoquer la déclaration de 1682, ni d'aucun ordre contraire à son exécution.

« Enfin, la lettre de Louis XIV au cardinal de la Trémoille, en date du 7 juillet 1713, prouve que ce prince n'avait jamais cru s'engager à retirer cette déclaration, puisqu'en assurant qu'il n'est point contrevenu à l'engagement qu'il avait pris par sa lettre à Innocent XII, il dit : « Car, je n'ai obligé personne à soutenir contre sa propre opinion les propositions du Clergé de France, etc. ; et Sa Sainteté est trop éclairée pour entreprendre de déclarer hérétiques les maximes que suit l'Église de

France. » Or, si l'Église de France les suivait encore à cette époque, elle ne les avait donc pas rétractées et il faut croire que c'est Dupin et Cie qui ont eu raison de soutenir que les trente-quatre évêques nommés, qui avaient assisté à l'Assemblée de 1682, n'avaient écrit au Pape qu'une lettre de soumission pour obtenir les bulles qui leur avaient été refusées jusqu'alors, mais que l'ambiguité des termes dont elle était composée l'avait fait traiter à Rome de rétractation.

« Au surplus, trente-quatre évêques ne sont point le Clergé de France, qui ne s'est jamais départi de la doctrine des quatre fameux articles qui renferment le principe de ses libertés approuvées précédemment par le concile général de Constance et reconnues même par les trente-quatre évêques cités plus haut. La non-insertion de la déclaration de 1682 dans les actes du Clergé de France, est une nouvelle preuve de la juste déférence que l'Église gallicane a toujours eue pour le Souverain Pontife; mais, elle ne l'empêchait pas de suivre les maximes qu'elle n'a jamais cessé de professer et qui ont valu à l'Église de Dieu tant de martyrs et de confesseurs. Au reste, Bossuet et tous les évêques de France, en déclarant qu'il n'y avait rien de dogmatique dans les quatre articles et qu'ils étaient étrangers à la foi, ont décidé, comme l'a écrit Louis XIV, « que chacun peut dire et soutenir son sentiment sur une matière qu'il est libre de soutenir de part et d'autre comme plusieurs autres questions de théologie ».

« J'ai autant de respect pour le républicain Fénelon que vous pouvez en avoir pour le royaliste Bossuet, et je ne suis nullement surpris de ne pas trouver le nom de ce premier parmi ceux des évêques qui souscrivirent la déclaration de 1682 puisqu'il n'a été évêque, comme vous le savez, qu'en 1695. Mais, je vous avoue, mon cher comte, que je suis étonné de vous entendre appeler cette assemblée du clergé un *club*, un *tripot*; et les évêques qui y étaient, des courtisans en camail. Oh! mon très cher comte, n'oubliez donc pas qu'elle était présidée par celui qui a prêché le sermon de l'Unité, par l'auteur des *Variations*, par cette lumière de l'Église, qui rédigea les quatre propositions pour conserver les vrais principes de l'Église Gallicane, en un mot par le grand Bossuet.

« Je n'ai pu vous répondre comme vous m'avez écrit, mon cher Comte, à coups de mémoire, primo parce que j'en ai fort peu, et en second lieu parce que j'en aurais autant que vous, qu'elle ne pourrait me rappeler ce que malheureusement je n'ai jamais su, ni étudié aussi profondément que vous ; mais, j'ai tâché de le faire avec le secours du peu de livres que je possède. Je suis encore obligé de vous avouer que je n'ai jamais lu ni les œuvres de Bellarmin, ni les œuvres de Sfondrati. Je sais seulement que celles de ce premier ont été condamnées en France en 1610 et en 1761, et que Bossuet et plusieurs illustres prélats de France voulaient faire condamner les œuvres de Sfondrati ; mais, que le pape Clément XI, qui avait été son disciple, ne voulut pas que son livre (sur la prédestination) fût censuré. Enfin, je vois bien, mon cher comte, que nous resterons chacun dans notre croyance ; mais sauve qui peut : nous n'en serons pas moins amis dans ce monde, et j'espère que nous nous retrouverons dans l'autre. Je suis de votre avis sur plusieurs des torts que vous reprochez aux Français ; en général, très franchement, nous sommes une nation d'enfants mutins et entêtés. Mais, avouez, cher comte, que votre esprit, en passant par les Alpes, ne vous a pas entièrement sauvé du péché originel.

« Ne croyez pas, mon cher comte, que je veuille créer des criminels de lèse-majesté. Je serais trop heureux qu'il y en eût moins et je voudrais ne trouver le baron de Stedting que faible ; mais, je ne l'ai pas vu sortir en pleurant sa faute, après avoir entendu le chant du coq, et j'ai su, au lieu de cela, qu'à la fin de la fatale journée, il avait été nommé ministre des affaires étrangères, place à laquelle il renonça pour aller négocier en Finlande.

« Soyez bien certain, mon cher comte, que si les choses changeaient en France et que, pour mon malheur, je fusse ce que vous appelez le Maître, au lieu de faire un schisme, mon premier soin serait de faire rendre à Dieu ce qui appartient à Dieu et à César ce qui appartient à César; et ensuite de supplier *l'auteur des Considérations* de venir à mon aide, car je le regarde comme le seul qui ait dit, qui ait démontré la vérité; et éclairé de ses lumières et fort de ses conseils, nous aurions tous les moyens de reconstruire, ou pour mieux dire, de rétablir le grand édifice.

« Tout ce que vous me dites sur le pays que vous habitez, et tout ce que j'en sais d'ailleurs, m'afflige et me peine sensiblement. Je vois l'orage prêt à fondre sur lui; je lui vois également tous les moyens de le conjurer et cependant je ne vois adopter aucune des mesures qui seraient si faciles et si nécessaires à prendre. J'avais compté sur la paix avec les Turcs, et elle paraît maintenant plus éloignée que jamais, grâce aux soins Buonapartistes et à l'envie de faire de nouvelles conquêtes, quand on ne devrait être occupé que du désir de conserver ce que l'on possède. Je n'ai rien de nouveau à vous mander, mon cher comte; je gémis comme vous sur bien des choses que nous ne pouvons empêcher.

« Je suis charmé que vous soyez toujours heureux du succès de M. votre frère et de la conduite de M. votre fils. Vous me souhaitez quatre *puttini!* Eh bien! promettez-moi qu'ils ressembleront aux vôtres et je vais m'occuper de les faire. J'aurais bien envie de me plaindre à vous de ce que l'on force M. le duc de Berry à badiner avec le temps... pourquoi n'a-t-on pas accepté ce que nous avions proposé?(1)... Adieu, cher et très cher comte, dites-moi souvent que vous vous portez bien pour me consoler d'être toujours malade. »

Il résulte de la lecture de cette longue lettre que Blacas, tout en défendant ses opinions avec ténacité et en s'efforçant de prouver qu'il n'était pas sans érudition en ce qui concerne les questions religieuses, ne s'était pas offensé de la vivacité des démonstrations théologiques de son ami. Les témoignages affectueux dont elles étaient émaillées, lui

---

(1) Allusion à la tentative faite pour obtenir du tsar qu'il accordât au duc de Berry la main de sa plus jeune sœur.

permettaient de ne pas douter de la sincère amitié du
« fier ennemi de nos libertés gallicanes ». Joseph
de Maistre ne s'offensa pas davantage. Mais, il
n'était pas converti et on le verra un peu plus loin
tenir bon et, au milieu des commentaires que lui
suggère la campagne de Russie, revenir à son sujet
pour démontrer qu'il a raison et que son contradicteur a tort.

CHAPITRE V
AUTOUR DE LA CAMPAGNE DE 1812

Pendant que les deux adversaires se livraient à ce débat, les événements se chargeaient de faire passer au second plan leur querelle. Joseph de Maistre, de Saint-Pétersbourg, les suivait d'un œil anxieux. En attendant que Blacas, dont il n'avait pas encore reçu la longue lettre qui précède, répondît à ses arguments défensifs des droits de la Papauté, il lui annonçait la guerre prête à éclater et lui envoyait les nouvelles qui arrivaient en Russie, en les commentant parfois avec une brutalité où se révèle la haine que lui inspirait Bonaparte.

« Saint-Pétersbourg, 1er/13 février 1812.

« Qui l'aurait dit, mon cher comte? Avant que vous ayez reçu mon dernier in-folio, voilà encore une occasion qui se présente pour vous écrire sûrement et je ne veux pas qu'il soit dit que je n'en ai pas profité! Vous croyez peut-être que je vous ai prié en badinant de me renvoyer ma dissertation théologico-politique : sur mon honneur, c'était de bonne foi, car, me disais-je, elle n'aboutira qu'à l'impatienter, et moi je voudrais cela dans mes papiers. Je l'ai écrite toute d'une haleine, sans pouvoir seulement faire une correction.

« Depuis ma dernière lettre, les choses paraissent toujours plus se mettre à la guerre. Cependant rien n'est sûr, surtout pour l'époque. Pendant que l'Espagne tient, Napoléon joue une terrible carte en déclarant une guerre qui le mènera loin et, tout violent qu'il est, il pourrait bien y penser à deux fois. Quant à l'empereur, pour aucune raison, il ne commencera, et il serait difficile de l'en blâmer, quand on connaît bien les hommes, le temps et les choses. Il paie dans ce moment à peu près 900,000 hommes et il a 590,000 baïonnettes en activité; cette force militaire étant absolument hors de proportion avec les finances de l'Empire, il faut mettre de nouveaux impôts et c'est ce qu'on va faire. Le prince Wesensky, sous le règne de Catherine II, obtint le cordon bleu pour avoir doublé les revenus de l'Empire qu'il porta de 25,000 à 50,000. Aujourd'hui il en faut 400,000; il est vrai que c'est en papier. Il y a eu de grands débats dans le conseil au sujet de ces impôts. Cependant ils ont passé — et que faire?,

On parle de deux manières de la Suède. M. Bernadotte nous trompe-t-il en se rapprochant de nous, ou bien est-il de mauvaise foi? Et Napoléon, en s'emparant de la Poméranie, n'a-t-il voulu que rendre la comédie plus complète? Ce qu'il y a de sûr, c'est que cet homme est fait exprès pour nuire beaucoup à son ancien maître, si la brouillerie se perfectionne, ce qui ne paraît pas du tout impossible. Ce sont de ces instruments qu'il faut savoir supporter, car, comme je vous le disais, nul homme sorti de France pour échapper à la révolution ne peut être utile à son maître quant au rétablissement, ce qui n'empêche pas, comme je vous l'ai dit aussi, que nous ne soyons, vous et moi, parfaitement à notre place.

« Monk était-il un émigré jacobite? C'était au contraire un républicain exalté, et il avait fait passer au fil de l'épée une ville royaliste. Mais, on ne parle plus de tout cela, et les ducs d'Albermale, qui descendent de lui, s'en embarrassent, je crois, fort peu. Les Berwick, les Fitz-James et tous les jacobites dépaysés, furent moins heureux; mais ils le furent cependant. Ils moururent sans remords et laissèrent des races respectées dans un pays qui sut les accueillir. Servons-nous de l'histoire et tenons pour sûr que le salut ne peut venir que de la France. Ce qui me rend si froid sur la guerre, c'est que j'en vois l'inutilité parfaite, à moins qu'elle ne soit coordonnée avec d'autres mesures dont on ne se doute seulement pas.

« Somme toute, le problème est de ceux qu'on appelle indéterminés. La solution est nécessairement fourchue. La maison de Bourbon sera-t-elle rétablie ou non? Dans le second cas, c'est une obscurité parfaite, un chaos où je ne vois rien. Dans le premier, l'aspect est tout différent; mais les moyens sont un autre chaos. La guerre sous ce rapport est un enfantillage. Lorsqu'on considère l'état de cette auguste maison, les bras tombent; cependant, je ne puis cesser de me livrer à des espérances flatteuses et je les fonde sur de puissantes raisons, quoique je ne vous les écrive pas.

« Je voudrais aussi que vous eussiez toujours présente à l'esprit une maxime incontestable et qui vous servirait à juger mieux certains événements qui vous agitent extrêmement : c'est que l'univers est plein de punitions très justes, dont les exécuteurs sont très coupables. Je ne veux pas me jeter dans les applications, de peur de vous écrire encore dix pages, — je n'ai pas le temps. — Si jamais, vous lisez mes spéculations imprimées, vous en jugerez. Des événements très frais pourraient me servir d'exemple et ils seront encore suivis de beaucoup d'autres.

« Dans ce moment, mon cher comte, il n'y a plus de Français : l'égoïsme, l'indifférence, la cupidité, l'immoralité ont à peu près tué ce grand nom. L'Église gallicane seule a pu faire soupçonner aux étrangers, que la France antique donnait encore des signes de vie marqués; mais, vous croirez probablement que ce sont au contraire des systèmes de putréfaction. Mourons donc, mon très cher comte, et renvoyons toutes ces questions à la postérité. En attendant, aimons-nous. Tâchons d'être au moins deux du même parti. Ce n'est pas trop exiger. Je n'ai plus d'espérances pour moi; mais, il faut penser aux autres. Comptez bien, je vous en prie, que mon attachement pour vous, fondé sur l'estime la mieux sentie, durera autant que ce reste de jours qui se précipitent pour moi et que j'embellis comme je puis, avec l'étude et l'amitié. Tout à vous.

« Mon fils vous prie d'agréer ses compliments. »

Peu après éclatait la guerre que prévoyait Joseph de Maistre et qu'il déplorait, parce qu'il la jugeait inefficace pour le rétablissement de la paix européenne. Elle ne pouvait, à son sens, être utile à la cause des rois, cette cause qu'on le voit défendre sans relâche, que si elle était faite non à la France, mais « à Napoléon, personnellement. » — « Il y a deux chances pour nous, disait-il encore : 1° que les Français, las de cette effusion de sang interminable, se défassent du guerrier pour se défaire de la guerre ; 2° que la perte d'une bataille tue le charme qui fait sa force (1). » Mais, qu'elle dût être inefficace ou non, il la considérait comme fatale et, en effet, déjà Napoléon s'y préparait. Le 24 juin, il franchissait le Niémen. Deux mois plus tard, il entrait dans Moscou, tragique couronnement de triomphes épiques, mais éphémères, qui n'étaient que le prologue des défaites écrasantes et fécondes en horreur, que le patriotisme russe et les rigueurs hivernales allaient infliger à ses héroïques soldats. Les descriptions que ces événements mémorables suggéraient à Joseph de Maistre s'éclairent des éclats éblouissants de sa joie. La lettre qu'il écrit au lendemain de la bataille de Borodino (la Moscowa) et alors qu'on s'attend à voir paraître Napoléon aux portes de Saint-Pétersbourg, celles

(1) Lettre du 28 janvier/9 février 1812, au roi Victor-Emmanuel. *(Correspondance*, t. IV, p. 79, édition de Lyon.

qui suivent affectent un calme, un désintéressement voulus. Mais, sous ce désintéressement et ce calme, on saisit les émotions d'une âme impressionnable et toujours vibrante, encore que celui qui écrit s'efforce de les dissimuler en parlant avec une égale sérénité du péril qui grandit et de choses étrangères à ce péril.

« Saint-Pétersbourg, 20 septembre 1812.

« Mille et mille grâces, mon très cher et aimable comte, pour le charmant présent que vous m'avez fait (1). Dès qu'il sera décidé que nous pourrons ouvrir nos caisses et tendre nos meubles, je ferai encadrer ces deux estampes précieuses et je les placerai en lieu honorable et visible, comme un objet de ma particulière vénération. Mme la princesse de Tarente m'atteste la ressemblance parfaite du roi, ce qui me fait grand plaisir. Quant à celle de Madame, la princesse en est moins contente; elle voit quelque dureté dans la figure; pour moi, je n'y vois que la bonté, la vertu, la mélancolie et l'*Augusticité* parfaitement bien mêlées et tempérées. Je ne dis pas que les portraits soient d'Ede-

(1) Les portraits gravés de Louis XVIII et de la duchesse d'Angoulême.

linck (1). Mais, en général, j'aime beaucoup les portraits anglais. Ce qui leur manque quelquefois du côté de la perfection de l'art, ils le gagnent du coté de la vérité et de *la naturalizza*. Les yeux de la princesse sont admirables, même dans un faible camaïeu. Les yeux de la vertu-femme ont toujours été pour moi un grand spectacle. Ils s'ouvrent, ils se promènent, ils se fixent d'une façon toute particulière, et il y a dans le fond, je ne sais quoi d'impérieusement doux qui pénètre sans piquer et qui m'occupe beaucoup toutes les fois que je puis regarder de près. Le chevalier Tron, ambassadeur de Venise à la cour de l'impératrice Marie-Thérèse, lui dit dans son audience de congé : — *Madame, j'emporte un grand chagrin dans le cœur, celui d'avoir résidé longtemps en qualité d'ambassadeur auprès de Votre Majesté impériale et de me retirer sans la connaître. — Qu'est-ce que cela signifie, monsieur l'ambassadeur? — Hélas, Madame, c'est que j'ai la vue excessivement basse et que jamais je n'ai osé prendre la liberté de lorgner Votre Majesté impériale. — Oh! mon cher ambassadeur, qu'à cela ne tienne; regardez-moi tant que vous voudrez; je vous le permets.* Alors Tron recula de quelques pas; il tira une lorgnette de sa

---

(1) Célèbre graveur belge qui vivait au dix-septième siècle.

poche et se mit à contempler l'Impératrice (qui pâmait de rire) en s'écriant : *Bella per Dio! Bella!* Mettez à cela le geste et l'accent vénitien, il n'y manquera rien. Si j'avais le très grand bonheur de me voir à Hartwell, mon très cher comte, je présenterais humblement la supplique du chevalier Tron, en ma qualité d'aveugle, à l'auguste petite-fille de Marie-Thérèse, à la charge de mettre un genou en terre ; mais, je ne dirais pas *Bella per Dio!* car je trouve cela fade : je remettrais ma lorgnette dans ma poche sans dire un mot.

« Vous serez peut-être étonné, cher comte, de lire au commencement de ma lettre, *que je n'ose point encore faire encadrer.* La chose est cependant ainsi. Tous les paquets sont faits, à commencer par la cour. Il n'y a plus un tableau de l'Hermitage à sa place. Toutes les demoiselles des deux instituts ont ordre de se tenir prêtes. Nous avons tous le pied sur le montoir, en attendant, ou pour mieux dire, en craignant le moment où il plaira à M. Buonaparte, après avoir pris et brûlé Moscou, de marcher sur la nouvelle capitale. On voulait la guerre, elle paraissait indispensable ; on l'a eue. Les fruits, jusqu'au moment où je vous écris, sont douze provinces dévastées, détruites pour vingt ans peut-être ; un revenu de quarante-cinq millions de roubles éteint; des torrents de sang versé pour reculer; le meurtre, les incendies, les sacrilèges, l'outrage, les profanations marchant de front de Wilna à Smolensk, et l'existence politique de ce grand empire jouée à pair ou non, dans une bataille que l'on donne peut-être pendant que je vous écris. Voilà ce que nous avons vu. Des personnes tout à fait dignes d'être écoutées nous disent cependant qu'à la fin, le *Monstre* est pris dans le filet qu'il a tendu, qu'il ne peut se tirer de là; que ses moyens sont à bout, etc. Le maréchal prince Koutousoff a écrit à sa fille qui est mariée à Moscou : *Je vous défends de sortir de la ville sous peine de ma malédiction, et j'engage ma tête que l'ennemi n'y entrera pas.* Ainsi soit-il.

« Vous entendrez beaucoup parler de la bataille de Borodino. C'est une tuerie dont il y a peu d'exemples. Est-ce une victoire? C'est ce que les suites nous apprendront. On comptait d'abord quatre-vingt-dix mille morts de part et d'autre à Borodino. Je crois cependant qu'il y a de l'exagération. Beaucoup moins peut-être qu'on ne pourrait le croire. Koutousoff est demeuré maître du champ de bataille. Il a enterré les morts. Il a dit : *La perte de l'ennemi est immense, la nôtre est sensible*, (ce que l'autre aura répété dans les mêmes termes).

Seize mille miliciens ont été chargés d'enterrer les morts. Voilà la vérité enterrée avec eux. Elle pourrira là tout à son aise sans que personne vienne l'exhumer.

« Ensuite de cette victoire pour laquelle nous avons chanté un *Te Deum,* Koutousoff a fait en arrière un saut de 60 verstes et il est venu attendre la nouvelle bataille à 40 verstes de Moscou. C'est là, dit-on, que l'homme infernal doit périr. *On le tient.* C'est l'expression de nombre d'hommes que j'estime. Encore une fois : *Amen! amen! amen!* Le soldat russe me paraît avoir une supériorité décidée, comme simple instrument; mais la disparité du talent est immense. Je ne puis être tranquille. J'ai donc fait un paquet de deux services d'argent, de deux pantalons d'hiver, du Nouveau Testament de Robert Estienne et du Virgile de Baskerville. J'ai attaché le tout avec une vieille jarretière et j'attends les ordres de la Providence, tels qu'ils me seront signifiés par M. le maréchal prince Michael Loriouwich-Goulewescheff-Koutousoff, prince de l'Empire. Voilà où nous en sommes, mon très cher comte.

« A la bataille de Borodino, mon fils a vu la mort d'aussi près qu'il était possible sans être touché! Il était là comme amateur, car son régiment était dans la réserve et le général Depréradowich, dont il est aide de camp, était malade. Mais, il ne put tenir en place. Il alla avec le prince Dimitri Wlastimiriowitz Gollitria qui commandait les cuirassiers. Pendant douze heures, canons et balles ont eu la bonté de l'épargner. Au bout de ce temps, un obus est venu casser la tête de son cheval, tuer une ordonnance à côté de lui et le frapper lui-même d'un éclat, mais *platement*, par bonheur, au genou droit. Tout de suite la jambe a été paralysée. Mais, les gens de l'art disent qu'il n'y a nul danger et qu'il en sera quitte pour être hors de combat pendant quelque temps. Là-dessus, il s'arrache les cheveux parce qu'il ne pourra pas être de la prochaine bataille. Je vous avoue que je me résigne plus aisément que lui. Dieu me préserve de lui dire : N'allez pas; mais si une blessure le retient, ma foi, j'en prends grossièrement mon parti.

« Si la bataille de Borodino, 27 août (7 septembre), n'a pas été une victoire dans toute la force du terme, ce que la suite seule décidera, elle a été au moins un fait d'armes splendide, où les Russes se sont couverts de gloire. On s'est battu depuis quatre heures du matin jusqu'à la nuit close, avec un acharnement inconcevable. La même batterie a été prise et reprise jusqu'à quatre fois. Presque tous les généraux russes sont blessés, à commencer par le prince Bagration qui l'est grièvement à la jambe (1). Dès lors, le diable corse n'a pas remué; mais l'autre, de même, s'est déclaré incapable de prendre l'offensive puisqu'il a si fort reculé. Si c'est, comme on dit, pour se rapprocher de ses renforts, et jouer à coup sûr, ce sera fort bien; mais qui pourrait être tranquille? Pour moi, je vous l'avoue, je vis dans de telles angoisses politiques et paternelles que, souvent, il me semble que ma respiration va s'arrêter. Quand vous recevrez cette lettre, que de choses se seront passées en bien ou en mal! Au milieu de tant d'agitations politiques, le chancelier (comte de Nesselrode) demeure imperturbable dans ses systèmes. Il blâme la guerre *qui n'a servi,* dit-il, *qu'à échanger du sang innocent contre des oranges,* et il a prêché la paix. Il a, sur ce point, un allié de très bonne maison. Quant à l'Empereur, il dit *et ordonne même de dire qu'il l'a dit,* que toute paix est impossible. La nation ou du moins la masse de la nation

---

(1) On sait qu'il mourut des suites de cette blessure, laissant une jeune veuve qui vint se fixer à Paris peu après et fit beaucoup parler d'elle sous la Restauration. Elle fut des amies de Metternich qu'elle avait connu à Vienne.

pense de même et le paysan court aux armes avec un zèle lacédémonien. Mais, il y a un parti bien dangereux qui veut tout le contraire et qui serait d'ailleurs très disposé à profiter des circonstances pour troubler l'eau. Dieu nous assiste, mon cher comte.

« Votre lettre théologique du 26 mars dernier m'arriva, le 31 mai, à Polock sur la Duna, où j'étais allé attendre ma femme et mes deux filles. Au moment où je croyais les embrasser, elles m'ont échappé et probablement pour toujours, car il y a des moments dans la vie qui ne se répètent pas deux fois. Contre tout ce qu'on m'avait assuré, elles n'ont pu sortir du Piémont. Ce désappointement a été une des circonstances les plus terribles de ma vie dont tout le reste en demeurera empoisonné (1).

(1) Il n'exagérait rien en parlant ainsi. Il écrivait à son fils : « J'ai vu l'instant de la réunion; mais, ce n'était qu'un éclair qui a rendu la nuit plus épaisse. Je me console en pensant à l'étoile de ma famille, qui la mène, sans lui permettre jamais de s'en mêler. *Je n'ai jamais eu ce que je voulais;* voilà qui devrait désespérer, si je n'étais forcé d'ajouter avec reconnaissance : *mais, toujours, j'ai eu ce qu'il me fallait.* Cependant, *Væ soli!* Adieu, mon cher enfant; continuez à marcher *dans les voies de la justice et du courage.* Pour vous seul, je me passe de vous, je ne dis pas sans peine, mais sans plainte. Je ne cesse de m'occuper de vous : si vous quittez ce monde, je pars aussi; je ne veux plus baguenauder. » *(Correspondance,* t. IV, p. 137.) Ce n'est qu'en 1814 que la comtesse de Maistre put rejoindre son mari en Russie et lui amener leur fille.

« Autant que je pouvais être amusé en ce moment, je l'ai été par l'idée d'un militaire (1) amené par mes arguments à m'écrire sur la théologie. Je m'attendais bien au reste que vous étendriez quelques toiles d'araignées devant les boulets que j'avais lancés contre la très imprudente et très condamnable déclaration. Rarement, on a dit dans le monde : *J'ai tort*. D'ailleurs, mon cher comte, quoique je soutienne vivement les opinions que je crois vraies, je suis, cependant, de fort bonne composition avec celles des autres; et je conçois par exemple que lorsqu'on appartient à un parti, il faut en épouser toutes les idées; autrement, si l'on s'avise de choisir, on s'expose à s'en voir chasser sans être admis dans un autre. Soutenez donc les quatre articles puisqu'ils sont articles de foi à Hartwell.

« Le trait le plus distinctif, peut-être, du caractère français, c'est que, lorsqu'une fois, il a joint une idée fausse à une idée vraie, toute la puissance de la vérité ne peut les séparer. Le Français qui a joint l'idée de la prérogative royale à celle des quatre articles, croira toute sa vie à ce bel amal-

(1) Nous rappelons que le comte de Blacas était officier avant la Révolution et avait servi, en cette qualité, dans l'armée de Condé et dans la légion de Rohan.

game, sans jamais se douter que ces articles sont directement contraires à cette autorité, comme à toute autre. Vous, mon cher comte, vous avez joint dans votre tête l'idée de Bossuet et celle de la déclaration : voilà qui est fini. Toute votre vie vous croirez qu'elle est l'ouvrage de ce grand homme et qu'il en *fut l'âme,* comme on dit chez vous, quoiqu'il n'en ait été que le modérateur et le correcteur. Il se battit avec l'esprit de cette assemblée. Il empêcha une déclaration entièrement schismatique; on lui força la main sur un point principal : mais, enfin, il empêcha le mal autant qu'il put et, *sous ce point de vue,* l'Église lui a des obligations. Son discours sur l'Unité que vous ne me paraissez pas avoir lu, du moins attentivement, fut un discours d'ouverture (et non d'approbation) dans lequel, en insistant fortement et très fortement sur l'Unité, il tâcha de prévenir les maux qu'il prévoyait. Ce discours contient une phrase prophétique bien remarquable : *Puissent les déterminations que vous prendrez, Messeigneurs, être dignes de trouver place dans ces augustes registres,* etc. Ne dirait-on pas que Bossuet prévoyait cette honteuse exclusion dont vous vous tirez joliment, cher comte? Basta! cette balayure s'est trouvée un instant sur le parquet de l'Église gallicane; mais, puisqu'elle l'a fait jeter par la fenêtre, n'en parlons plus.

« Vous ne voulez pas que l'Église catholique soit une monarchie, voici donc les auteurs qui ont nié cette proposition depuis trois ou quatre siècles : Wicheff, Jean Huss, Jérôme de Prague, Luther, Calvin, Richer, les Jansénistes et le comte de Blacas. Bossuet dans ce sermon sur l'Unité appelle le roi et le pape *les puissances suprêmes*. En effet, le pape est aussi roi dans l'Église que le roi est pape dans l'État. Votre bon sens même, cher comte, plus fort que vos préjugés, vous amène à le reconnaître pour chef. Mais qu'est-ce qu'un chef qui n'a point de chef? C'est le souverain. Il n'y a qu'à dire chefveraineté au lieu de souveraineté. *La puissance donnée à un seul et sur tous, emporte la plénitude.* (Bossuet.) C'est tout ce que nous voulons.

« Les textes que vous me citez d'après l'homme qui était à côté de vous, sont précisément ceux que Luther et Calvin citaient contre le Pape. Dès qu'on argumente contre les *puissances suprêmes*, on se trouve en mauvaise compagnie. Dites à ce personnage que je n'ai pas l'honneur de connaître, mais que j'estime beaucoup, puisqu'il a votre confiance, que lorsqu'il aura prouvé que ces textes sont inutiles à Luther et à Calvin, je me charge de prouver qu'ils sont inutiles à lui. Dès qu'on n'est plus dans la barque, mon cher comte, on est dans l'eau, soit qu'on barbote encore dans le voisinage ou que le cadavre du noyé ait été porté, si vous voulez, de la mer Adriatique dans le Pacifique; il sera plus loin sans doute, mais non *plus dehors*, car cela n'est pas possible.

« La supériorité du Concile sur le Pape est ce qu'on appelle, dans le pays où vous êtes, *un non-sens*. Qu'est-ce qu'un concile universel, je vous en prie? Une assemblée d'Évêques présidée par le Pape, car *le Pape*, dit encore le royaliste Bossuet, en cela d'accord avec le républicain Fénelon, *est le chef particulier du concile œcuménique*. Que diriez-vous de quelqu'un qui demanderait si, pour la formation des lois en Angleterre, le roi est au-dessus du parlement ou le parlement au-dessus du roi. La législature entière est composée du roi et des deux chambres; du moment où elles s'aviseraient de passer des bills malgré lui, ce serait une insurrection. Il en est de même du concile. Quel est le signe distinctif de Nicée et de Rimini? Le Pape. Demander donc si le concile est au-dessus du Pape, c'est demander si le Pape est au-dessus du Pape. L'idée d'un concile universel, décrétant contre le Pape ou même sans le Pape, est peut-être plus contraire au sens commun qu'aux principes sains de la théologie. Quand je vois au reste les *Centuriateurs* de Magdebourg (informez-vous de cette canaille), dans la liste archi-fanatique qu'ils nous ont donnée des prétendues erreurs des Papes, s'arrêter à Libère et nous dire de bonne foi : *Pour celui-là nous n'osons pas affirmer qu'il ait réellement erré,* et de l'autre côté un gentilhomme français soufflé par un... me dire que *ce pape enseigna l'arianisme, fort de son infaillibilité* (dont je vois que mon aimable ami n'a pas la moindre idée) comme Necker était fort de sa conscience, je vois tout ce que peut faire...

Mais, n'en parlons plus, mon très cher comte ; la grande affaire dans ce monde est de bien vivre avec ses amis, lors même qu'il arrive aux opinions de diverger fortement. La lettre que vous m'avez écrite peut vous fournir à vous-même le sujet de réflexions très philosophiques. Elle vous fera comprendre comment les plus honnêtes gens ont fait les plus grands maux, avec les meilleures intentions. Une douzaine d'hommes, qui veulent être l'Église catholique dans un salon d'Angleterre, ne passent pas les bornes d'une honnête plaisanterie ; mais, donnez-leur la liberté d'agir ; laissez-les ameuter leurs amis et leurs cousins, donnez-leur des gens qui aient intérêt à les soutenir ; inventez surtout un nom en *iste* qui désigne leur parti et un autre nom qui rime au premier et qui, dans leur dictionnaire, emporte un anathème, bientôt, vous verrez l'erreur augmenter en roulant comme une lavange. Ceux qui l'ont excitée en parlant trop haut, seront comme de raison les premiers engloutis. Les routes seront obstruées au point que, de tout l'hiver, on ne pourra aller à Rome. Enfin on viendra, dans l'été, écrire sur le tombeau des *excitateurs : Ci-gît qui réfléchit trop tard.*

« J'aurais bien d'autres choses encore à vous dire ; mais, il faut finir. Je fais même un effort pour vous griffonner ces pages, tant j'ai la tête occupée et pour ainsi dire obstruée par les événements. Que ce moment est redoutable ! On joue une partie où il s'agit de tout. Le public, ici, est agité en sens contraire par des bruits contradictoires et également faux. Avant-hier, les Français étaient à Moscou ; hier soir, ils étaient battus et leur chef infernal blessé mortellement. Les coquins jouent un grand rôle dans tous ces bruits. Le fait est que les deux partis sont aux portes de la capitale, que l'armée russe est devenue supérieure à celle des Français, que l'esprit est excellent et que dans ce moment même, suivant toutes les apparences, 10/22 septembre, à dix heures du matin, on décide le plus grand procès qui ait été jugé entre les hommes depuis vingt siècles peut-être, car qui peut calculer les suites en bien ou en mal? Encore une fois on ne peut respirer.

« A mon grand regret, il faut que je cachette avant de pouvoir vous dire ce qui en est; mais, la renommée précédera ma lettre. Adieu, mille fois, mon très cher et aimable comte, soyez bien persuadé que, quand vous seriez mille fois plus *déclarationiste*, je ne vous en aimerais pas moins. Je ne cesserai de regretter le temps où nous pouvions nous casser la tête dans la même voiture. Il peut se faire, hélas! que je ne doive plus vous revoir; mais, tant que je vivrai, comptez, je vous en prie, sur mon tendre et inextinguible souvenir. Je tiens toujours pour les Puttini sans vous gêner cependant sur le nombre. Pas moins de deux, cependant; mais, dépêchez.

« Si mon fils était ici, il me chargerait de mille choses pour vous, car il ne vous oublie point. Quant à mon frère, il est entièrement perdu. Il est attaché à l'armée de Tormanssoff qui, depuis un siècle, ne donne plus de ses nouvelles. Il s'est trouvé à Kobsin le 6/18 août, lorsqu'on goba l'avant-garde saxonne. Il a été encore à la bataille livrée le 31 juillet (12 août) aux Autrichiens. Dès lors, silence absolu. Koutousoff, qui est réellement empereur de l'armée de Russie, donne ses ordres de tous côtés et rend compte de temps en temps. S'il peut battre notre ami Napoléon près de Moscou, il lui médite une retraite dont il sera, j'espère, question dans l'histoire. Écoutez, je vous prie, le détail des armées qui s'avancent :

Tormanssoff à Pinck, il y a un mois, avec............................	25,000 hommes.
Saken, à la même époque, à Gitomir, avec............................	25,000 —
Tittchagoff, venant de Doubin, avance avec............................	40,000 —
Ignatieff est à Bobronisk, gouvernement de Minsk, avec...................	15,000 —
Hertel à Moshyr, même gouvernement, avec............................	20,000 —
Wittgenstein sur la Duna, entre Polock et Witebsk, avec..................	20,000 —
Essen à Riga, avec...................	20,000 —
Le débarquement de Finlande vient de le joindre............................	20,000 —
Total, si je ne me trompe.......	185,000 hommes.

« Admettons dans tout cela les exagérations ordinaires, qui en ôteront quelques milliers d'hommes, il en restera assez pour vous faire sentir ce qui peut arriver si Napoléon est battu, pendant qu'une masse de plus de 150 000 hommes, marche sur ses derrières. *Si vous ne faites prier pour lui,* mon cher comte, il est bien mal; mais, j'ai été si souvent désappointé que je me reproche une plaisanterie. Adieu donc, mon très cher comte, tout à vous pour la vie. »

« Saint-Pétersbourg, 16/28 octobre 1812.

« Mon cher comte,

« Mon très cher comte, je vous écris dans un véritable transport de joie : ou je me trompe infiniment ou Buonaparte est perdu. La raison ne sert plus à rien. Sa Majesté la Providence impose silence à la logique humaine et rien n'arrive que ce qui ne devait pas arriver. Si nous avions fait notre devoir sur le Niémen, que serait-il arrivé? On aurait fait la paix, car, c'est ce que chacun voulait sans oser l'avouer et chaque chose serait demeurée à sa place. Au lieu de cela, nous avons fait toutes les fautes qu'on peut commettre à la guerre. Les Français ont pénétré dans la Russie. Napoléon n'a pas douté de dicter la paix, appuyé de l'influence du chancelier dont il était sûr. Il s'est jeté dans Moscou, bien certain dans ses idées d'en sortir triomphant, un traité de paix à la main. Qu'est-il arrivé, monsieur le comte? L'armée russe a fait une retraite de 1,500 werstes, sans peur et sans reproche, battant l'ennemi toutes les fois qu'elle se trouvait en contact avec lui et reculant, durant trois mois entiers, sans éprouver un instant de découragement et sans qu'il eût été possible aux Français de pénétrer, de dissiper, ou d'envelopper un seul de ces corps disséminés, suivant l'aveu exprès du ministère russe, sur un espace de 300 werstes. Napoléon a parlé de liberté; on s'est moqué de lui et chaque paysan a mis, de ses propres mains, le feu à sa maison en la quittant avant l'arrivée des Français.

« Après la sanglante bataille de Borodino (ou Mozaïska), il a volé sur la capitale dans l'espoir que les Russes, bien inférieurs en nombre, accepteraient une bataille pour sauver la capitale. Point du tout, les Russes ont dit : *Entrez, mais point de paix;* il est entré et il a incendié de sang-froid cette immense capitale. On lui a dit : *Brûlez, mais point de paix;* et cependant, les recrues arrivaient de tous côtés; l'esprit public s'exaltait jusqu'à la fureur et sa ligne de communication était menacée des deux côtés. Alors, il a commencé à sentir qu'il s'était mis dans un sac et il a craint de le voir fermer sur lui. Il a envoyé des Russes auxquels il a donné des passe-ports pour venir à Saint-Pétersbourg prononcer certaines paroles qu'on n'a point voulu entendre. Il a hasardé alors une lettre de son auguste main à l'Empereur de Russie : point de réponse. La chose devenait sérieuse. Il a envoyé Lauriston au quartier général. Le prince Koutousoff l'a reçu devant plusieurs officiers et, nommément, devant les Anglais qui sont là. Lauriston a parlé de paix et d'amnistie. Le prince lui a répondu que ces deux mots ne pouvaient être prononcés tant qu'il y aurait un Français sur les terres de l'Empereur. Alors, le *Missus Dominicus* a demandé si l'on ne pouvait au moins recevoir une lettre pour Sa Majesté Impériale. — *Je puis*, a répondu le Maréchal, *la recevoir ouverte; mais, si le mot de paix s'y trouve, je ne puis la faire partir; ce sont mes instructions*. Donc nul espoir de paix, et cependant l'hiver arrive, les provisions disparaissent; on mange les chevaux, les chats, les pauvres corneilles presque domestiques que vous n'avez sûrement pas oubliées. Les habits, les chaussures manquent; on lui enlève ses convois, on fait sauter ses poudres, on intercepte ses courriers et nous lisons ici ses lettres originales à l'ami Savary, au Sénat et même à l'infortunée Marie-Louise. Dans cette situation déjà fort belle, il imagine d'envoyer le beau-frère Murat avec cinquante mille hommes se poster à 5 werstes des Russes et il demeure, lui, à Moscou (ceci est étrange), avec sa garde de vingt-huit mille hommes, laissant entre lui et Murat un espace de 60 werstes. Il est arrivé ce qui devait arriver. Le Maréchal a su par une dépêche interceptée que l'Empereur et Roi protecteur de la ligue du Rhin devait venir passer son armée en revue le 7 (19); il a dit : *donc je serai attaqué le 8*. Il a prévenu le Corse, et pendant une habile manœuvre faite pendant la nuit, il est tombé sur Murat, le 6 au matin, avec tant d'avantages qu'en moins de 6 heures, il a totalement battu et dissipé cette armée à 15 werstes d'un village nommé Tarasinack, gouvernement de Kalonga, à 80 werstes environ de Moscou.

On n'en sait pas davantage dans le moment; il a pris 42 canons, la caisse militaires de 4 millions en or, — l'empereur l'a abandonnée à son armée, — une immense quantité de poudre, tout l'équipage de Murat, sa vaisselle d'argent pour cent personnes, etc. Mais, tout cela qui est beaucoup, n'est rien, si on le compare à la résurrection de l'opinion qui est complète. Les soldats sont pénétrés du sentiment de leur supériorité et de l'absolu dénuement de l'ennemi. Ils ont vu jusqu'à 25 haridelles attelées à un canon de 8; jugez de l'état des chevaux. Les Français ont perdu trois généraux dans cette affaire, Lemercier, Daru et Joseph Poniatowski.

Pour celui-ci, ce n'est pas le lit d'honneur; mais, c'est le lit où l'honneur meurt. De notre côté, nous avons perdu le brave général Basavout. C'est une véritable perte. Je vous peindrais difficilement l'effet de cette affaire sur l'opinion. On s'embrasse dans la rue; on s'embrasse dans les salons; c'est une ivresse dont le roi de France devrait être témoin. Chaque jour doit nous apporter des nouvelles intéressantes. Le brave comte de Wittgenstein poursuit invariablement la carrière qu'il a si habilement commencée. Le 8 (20), il a pris d'assaut à la baïonnette Polok, grand établissement que les Français avaient fortifié soigneusement. Il y a eu là un grand massacre. Mis enfin en état d'agir d'une manière conforme à ses talents, il a passé la Duna; il a battu de l'autre côté les Français et les Bavarois réunis, leur a pris 14 drapeaux (la nouvelle arrive en ce moment), et il marche sur Lepel.

« Regardez bien Lepel, mon cher comte, sur la Bérésina (gouvernement de Minsk); mais, regardez encore plus attentivement Borisoff un peu plus au sud sur la même rivière. C'est là le grand coin au jeu de trictrac, que nous avons laissé prendre sottement d'emblée au commencement de la guerre, que Bagration n'a pas su reprendre (que Dieu le voie en gloire) et sur lequel marche, d'un côté, le comte de Wittgenstein et de l'autre, l'amiral Tittchagoff qui amène de Moldavie une puissante et superbe armée de vétérans. Si vous apprenez que les Russes se sont emparés de ce poste, et qu'ils s'y sont fortifiés, dites *Deo gratias*, mon cher comte, et tenez pour sûr que *le sac est fermé*. Dans cette situation, le colosse respire à peine. Les militaires se demandent : *que va-t-il faire?* Tournera-t-il sur Kalonga pour entrer dans les pays fertiles? Dans ce cas, il ne pourra éviter la bataille et il est perdu. Reprendra-t-il le chemin qui l'a conduit à Moscou? Il aura devant lui Wittgenstein et Tittchagoff, le corps Winzingerode sur le côté et le Maréchal en queue. Dans tous les cas, il a sur les bras 46 régiments de cosaques vétérans qui le harcèlent jour et nuit. Depuis la prise de Moscou, ils lui ont pris dix mille prisonniers presque sans coup férir et nous en avons en tout au delà de quarante mille. Les Russes sont rentrés à Moscou le 11/22 ; mais, qu'importe? C'est une place et rien de plus. Le baron de Winzingerode s'étant avancé imprudemment dans cette occasion, son mouchoir à la main, en parlementaire, a été saisi et fait prisonnier. Comme il est westphalien et, comme tel, sujet aux douces lois de Napoléon, on a extrêmement peur pour lui. On assure bien que le prince

Koutoussoff a tout de suite menacé de représailles terribles, si l'on touchait le général russe. Mais, d'abord, qu'importe au Corse? D'ailleurs, les brigands n'ignorent pas que les menaces des honnêtes gens s'exécutent peu.

« La destruction de Moscou brûlé de sang-froid, quartier par quartier, après avoir été reçu par capitulation, est un des forfaits les plus épouvantables qui aient souillé l'histoire de notre malheureuse espèce. Tous les châteaux et toutes les campagnes voisines ont eu le même sort; les mots ni les chiffres ne suffisent pas pour donner une idée de cette épouvantable destruction dans tous les genres de biens qui peuvent embellir la vie de l'homme. Cet événement aura de grandes suites morales, politiques et religieuses, qui pourraient faire le sujet d'un beau livre. Et quand on songe, mon très cher comte, que cette même lave qui a brûlé Moscou, venait de Wilna, on se sent glacé d'épouvante et d'horreur. Les plus grandes familles sont renversées : je vois, presque tous les jours, la princesse Alexis Galitzin, femme du plus rare mérite. Tout à l'heure elle avait treize mille paysans, c'est-à-dire 30,000 louis de rente : tout a disparu. Elle supporte ce malheur terrible avec une piété tranquille qui me pénètre d'admiration et de tristesse. Elle a supprimé toutes les dépenses, renvoyé les domestiques. Lorsqu'elle m'a parlé en riant de sa voiture qu'elle loue trois fois par semaine, en vérité, j'ai honte à monter dans la mienne en me retirant. La princesse Dolgorouky n'est guère mieux traitée. En général, les Russes supportent cette grande calamité avec la plus respectable fermeté. Si le tyran périt chez eux, sa mort leur coûtera cher; mais, je crois que l'honneur de le finir est dévolu aux Français.

« Après quoi qu'arrivera-t-il ?

> En attendant la gloire,
> Goûtons le désir
> Sans lire au grimoire
> Du sombre avenir.

« Sur cela, mon cher et mon digne ami, je vous laisse de beaucoup meilleure humeur que lorsque vous lûtes le triste post-scriptum accolé à ma dernière dépêche. Je vous embrasse de tout mon cœur en vous priant sérieusement de m'aimer toujours un peu si vous avez le temps, nonobstant toutes petites hérésies qui ne touchent point notre grand dogme : *hors de la grande famille, point de salut.*

« Adieu, cher comte. »

« Saint-Pétersbourg, 1ᵉʳ/13 novembre 1812.

« Je ne vous mande aucune nouvelle, mon très aimable comte, puisque cette lettre doit vous être remise par le comte Alexis de Noailles (1), qui s'en va vous voir face à face et qui vous chantera de reste le *Ça ira* des bons sujets.

« Le 22 octobre dernier, près de Wiarma, il semble que notre cher ami Napoléon a reçu un tel coup qu'il ne pourra guère s'en relever. Ce qu'il y a de sûr, c'est qu'il ne fera plus de bulletin en Russie, puisque son imprimerie a été prise. Sa personne échappera-t-elle? C'est ce qui n'est pas clair du tout. Mais, pourvu que son armée soit entièrement *effacée*, ce qui me paraît infaillible, je ne désespère pas que les Français eux-mêmes ne l'assomment, ce qui me paraîtrait infiniment convenable. M. le comte de Noailles s'est acquis beaucoup d'estime ici et j'ai fait connaissance avec lui

---

(1) Le comte Alexis de Noailles était venu à Saint-Pétersbourg, chargé d'une mission par Louis XVIII. Son frère, le comte Alfred, officier dans l'armée française, périt pendant la campagne de Russie. Le 13 novembre, de Maistre écrivait à Blacas « Vous avez appris la mort du comte Alfred de Noailles, tué sur la Bérézina. J'ai tenu dans mes mains le portrait de sa femme, souillé du sang de son époux — et pendant ce temps Alexis courait à Londres. *L'un sera pris et l'autre sera laissé.* »

avec beaucoup de plaisir. Je me flatte que vous voudrez bien l'aimer un peu, ou un peu plus à mon intention. Sur cela, mon très cher comte, je vous embrasse sans plus, car je n'ai plus d'yeux en ce moment et ma main est plus raide qu'un paquet de fil d'archal. Tout à vous dans les siècles des siècles. »

« Saint-Pétersbourg, mercredi 13/25 1812.

« Vive le roi, Buonaparte n'a plus d'armée. Le maréchal prince Koutoussoff, tout en le faisant harceler par un fort détachement de son armée et par les cosaques, l'a coupé sur la route d'Orcha et l'a forcé d'accepter, le 5 et le 6 de ce mois (6-18), deux combats, après lesquels tout est dit. 20,000 prisonniers et 200 canons sont le fruit de ces deux fabuleuses journées. On s'est battu entre Orcha et Krasnoy (gouvernement de Smolensk); mais cependant beaucoup plus près de cet endroit : je veux dire de Krasnoy. Les Russes ont fait un immense butin; ils ont pris surtout l'équipage de messeigneurs les maréchaux Davout et Ney et jusqu'à leurs bâtons de commandement (fort belle relique). Napoléon commandait avec eux, le 5, et n'a rien oublié pour animer ses troupes. Il a passé, dit-on, la nuit, du 5 au 9, au milieu d'un bataillon carré; mais, depuis ce moment, il a disparu. Des 20,000 prisonniers, 8,500 ont mis bas les armes, le 6. On fait monter le nombre des morts à 40,000. Ney est tué. Il y a douze généraux prisonniers. Le reste de l'armée s'est éparpillé dans les bois, et ce qui échappera à la pique des cosaques périra de faim et de froid. Napoléon s'est réservé sans doute les meilleurs chevaux et les hommes les mieux affidés, pour échapper à son sort; mais, le 6, Platoff avec ses cosaques était à Dombrowno; les Russes occupent Rabinowitch; Wittgenstein arrive par Penno, Tittchagoff par Minsk. Tous les paysans sont en armes; il n'a plus de provisions, plus d'artillerie, les vainqueurs le talonnent, et il y a 12° de froid. Où ira-t-il? où se cachera-t-il? Une secousse à Paris est inévitable, et tout le continent de l'Europe, va subir une révolution subite, etc., etc.

« Je mets mes humbles félicitations et mes vives espérances aux pieds de votre Auguste Maître; s'il daigne les relever je serai très satisfait. Combien il y a de choses à dire! mais je n'ai pas le temps. Je vous serre dans mes bras. C'est tout ce que je puis vous griffonner à la hâte en courant à la cathédrale pour un *Te Deum* un peu mieux motivé que beaucoup d'autres.

« Les Français, dans les derniers temps, ont mangé de la chair humaine. On en a trouvé dans la poche de plusieurs prisonniers. Le général Korff en a vu trois qui en faisaient rôtir un autre. Il l'a attesté dans une lettre qui est ici et l'Empereur le confirme.

« Saint-Pétersbourg,
Veille de Noël, à ce que disent les Russes, 1812.

« Votre lettre du 29 octobre, mon très cher comte, m'est arrivée le 25 novembre. Comment et par qui? C'est ce que je ne sais pas trop; mais, enfin elle est arrivée et m'a d'abord fait pester de nouveau contre les inconvénients de l'éloignement; car, tandis que vous me disiez : *Il y a bien longtemps que je n'ai reçu de vos nouvelles*, d'énormes paperasses étaient sur la route, et s'en allaient vous apprendre ou vous rappeler, au risque même de vous ennuyer un peu, que je ne puis oublier un instant ni vous ni tout ce qui vous intéresse. Je vous remercie avant tout de l'intérêt que vous accordez à mon fils unique. Qui a vu Borodino n'a plus rien à voir. Il est heureux d'y avoir été lorsqu'on en est revenu tout entier. Depuis, il s'est trouvé à d'autres fêtes; mais, tout cela n'est que *le Médecin malgré lui*, après le *Misanthrope*. Grâce à

Dieu, il se porte bien ; mais, dans ce moment, je le crois sur la route de Varsovie. Ce qui était, vous sentez bien, infiniment probable, il y a bien, sans mentir, deux mois et demi, lorsque nous faisions ici nos paquets, d'après l'avis imprimé du gouvernement, Dieu s'en est mêlé, mon cher comte. Ce n'est point une phrase ecclésiastique, c'est la confession du bon sens. Dieu s'en est mêlé et rien ne nous empêche de nous écrier avec Bossuet : *Gloire du Seigneur, quel coup tu viens de frapper!* Je ne vois rien d'égal dans l'histoire. On remonte jusqu'à Cambyse dans les sables de Lybie, pour trouver un pendant, mais sans y réussir. Notre ami Napoléon a tenu sur la route trois conseils de guerre pour les contredire de front. Le second voulait qu'il n'entrât point à Moscou et qu'il marchât droit sur le maréchal Koutousoff à Kalonga. Pour qui connaît bien l'état des choses à cette époque, ce conseil fait encore dresser les cheveux : mais, enfin il plut à *Sa Majesté impériale* de n'en rien faire et de passer trente-huit jours à Moscou. Pendant cet inexplicable repos, le maréchal organisait son armée (presque dissoute), se procurait soixante mille hommes d'excellentes recrues, en mettait un pareil nombre en seconde ligne et se formait une ambulance de trente mille chevaux. De ce moment, l'équilibre se trouva rompu sans retour. Napoléon, à ce qui me semble, vit bien alors le précipice et il attaqua huit fois de suite à Marieroslavetz pour tâcher de pénétrer dans les riches gouvernements de Kalonga et de Thula; mais, il ne put percer et il fut rejeté sur la grande route de Smolensk. Les belles manœuvres du comte de Wittgenstein, sur Polock et Wittebeck, lui avaient interdit toute excursion sur la droite de la Duna. Tous ses magasins étaient pris ou détruits; et la Providence qui pense toujours à lui, comme il l'a dit souvent, lui a donné une nouvelle preuve d'attention en envoyant, contre toutes les règles de temps et de lieu, un froid de vingt degrés dans la Russie blanche, au commencement de novembre. Les deux fléaux réunis de la faim et du froid, ont fait souffrir aux Français tout ce que la nature humaine peut souffrir : *Cose non ditti mai in prosa o in versi*. Il a fallu se nourrir de cadavres d'animaux putréfiés, et en venir ensuite à quelque chose de plus horrible. Je suis persuadé, mon cher comte, que je vous ferai plaisir en vous transcrivant mot à mot une lettre de mon fils dont la plume est infiniment étrangère à l'ombre même de l'exagération.

« Vous allez voir une belle scène !

« Wilna, 21 décembre (1).

« Je ne puis te peindre le chemin que je viens de faire. Les cadavres des Français obstruent le chemin qui, depuis Moscou jusqu'à la frontière, a l'air d'un champ de bataille continu. Lorsqu'on approche des villages (pour la plupart brûlés), le spectacle devient plus effrayant. Là, les corps sont entassés et dans plusieurs endroits où les malheureux s'étaient rassemblés dans des maisons, ils y ont brûlé sans avoir la force d'en sortir. J'ai vu des maisons où plus de 50 cadavres étaient réunis et, parmi eux, trois à quatre hommes encore vivants, dépouillés jusqu'à la chemise par 15 degrés de froid. L'un d'eux me dit : — Monsieur, tirez-moi de cet enfer ou tuez-moi. Je m'appelle Normand de Flageac, je suis officier comme vous. Je n'avais aucun moyen de le sauver ; tout ce qu'on put faire fut de lui donner des habits, mais, sans pouvoir le tirer de cet horrible lieu. De quelque côté qu'on aille, on trouve les chemins couverts de ces malheu-

(1) De Maistre communiqua à plusieurs personnes cette lettre de son fils. Le 29 décembre, il en envoyait une copie au comte de Front, ministre de Sardaigne à Londres, et c'est ainsi qu'elle figure dans *la Correspondance* imprimée (édition de Lyon), t. IV, p. 345. *où elle est attribuée non pas à Rodolphe mais à Xavier de Maistre.*

reux qui se traînent encore mourant de froid et de faim. Leur grand nombre fait qu'il est souvent impossible de les recueillir à temps et ils meurent presque tous avant d'arriver au dépôt. Je n'en vois jamais un, sans maudire l'homme infernal qui les a conduits à cet excès de malheurs. »

« Imaginez, mon cher comte, un désert de mille verstes, couvert de neige, sans aucune trace d'habitation humaine : voilà la scène. Là, l'humanité et la charité mêmes sont impuissantes. Les Français ont cessé même d'être *sauvables,* car, si on les réchauffe, ils meurent, et si on leur donne à manger, ils meurent encore. Un médecin français, fait lui-même prisonnier, a dit que ce qu'on pourrait faire de mieux serait de les fusiller. Nourris depuis si longtemps d'exécrables aliments, ils exhalent une telle odeur qu'on ne peut les approcher de dix pas et que deux ou trois de ces malheureux suffisent pour rendre une maison inabordable. La multitude des cadavres a donné de justes soucis au gouvernement qui a pris le parti de les faire brûler; mais, il faut des forêts pour cette opération qui avance cependant. Je crains encore plus le contact des vivants. Déjà, de plusieurs côtés, se sont déclarées des maladies d'un genre très mauvais. Dieu veuille qu'au printemps, nous échappions à quelque funeste épidémie. Voilà donc la fin de cette mémorable expédition qui devait river les fers de tous les esclaves, et leur donner pour collègues le reste des hommes libres du continent. En moins de trois mois, nous avons vu se compléter la perte d'un demi-million d'hommes, de quinze cents pièces d'artillerie, de sept à huit mille officiers et de trésors incalculables. Les Français ont perdu tout ce qu'ils avaient apporté et tout ce qu'ils voulaient emporter. On m'a nommé un régiment de cosaques, dont chaque soldat avait pour sa part 84 ducats. Buonaparte, au passage de la Bérézina, n'eut pas plus tôt mis le pied sur la rive droite qu'il ordonna de brûler le pont. On lui fit remarquer tout ce qu'il laissait de l'autre côté (vingt mille hommes environ et tous les bagages); il répondit : *Que m'importent ces crapauds ! Qu'ils se tirent d'affaire comme ils voudront.* Votre maître, mon cher comte, n'aurait pas trouvé cette phrase; mais, c'est qu'il n'entend pas le style souverain comme *cet envoyé du ciel.* Vous me dites sans doute depuis plus d'une demi-heure : Pourquoi ne l'a-t-on pas pris ? A cela, je ne sais que répondre. Il y y a eu à cet égard des plaintes particulières et quelques observateurs ont prétendu de plus que les

Russes en général, *non mai abastanza esaltati per il valore*, sont cependant, du côté de la tactique, inférieurs à leurs rivaux non gelés. Quoi qu'il en soit, mon cher comte, jouissons avec des transports de reconnaissance, d'une campagne miraculeuse, sans nous permettre de penser à ce qu'on aurait pu faire de plus. Napoléon emmène tous ses maréchaux. Je vous avais trompé sur la mort de Poniatowsky et sur celle de Ney; mais, vous savez que ces sortes d'inconvénients sont inévitables lorsqu'on écrit au moment même de l'arrivée des nouvelles. La loi invariable de la Révolution française s'accomplit toujours : *les Français sont écrasés, mais la France est exaltée; du reste, ils font leurs affaires chez eux sans que les étrangers puissent s'en mêler.* Si le Napoléon doit être égorgé, il le sera par eux.

« Vous avez appris la mort du comte Alfred de Noailles tué sur la Bérésina. J'ai tenu dans mes mains le portrait de sa femme, souillé du sang de son époux; et pendant ce temps *Alexis* courait à Londres. *L'un sera pris et l'autre sera laissé.* Je puis vous assurer en toute confidence et sur mon honneur que je n'ai rien vu ni aperçu que d'excellent dans le comte Alexis de Noailles. Je l'ai trouvé bien pensant, bien sentant, bien instruit, et comme je crois vous l'avoir déjà dit, je ne doute pas que les torts possibles de sa famille (dont je ne me mêle aucunement), ne soient un titre de plus auprès de votre excellent maître. Il m'a promis souvenir et amitié; j'espère qu'il me tiendra parole. Il m'a promis de plus de me rendre un compte exact du livre de Galoway, sur les prophéties. Je le somme encore de sa parole en lui envoyant par votre canal mille affectueux compliments.

« L'empereur est à Wilna, et s'avancera, dit-on, jusqu'à Varsovie (je ne l'assure point). Vous avez vu ses proclamations *(tanto basta)*. Nous lui devons infiniment. Il a été *inébranlable* et *ineffrayable*. Il a obéi deux fois à l'opinion publique, contre sa propre inclination; il a gardé son ministre pour de bonnes raisons à lui connues; mais, vous voyez comme il s'est laissé mener par lui! Pour moi, je l'ai toujours ouvertement protégé et vous sentez qu'avec ce secours, il ira loin. Il faudrait maintenant vous parler de la France et de la politique étrangère; mais, je n'ai ni le temps ni la force. J'aime mieux vous parler de votre rhumatisme qui *me fait mal à votre épaule,* comme disait cette dame qui a été enterrée et déterrée chez vous. Pauvre ami! je vous plains beaucoup; c'est un mal cruel que celui-là! J'espère que vous m'apprendrez bientôt votre délivrance. N'y manquez pas; dictez plutôt, car il y a mille ans que je n'ai pas reçu de vous ce qui s'appelle une lettre.

« Les gazettes m'apprirent, très peu de temps après la réception de votre dernière lettre, que le monde possédait en effet un honnête homme en moins (1); mais, le vœu que vous faisiez à ce sujet m'aurait fait pâlir, si ce qui était à côté de lui, ne me tranquillisait pas complètement. Non, mon cher comte, je n'ai rien à faire là; si j'étais plus jeune, j'aurais une autre ambition; mais, j'ai passé l'âge de l'ambition, du moins de l'ambition active. Celle qui me reste est paresseuse et ne demande qu'à ne pas changer de place. Faites de votre côté d'excellente besogne; vous me verrez constamment et jusqu'à mon dernier moment, *vous exciter de loin du geste et de la voix*.

« Bec à bec, je vous en dirais davantage. Adieu mille fois, mon très cher et aimable ami. J'accepte avec beaucoup de plaisir et de reconnaissance les assurances que vous me donnez et que je payerai toujours du plus sincère retour. Je n'ai jamais varié dans mes sentiments pour vous et j'espère

---

(1) Le comte de Front, ministre de Sardaigne à Londres, qui venait de mourir. Blacas aurait voulu que Joseph de Maistre allât le remplacer.

vous en avoir bien convaincu. Adieu. Tout à vous.

« Mon frère a reçu l'épée d'or pour la valeur et il a été présenté pour l'ordre de Sainte-Anne en diamants. Mon petit Rodolphe a reçu la croix de Saint-Wladimir avec la rosette militaire. Tout nombre commence par l'unité. »

Au cours de cette longue correspondance, Joseph de Maistre n'avait pas reçu de lettre de Blacas. Dans les derniers jours de l'année seulement lui en arriva une en date du 29 octobre, et, au mois de février suivant, une du 25 novembre. Mais elles étaient sans importance l'une et l'autre. Accablé d'affaires, le secrétaire du roi les avait écrites à la hâte. Cependant, la première annonçait à de Maistre que le comte de Front, ministre de Sardaigne à Londres, était mourant. « Ce sera un honnête homme de moins. Devinez par qui je voudrais qu'il fût remplacé. Il y a de l'égoïsme dans ce désir; pardonnez-le-moi. » Ce vœu prouvait à Joseph de Maistre combien restait vive et fidèle l'affection de son ami. Quant aux lettres qu'il lui avait écrites relativement à la campagne de Russie, Blacas n'y faisait aucune allusion, preuve qu'il ne les avait pas encore reçues. Il n'en parle que dans celle qu'il écrit lui-même le 26 décembre.

« Hartwell, 26 décembre 1812.

« J'ai reçu, mon cher comte, votre lettre du 25 novembre, et les deux qui l'avaient précédée.

« Par quel admirable coup d'autorité *Sa Majesté la Providence* vient de briser, avec les décombres de Moscou, ces fameuses murailles de granit, que le choc des armées les plus formidables avait trouvées inébranlables! La rapidité de vos récits m'a rendu encore plus frappant le tableau de cette heureuse révolution. Espérons, mon cher comte, que ce ne sera pour le fléau du monde, que *le commencement des douleurs*. Mais, ce réveil a été si subit qu'il laisse encore subsister, je le crains, quelques-unes des illusions du sommeil funeste où l'Europe était depuis si longtemps plongée. Il serait sans doute bien important, il serait plus nécessaire que jamais de chercher à tarir dans sa source un mal dont la Russie vient d'arrêter les épouvantables progrès; mais, on est encore loin de connaître cette révolution une et indivisible, dont Buonaparte n'est qu'une phase; on s'applaudit d'avoir blessé une des têtes de l'hydre, quand il s'agit de les détruire toutes. Il faut d'ailleurs en convenir, les circonstances ne sont pas favorables pour obtenir ici les moyens d'action qui nous seraient indispensables. Les vicissitudes de la guerre d'Espagne, toujours honorables à lord Wellington, n'en exigent pas moins, pour conserver le fruit de ses victoires, les efforts continuels de l'Angleterre. C'est donc vers la Russie que se dirigent des espérances qu'autorise la nature décisive des succès obtenus dans cette miraculeuse campagne. La Russie peut seule réduire Buonaparte à une infériorité qui permette à cette puissance d'entreprendre la plus utile des diversions. L'hiver, il est vrai, n'a contracté avec vous qu'une alliance défensive, et doit retarder une opération que l'on pourrait cependant ne plus regarder comme *le rêve d'un homme de bien*. En attendant, mon cher comte, nous ignorons ce que peut produire le désenchantement de la France sur l'invincible destinée que lui promettait la victoire, dès qu'elle n'enveloppera plus Buonaparte. Le verra-t-elle dans toute sa difformité? Cette question, dont la solution peut encore être plus décisive que les triomphes de *Koutousoff*, nous occupe sans cesse. Elle ne vous intéresse pas moins, sans doute, mon cher comte, et je voudrais qu'avec cette grande pensée devant les yeux, vous rendissiez à la cause du roi mon maître un service que vous demande mon amitié : c'est de m'envoyer aussi un projet de déclaration fondée sur celles que le roi a précédemment faites et que vous connaissiez si bien. Ce travail, dont personne n'est plus capable que vous, paraît commandé par les circonstances. Combien je sens plus que jamais, mon cher comte, le besoin que j'aurais de me retrouver auprès de vous! Vos lumières, vos sages avis suppléeraient à tout ce qui me manque; il faudrait un homme d'un génie supérieur à la place que j'occupe et je le cherche inutilement. Oui, très cher comte, je le cherche; je voudrais lui céder un poste qui devient tous les jours plus difficile à remplir. J'y ai fait peut-être le bien; mais, je suis maintenant persuadé qu'il est au-dessus de mes forces et la responsabilité m'effraye. Joignez à cela le triste état de santé dans lequel je me trouve, et voyez si ce n'est pas le comble de la misère humaine.

« Aidez-moi de vos idées, de votre esprit, de vos conseils, et croyez au tendre attachement d'un ami qui vous aime et vous embrasse de tout son cœur.

« P.-S. — Donnez-moi des nouvelles de monsieur votre fils : vous ne me parlez pas de lui dans vos dernières lettres, et ce n'est pas répondre à l'intérêt bien vif que je prends à ce qui vous touche.

« Le roi, à qui je viens de dire que je vous écrivais, me charge de vous parler de toute l'amitié qu'il vous porte. »

On peut voir qu'à la date où cette lettre avait été écrite, quelque écrasants que fussent les coups qui avaient frappé Bonaparte, et bien qu'il fût poursuivi l'épée dans les reins, Joseph de Maistre et Blacas ne le considéraient pas comme définitivement vaincu. On en trouvera l'aveu dans la suite de leur correspondance.

CHAPITRE VI

EN 1813

Dans la carrière de Napoléon, l'année 1812 apparaît comme l'année fatale, l'année terrible, celle qui porte dans ses flancs le commencement de la fin. Joseph de Maistre en a suivi et décrit les péripéties : il nous a montré l'inexorable destin lassé de sourire au conquérant et de favoriser ses ambitions, se dressant en travers de sa fortune et l'enveloppant d'une ombre profonde, qui lui dérobe les abîmes vers lesquels il marche.

Pendant l'année 1813, la correspondance des deux amis se ressent des incertitudes que l'énergique résistance de Napoléon aux entreprises des alliés, laisse subsister quant à l'avenir de l'Europe. Néanmoins, ils entrevoient l'un et l'autre le prochain rétablissement au moins partiel de ce que la Révolution a détruit, et leur espoir, si faible qu'il soit, se trahit dans leurs lettres où se confondent, dans un capricieux mélange, les informations, les prévisions, les commentaires, et où l'on voit se rouvrir accidentellement le débat sur la papauté qui les a précédemment mis aux prises. Dès le début de l'année, Joseph de Maistre répond à la dernière lettre qu'il a reçue de Blacas, datée du 25 novembre, où celui-ci, après lui avoir conseillé de se faire nommer ministre de Sardaigne à Londres en remplacement du Comte de Front qui vient de mourir et craignant « qu'il ne veuille pas quitter les rives de la Néva pour aller habiter celles de la Tamise », lui a demandé s'il aimerait mieux un rendez-vous sur les bords de la Seine. Quant à lui, il espère ne pas tarder à le lui donner :

« Saint-Pétersbourg, 20 janvier/2 février 1813.

« Votre dernière lettre du 25 novembre, mon très cher comte, m'est parvenue le 13 janvier. Ainsi, vous voyez qu'elle ne s'est pas hâtée. Je vous remercie avant tout de votre rendez-vous sur la Seine ; mais, je ne puis vous donner parole. J'aurais pu vous dire comme La Fontaine : *J'y allais*, si le temps n'était pas passé. Malheureusement, mon extrait baptistère s'oppose à tous ces beaux projets. Charles V avait raison : *La fortune est femme, elle aime les jeunes gens.* Abandonnons-leur donc les belles scènes de la Seine, et demeurons tranquilles.

« Quand je parle au pluriel, mon cher comte, je n'entends point vous exclure, car votre âge est bien différent du mien, puisque je date tristement de l'année 1753. Une autre raison pourrait vous exclure ainsi que moi, c'est l'anathème terrible : *Rien de ce qui est sorti n'est destiné à rentrer* (du moins dans un certain sens). Patience ! nous avons fait, vous et moi, notre devoir. Dès qu'un roi *Sbalzato* a fait choix d'un de ses fidèles, ou lui a donné sa confiance, celui-ci doit tout sacrifier et ne plus regarder en arrière; mais, la masse doit demeurer en place, conserver ses biens, chicaner le terrain par tous les moyens possibles et attendre le moment où elle pourra servir à la restauration. C'est ce qui m'a fait regretter de voir passer ici le jeune comte Alexis de Noailles. Pourquoi s'est-il privé du plaisir de donner ou *de pouvoir donner* (ce qui est bien quelque chose), un coup d'épée pour son maître? Nous ne pensons pas de même sur ce point; mais, c'est encore un de ceux qu'il faut bien se garder de mettre au nombre des principes.

« On a fait de notre côté une faute impardonnable en parlant avec mépris et presque avec horreur de tout ce qui a cru devoir rester ou rentrer; l'effet a été tel qu'il fallait s'y attendre. *Repoussons de toutes nos forces des gens qui ne revien-*

draient sur l'eau que pour nous abreuver de fiel et de vinaigre. La mort, mon aimable ami, lèvera cette difficulté comme tant d'autres. Un Pisan ne s'échauffe guère, je crois, lorsqu'il lit dans la *Divine Comédie : O Pisa! vituperio della genti*. La génération qui arrive, envisagera de même nos grandes questions. C'est ce qui me fait douter, je vous l'avoue, de la proximité d'une Restauration que je désire de toutes les puissances de mon cœur pour l'ordre général, mais, non pour moi; car le bon sens m'exclurait du nouvel établissement, quand la force des choses ne m'en exclurait pas, ce qui arriverait infailliblement. Je crois que nos propres maîtres nous mettraient à l'écart (et ils feraient très bien), de peur de déplaire aux hommes dont ils auraient besoin. Qu'est-ce que cela fait? On écrit dans sa généalogie : *in illo tempore*, j'eus l'honneur de ne pas servir mon maître. Qu'est-ce que la mort au champ de bataille en comparaison de ce sacrifice!

« J'ignore ce que vous avez voulu désigner par ces mots : *plusieurs personnes de votre connaissance*. Je n'ai vu de l'espèce que vous désignez que le seul comte Alexis de Noailles. Je vous l'ai recommandé parce qu'il m'a paru *sur tous les points* dans les meilleurs principes; mais *dame!* je me garderais bien de multiplier de pareilles recommandations.

« Mon fils sera bientôt instruit de l'intérêt que vous me témoignez pour lui, et certainement, il y sera très sensible. Il a voulu avec passion être partout et il a réussi. Il s'est trouvé à Borodino, à Tarutina, à Malieroslavetz, à Viasma, à Krasnoy et à Borissoff. Il est sorti de là tout entier. Je suis bien heureux. Je le crois en ce moment à Königsberg ou à Dantzig, et, quand je pense au mois de juillet, je crois rêver : c'est l'époque des miracles. Attendons-en d'autres.

« Les commissaires des gouvernements au département des cadavres, ont trouvé à Borodino et dans la banlieue quarante-deux mille cadavres de chevaux. Ajoutez les hommes et déployez cet affreux rouleau jusqu'à Wilna. On dit que les juifs ont proposé un certain grand fourneau de réverbère qui doit les consumer en peu de temps et qu'ils demandent 50 kopecks par cadavre. *Cose non dette mai in prosa o in versi!* Pour moi, je crois qu'ils pourriront tranquillement au dégel et qu'il en arrivera tout ce qui plaira à Dieu.

« Suivant la règle commune *qu'après avoir dépeuplé la terre, il faut la repeupler de son mieux,* mon frère épouse demain, après de longues et fidèles amours, Mlle Sophie Zagriatsky, demoiselle d'honneur des impératrices. Je ne sais pas si vous la connaissez : c'est une excellente personne. Mais tout de suite il faudrait dire : *Gloire, tu commandes ; adieu, mes amours!* Cela, par exemple, est un peu impatientant. *Pas moins*, il partira dès qu'il aura suffisamment épousé sa belle.

« Pourriez-vous, mon cher comte, me faire avoir des nouvelles de M. le chevalier de Saint-Martin d'Aglié qui soulageait feu M. le comte de Front dans les travaux de sa légation ? Il ne m'a point fait part de la mort de ce ministre et il ne m'a nullement accusé réception des paquets que j'ai adressés à Londres depuis trois mois, et qu'il avait droit d'ouvrir. Cependant, il m'avait fait part de la maladie du comte. Son silence m'inquiète infiniment, et, lui adressant d'autres paquets, j'ai peur de le compromettre, et il m'importe de savoir si je puis continuer sous son couvert la correspondance qui demeure suspendue au risque de déplaire à Sa Majesté. Si vous pouvez m'éclairer cela, je vous serai infiniment obligé. »

« Ce que vous me dites sur votre santé à la fin de votre lettre m'a percé et transpercé. J'aime à compter sur une bouffée d'humeur noire, mon cher et très cher comte. Je ne puis vous dire combien je vous suis attaché et combien votre position m'inquiète. Laissez-moi, laissez-moi partir le premier! Rien n'est plus juste. Une lettre au comte de Briou, postérieure à la mienne, me semble moins noire. Ne me laissez pas ignorer l'état de votre santé! Soignez-la beaucoup. Mon Dieu! qu'est-ce que vous me dites avec vos *grandes vérités?* Je vous embrasse mille fois avec la plus triste tendresse. Je ne sais comment vous dire ce que je sens. »

Cette lettre se croise en route avec la suivante que Blacas a écrite pour recommander à son ami le comte de la Ferronnays que Louis XVIII envoie en mission en Suède et en Russie. Blacas ne dissimule pas et exprime sous des formes poignantes les inquiétudes que lui causent les ressources dont dispose encore Napoléon, et parmi lesquelles il range l'attitude condescendante du Pape Pie VII.

« Hartwell, ce 15 février 1813.

« Le comte Auguste de la Ferronnays qui vous remettra cette lettre, mon cher comte, profitera, j'espère, du droit que votre amitié me donne et qui m'autorise à vous le recommander. La mienne ne pouvait mieux le servir qu'en lui procurant la connaissance du comte de Maistre.

« M. de la Ferronnays est chargé par le roi mon maître d'une mission dont le succès intéresse plus que jamais la sollicitude de mon auguste maître et acquiert par les événements un degré de vraisemblance, que peut cependant affaiblir une politique qui de russe aura peut-être bien de la peine à devenir européenne. Peu de gens voient la possibilité de décider la querelle par un *combat singulier*, en prenant pour juges du camp ces Français que l'on aura encore pour seconds du *champion* qui rentrera certainement en lice. Oui, mon cher comte, le Corse qui ne pourrait défendre la France contre le roi armé d'un sage manifeste, défendra encore l'Allemagne contre les canons du prince de Smolensk. Et, quand ils seraient maîtres de l'empire germanique, les Russes ne se trouveraient que sur le théâtre où Souvarow a vu borner sa victorieuse carrière. En un mot, si je puis faire usage d'une figure que vous me passerez en faveur de l'application et d'un vieux goût que vous m'avez reproché bien des fois, Buonaparte, qui a été *décavé* en Russie, ne peut perdre son *tout* qu'en France; et c'est là qu'un intérêt bien entendu le forcerait *à jouer de son reste*.

« Parmi les ressources que nous lui voyons saisir avec cette adresse diabolique qui est, bien plus encore que l'art de la guerre, son véritable talent, vous aurez vu ce nouveau concordat dont j'ose à peine vous parler et auquel je ne puis croire. Mon opinion rougirait d'un triomphe aussi affligeant sur cette infaillibilité que votre zèle et votre esprit auront bien de la peine à soutenir contre les preuves dont le Saint-Père arme de plus en plus nos libertés gallicanes. La conscription devait être appuyée d'une prédication plus persuasive et plus populaire que le sénatus-consulte; le roi de Rome avait besoin d'une légitimation et d'une association plus imposantes que celle du serment offert par les sénateurs et les préfets. Le successeur de saint Pierre rendra ce service, mais il aura Rome; il ouvrira au tyran qui vient de sacrifier à son ambition un demi-million d'hommes, ce sanctuaire que saint Ambroise ferma à Théodore pour le massacre des Thessaloniciens, mais il aura Rome... Il sera, pour la famille d'un monstre, unique obstacle au bonheur du monde, le ministre d'une consécration nouvelle, mais il aura Rome!

« Ah! mon cher comte, le cœur se serre tellement à cette pensée qu'il ne peut laisser échapper la conscience des vérités que toutes les forces ultramontaines ne parviendront jamais à écarter. Mais, espérons plutôt que tout ce que disent les gazettes françaises est faux, ou du moins attendons d'en être sûrs pour le croire! »

Joseph de Maistre répond quelques jours plus tard à cette lettre en même temps qu'à celle du 26 décembre, qui lui a demandé de prendre la plume pour le roi et de rédiger un projet de déclaration que Louis XVIII fera répandre en France. Dans sa réponse, il parle tout à la fois en royaliste convaincu et en catholique ultramontain avec une verve parfois quasi railleuse, qu'a excitée l'argumentation de son ami.

« Saint-Pétersbourg, 2/14 avril 1813.

« Prenons toujours une grande feuille ; rien ne nous force à la remplir.

« J'ai reçu, mon très cher et très aimable comte, vos deux lettres des 26 décembre 1812 et 15 février dernier; mais, celle-ci est arrivée le 2 avril et la première seulement le 6. Vous voyez quelle différence dans la célérité. Vous me faites un honneur infini dans la première ; mais, je vous l'avoue, malgré mon dévouement à la cause et aux personnes, *je demeure immobile et ma plume glacée* ne sait pas écrire une ligne. J'ai beaucoup médité sur ces sortes d'ouvrages et il m'est démontré que si l'on n'a pas le bonheur d'écrire à côté du grand personnage intéressé, il ne faut pas s'en mêler du tout. Souvenez-vous de ce qui se passa à l'occasion du dernier manifeste. Le pauvre duc d'Avaray m'avait écrit en propres termes : *Coupez, taillez, tranchez, ajoutez, faites ce qu'il vous plaira*, etc. J'avais beau champ suivant les apparences, et j'avais de plus une belle chance de succès, puisque vous étiez ici. Où trouver plus de connaissance du terrain, plus de raison et plus de zèle? Et cependant, mon cher comte, vous savez comment je réussis ! Il ne fut pas seulement question de correction ou de changement (sur ce point, je me suis toujours montré le plus docile des hommes); mais, pas une ligne ne fut adoptée et nous différâmes si capitalement que tout aurait fort bien pu finir par une brouillerie, si nous n'avions pas été invinciblement retenus par le même zèle et les mêmes intentions.

« Ce malheureux essai m'a cependant laissé une répugnance à peu près invincible, à me mêler de ces sortes d'affaires. Celles qui concernent la souveraineté ne ressemblent point aux autres. J'ai sur ce point une sorte de superstition. L'expérience m'a appris que les souverains ont une manière d'apercevoir les choses, toute différente de la nôtre, et quoiqu'en leur qualité d'hommes, ils puissent se tromper tout comme nous, je crois cependant que le cas est infiniment plus rare que ne le pense assez souvent notre impertinence. Je crois beaucoup à *l'instinct royal*. (Je dis ainsi; dites autrement si voulez.) Aussi, l'une des idées auxquelles je tiens le plus fortement, c'est qu'il faut bien (lorsqu'on y est appelé) avertir loyalement l'inclination des princes de prendre garde à elle, mais, qu'il ne faut jamais lui faire la plus légère violence quand même on le peut.

« Le ministère d'ici fut surpris de la chaleur avec laquelle je défendais, dans une lettre qu'il me décacheta, la déclaration dont je vous parlais tout à l'heure, parce qu'il savait bien de quelle manière j'avais pensé de cette pièce; mais, lorsque je l'attaquais, elle n'était pas adoptée. Cela fait, tout est dit.

« Rappelez-vous encore une idée qui m'avait passé en tête sur la restitution des Antilles; elle vous parut assez plausible; le prince Czartorisky l'approuva fort; cependant, Mme la princesse de Tarente, que je dois croire instruite, me dit un jour que le roi n'accepterait point cette restitution *faite même tout simplement comme d'un effet volé et sans aucun préjudice à ses autres droits. Pourquoi? I am at a lofs.* Mais, quoique je sois sûr d'y penser deux ans de suite sans découvrir la moindre raison de refus, je me tiens tout aussi sûr que si j'avais l'honneur de parler à votre auguste maître. Il me dirait un mot qui me ferait dire : *Ah! je n'y avais pas pensé.* Que voulez-vous donc que j'imagine et que voulez-vous que j'écrive, à la distance où nous sommes et sans aucune donnée? Vous avez vécu en Italie, mon cher comte; souvenez-vous de ce qu'on appelle en musique le *motif.* C'est une pensée dirigeante qui se montre dès la première mesure et qui règne sans monotonie jusqu'à la dernière. Toute production de l'esprit, a de même son motif, ou bien, elle ne vaut rien. Où trouverais-je, je vous en prie, celui du manifeste dont vous me faites l'honneur de me demander le projet? De quelle supposition faut-il partir? Il n'est pas aisé de se décider. Je pense fort mal de vos Français, *pour le moment.* Jamais, on n'a vu une armée plus dévouée que celle qui est venue envahir la Russie; trahie même et livrée à des souffrances inouïes, pas le plus léger signe de révolte. *Il faut bien se battre pour l'honneur de cette cocarde; il faut bien obéir à son souverain :* voilà ce qu'on entendait des premiers prisonniers. *Il est trop ambitieux,* et, comme l'a dit un soldat à un Français de ma connaissance, *il est trop ambitionnaire :* voilà ce qu'on a entendu des plus mutins! voilà ce qu'ils disaient en mourant de froid et de faim, sur des lambeaux de charognes à demi dévorées!

« Il y a bien d'autres signes encore plus mauvais. Je crois bien, d'après l'histoire, que tout peut changer, même très vite; mais certainement l'esprit dont nous avons besoin, n'est pas né. Que faut-il supposer? Comment faut-il parler de l'usurpateur? Quelles précautions faut-il prendre pour prévenir tel ou tel inconvénient? Donnez-moi, je vous prie, *le motif*. Vous n'avez que trop le temps. Cela n'empêche pas qu'en attendant, je n'essaye de griffonner quelque chose, mais, sans confiance en moi-même et par conséquent sans espoir de succès. Je ne veux pas cependant retarder cette lettre que les circonstances ont déjà fait trop attendre.

« Faut-il vous parler encore du pape? Votre lettre, mon cher comte, m'a fait trembler en achevant de me prouver à quel point vous êtes aliéné et inaccessible à tout effort de logique. Vous me dites dans une page : *Je ne puis croire à ce concordat*, et dans la suivante : *Le successeur de saint Pierre rendra ce service; il aura Rome*, etc. Ah! comme vous traiteriez (et bien justement) un homme qui, en avouant qu'il ne croit pas à telle ou telle pièce attribuée à votre maître, en partirait cependant pour regarder comme déjà faites je ne sais combien de bassesses purement idéales! C'est cependant ce que vous faites, mon cher comte, et c'est une assez curieuse chose d'entendre un gentilhomme français raisonner ainsi, tandis qu'un luthérien (M. de Ronnenkampf) prouve ici, par écrit, que toute cette affaire n'est qu'une absurde et atroce comédie, ce qui saute aux yeux. L'incurabilité absolue des préjugés français m'a souvent fait méditer tristement; car je les aime, les Français j'entends, et je suis fâché de les voir devenir les instruments de si grands maux.

« Votre lettre m'a fourni, je crois, la meilleure preuve que, sur la question du pape, non seulement les Français (je n'excepte que les théologiens en titre) ne savent pas qui a tort ou a raison, mais, qu'ils ne savent pas du tout de quoi il est question. Vous croyez que c'en est fait de l'infaillibilité, grâce à ce dernier forfait du Saint-Père, et vous me dites que *mon zèle* (qui est grand) et *mon esprit* (qui ne l'est guère) *auront bien de la peine à soutenir cette infaillibilité*, etc. Vous croyez donc que je crois à l'infaillibilité? Sur quoi je dois vous dire comme le Dante : *Io credo ch'ei credette ch'io credessi!* Car, jamais, je ne vous ai dit un mot sur ce point, et je ne saurais même où vous avez pris cette idée, si je n'avais pas rencontré si souvent sur mon chemin le préjugé de ces inconcevables Français qui attribuent aux ultramontains l'opinion que le pape est infaillible *dans sa conduite morale*. Quelle folie, cher comte, quelle inconcevable folie! Si le pape est infaillible, Alexandre VI l'était comme Pie V.

« Voici ce que disent ces théologiens : *Le pape parfaitement libre, environné de son Conseil, comme tout souverain, et décidant, comme souverain pontife, une question de foi, ne se trompera jamais.*

« Faites bien attention que les théologiens qui contestent ou qui n'avouent pas cette prérogative ou par système comme Nicole, ou par prudence comme Bossuet, conviennent cependant de l'infaillibilité du *Saint-Siège*; et en effet, si on rejette l'indéfectibilité du Saint-Siège, toute la machine catholique se dissout. Les Italiens disent donc que le pape est infaillible parlant *ex cathedra;* et Bossuet convient que s'il avait le malheur même de se tromper *dans l'enseignement de la foi*, le Saint-Siège n'en serait pas moins infaillible *dans le maintien de la foi*. (Ce sont ses mots.) Beaucoup de gens prennent la liberté de ne pas comprendre cette distinction et de douter même que le grand homme la comprit. Mais, je veux que la distinction soit réelle; elle est au moins si subtile qu'elle en devient presque imperceptible, et les deux parties se touchent presque, tandis que les personnes qui jugent d'après les préjugés courants s'imaginent voir un abîme entre elles. Vous voyez, mon cher comte, à quoi se réduit tout ce tapage. Que me fait à moi, et que fait à tout catholique sensé, le sacre et le concordat, etc., etc., etc.? Le pape a-t-il mal fait? Tant pis pour lui. Qu'importe à l'Eglise catholique? (J'entends pour le dogme.) Remettez le pape en liberté et demandez-lui *si le fils est Dieu, si son corps est dans l'Eucharistie, si l'on peut invoquer les saints:* vous verrez ce qu'il vous répondra. Pour le reste, s'il a mal fait, qu'il se confesse; mais, quand il s'agit de le juger, il faut aller doucement. Le pape, comme souverain temporel, est l'égal des autres, car, la souveraineté ne connaît ni plus ni moins; comme souverain pontife ensuite, c'est-à-dire comme souverain spirituel de deux cent millions d'hommes professant la même religion divine et exclusivement vraie, on ne saurait exprimer suffisamment sa dignité.

« Ce qu'il y a de bien sûr, c'est que la réunion des deux souverainetés sur la même tête le constituait incontestablement et sans comparaison le premier personnage de l'univers. On lui doit donc au moins les mêmes égards, qu'aux autres souverains, même lorsqu'on croit qu'ils ont tort ; et c'est un point sur lequel on s'est fort trompé, surtout chez vous. Du mal sur la terre et des chocs entre les pouvoirs, il y en aura toujours ; mais, si l'on se met à détruire tout ce qui incommode, nous verrons de belles choses, ou plutôt nous les avons vues. La souveraineté européenne doit tout aux papes et les peuples ne leur doivent pas moins. Les philosophes, en faisant la révérence aux souverains qui donnent des pensions, sapaient la souveraineté qu'ils ne pouvaient souffrir. Les papes ont fait précisément le contraire. En luttant quelquefois (bien ou mal) contre *le souverain*, ils avaient divinisé *la souveraineté*. Partout où il y aura l'influence convenable, une révolution est impossible ; partout où il n'y en a jamais eu, l'assassinat est une loi fondamentale de l'État, comme la loi salique ou toute autre.

Sur ce grand point, les peuples et les rois ont lutté d'aveuglement. Louis XIV consacra tous les principes de la révolution de 1682, et cette faute capitale d'un orgueil indomptable et profondément aveugle, fut mal réparée par un vieux et faible repentir qui ne comprit pas mal, je crois, la nécessité de *la contrition*, mais très peu celle de *la répa-*

ration. Après lui, on a vu un siècle de faiblesse et de corruption inouïes. Vos rois ont livré l'Église, pieds et poings liés, à des parlements mutins, turbulents et enfin ouvertement antichrétiens, qui ont fini par envoyer le Saint Sacrement chez des hérétiques au milieu de quatre fusiliers et par faire brûler, par la main du bourreau, les mandements et les bulles qui leur déplaisaient. *Le Seigneur-Roi* a laissé faire. La Révolution est venue. Le pape, en d'autres temps, l'aurait prévenue avec une feuille de parchemin; mais, dans notre siècle éclairé, *ses foudres impuissantes se perdent dans l'air*. L'affaire a donc parfaitement réussi. Êtes-vous content, mon cher comte? Et moi aussi.

« Ceci, au reste, peut vous aider à comprendre une chose que vous n'auriez peut-être jamais comprise. Je veux parler des constitutionnels de 1790. Mille fois vous aurez dit : *Mais comment des hommes distingués par la naissance, par le caractère, par les vertus même ont-ils pu*, etc.? Ils faisaient comme vous, mon digne ami, précisément comme vous. Vous jugez le souverain spirituel; vous en appelez aux conciles, aux anciens canons, aux libertés de l'Église gallicane; ils jugeaient le souverain temporel; ils en appelaient aux lois fondamentales, aux États généraux et aux libertés de la nation gallicane. C'est la même théorie; ce sont les mêmes procédés. Il furent conduits au *schisme politique* comme vous le seriez à la *révolution religieuse*, si vous étiez libre. Mais vous ne l'êtes pas. Ah!... c'est ici où mon cœur se fend. Mais, je ne veux pas commencer un autre chapitre. Vous me prenez pour un exagéré, *pour un ultramontain*. Je pourrais dire comme Jeannot : *Ah! ben oui, tu t'y connais!* Je suis né dans une famille de robe; j'ai été élevé dans la maxime de la sévérité antique. J'ai siégé pendant vingt ans dans un parlement (au sénat) gallican, en pays gallican. *J'ai connu, étudié et fait exécuter les libertés de l'Église gallicane.* J'ai été ensuite président d'un de ces tribunaux en Italie. Les deux systèmes et les écrivains qui les ont soutenus, sont de ma connaissance théorique et pratique. J'ai lu Bellarmin, Zaccharia, les frères Bellerini, etc., autant que Bossuet et Cie. J'ai passé quatre ans dans un pays protestant, très lettré; j'ai vu, j'ai entendu les ministres. J'ai lu une foule de livres et même de controversistes anglais. Je suis ardemment et systématiquement attaché à l'Église catholique, ardemment et systématiquement attaché à la souveraineté européenne en général et à la maison de Bourbon en particulier. Je puis me tromper sans doute; mais, vous conviendrez sans doute aussi qu'il serait difficile d'être, s'il est permis de s'exprimer ainsi, mieux *tempéré* pour ne pas se tromper. Un homme d'État mongol ou mahométan, m'accorderait l'avantage sur vous.

« Cependant, j'ai moins de talents naturels que vous. (Je vous parle franchement suivant ma pensée.) Je fais grand cas de votre droiture et de la solidité de votre jugement. Très souvent, je vous ai parlé de mon estime pour vous et toujours très sincèrement; mais, sur des sujets qui exigent une longue préparation et de nombreuses connaissances, l'expérience a l'avantage. Ajoutez-y les différentes circonstances qui ont concouru à me rendre l'un des juges les plus impartiaux qu'il soit possible d'imaginer, comme vous en conviendrez vous-même, si vous y réfléchissez.

« Ce qui me fâche le plus dans cette discussion, c'est qu'en vertu de ces mêmes circonstances qui m'ont conduit dans des routes peu battues, je vois clairement que les idées qui vous ont malheureusement pénétré sur ce grand sujet, sont un des signes les plus funestes qu'il soit possible d'imaginer à l'époque actuelle. *Hic dolor, hic Valerus!* Bien entendu que nos discussions commencent et finissent toujours de la même manière, par les protestations les plus sincères d'une amitié qui ne peut finir qu'avec nous. Je connais trop l'homme et moi en particulier pour régler mes affections par les opinions de ces mêmes hommes. Pourvu que l'on soit d'accord sur un petit nombre de points sacrés, quant aux autres, *pax tibi, frater*. Vous avez tort aujourd'hui, j'aurai tort demain.

« Gardez-vous bien, mon très cher comte, de vous livrer à cette *despondancie* que vous me montrez dans votre dernière lettre. Vous n'avez point cherché la place que vous occupez : elle vous est tombée; elle vous appartient et vous convient. Tenez-vous-y et n'ayez pas la moindre inquiétude. Dieu fasse la grâce qu'elle devienne importante! Alors, vous la remplirez parfaitement, précisément parce que vous en doutez. Ce n'est pas que, dans ce cas, vous n'eussiez de très grandes précautions à prendre; mais, nous n'en sommes pas là. D'ailleurs, s'il vous arrivait de vous tromper sur tel ou tel point, qui se tromperait moins, je vous prie? Personne, que je sache.

« Hier, j'entendis dire dans le monde que le roi votre maître avait publié un manifeste à Londres, et l'on blâmait fort cette pièce dont on citait quelques dispositions, comme le pardon absolu, etc. Il ne faut pas faire attention à ce bourdonnement insensé autrement que pour réfléchir jusqu'à quel point il faut l'écouter et faire attention à tout; je me rapporte pour le surplus à ce que j'ai dit plus haut.

« Mon fils est auprès de moi depuis un mois et demi, et son général (l'amiral Tittchagoff) ne parle point encore de le rappeler. Il est lui-même je ne sais où. C'est un roman historique, politique, militaire, qu'il serait trop long de vous raconter. Mon cher Rodolphe m'a rapporté de six batailles rangées tous ses membres entiers. Je vous ai dit qu'à Borodino, la mort a passé *à une grande mortelle ligne de lui*. Entre Borissoff et Wilna, il a eu le pied gelé; mais, il a été soigné suivant les règles et il ne lui en reste qu'un défaut de sentiment qui disparaîtra, je crois, mais non sans douleur, dans le fort de l'été. Il est bien sensible à votre souvenir et me charge de nouveau de mille hommages pour vous.

« Mon frère est au quartier général de l'empereur où il avait été appelé. Je ne sais ce qu'on fera, ni ce qui arrivera en général. Entrera-t-on en France? Dans ce cas, le roi vous enverra peut-être pour défendre l'intégrité de ses États. N'entrera-t-on pas? Et si, dans cette supposition, Napoléon se tenait tranquille, que ferait-on tandis qu'il laisserait grandir ses jeunes gens derrière les citadelles? Sortira-t-il de ses frontières? Donnera-t-il une bataille? La perdra-t-il? Et comment la question sera-t-elle de nouveau compliquée par ces divins Autrichiens qu'Épiménide et saint Paul, s'ils étaient vivants, honoreraient suivant les apparences d'un certain vers que je ne veux pas vous traduire, car il ne faut pas médire des puissances, pour peu qu'elles soient apostoliques.

« Vous me pénétrez de chagrin, mon très cher comte, en me priant de me porter mieux que vous. Puissiez-vous me donner bientôt de meilleures nouvelles! La pensée de votre malaise me revient toujours. On me disait un jour qu'il fallait vous gronder sur votre obstination à ne pas écouter la médecine; mais, à cet égard, je ne sais que vous dire, car je suis un peu de votre avis; et même beaucoup. Si j'étais saint, je prierais pour vous; mais, je ferai prier, et je vous conjure de me tenir au fait, autant que vous pourrez, de l'état de votre santé, dont je suis profondément touché, je vous l'assure. Je désirerais bien pouvoir vous aider et mettre la main à la rame que vous tenez. La Providence en a ordonné autrement.

« Le mot qui termine votre première lettre, me pénètre de la plus vive et de la plus respectueuse reconnaissance. Sa Majesté sait si j'ai jamais varié dans ma profession de foi à son égard. J'ai toujours été confesseur; aurai-je été prophète? Celui seul qui fait les vrais prophètes peut le savoir. Il est bien permis, au moins, de ne pas perdre courage, puisque nous vivons à l'époque des miracles. Quel homme ayant le sens commun aurait osé prévoir 1812 en 1811? Espérons que 1813 ne nous trompera pas moins et en bien. Je supplie votre auguste maître d'agréer mon très profond respect et mon entier dévouement. Ce sera le comble du bonheur pour moi, si je puis jamais faire ou imaginer quelque chose qui s'accorde avec quelqu'une de ses vues et qui mérite son approbation. Ne voulant rien ajouter après cela, il ne me reste, mon très cher comte, qu'à vous serrer sur mon cœur.

« J'ai moins vu qu'entrevu M. le comte de la Ferronnays, qui est parti sur-le-champ pour sa destination. S'il nous revient, je cultiverai cette connaissance intéressante.

« *P.-S.* — J'avais fermé et collé cette dépêche lorsqu'on m'a remis la déclaration de votre maître. Cette pièce est certainement l'ouvrage d'un Français, homme d'esprit, qui a du tact et qui connaît les difficultés; mais... La pièce ne porte pas le nom passablement connu de Louis, ni en tête, ni en queue; elle est datée du 1ᵉʳ février et votre lettre qui me demande un projet est du 15; elle promet le maintien du Sénat et du Code Napoléon, sauf, etc.; elle annonce que les officiers supérieurs verront leurs dignités légitimées de la seule manière, etc., article qui fut effacé dans mon projet de 1804 même avec l'explication : *Le roi ne veut pas*, etc.

« Ces raisons et d'autres, quoique très inégalement pressantes, me font cependant très légitimement douter, par leur réunion, de l'authenticité de la pièce, et, tout au moins, je soupçonne qu'on a forcé la main au roi. Je suspends donc mon jugement jusqu'à ce que je reçoive une nouvelle lettre de vous. »

Un mois plus tard, à cette longue épître, Joseph de Maistre ajoutait, comme il le dit, ce *post-scriptum* :

« Saint-Pétersbourg, 4 mai 1813.

« Mon très cher comte,

« Le 2/14 du mois dernier, je vous ai écrit une de mes assommantes épîtres, longue, suivant l'élégante expression de mon pays, *comme un jour sans pain*. Aujourd'hui, je vous griffonne encore quelques lignes, par manière de *post-scriptum*, au sujet de la déclaration du roi votre maître. Elle a été déclarée authentique en plein parlement, et quinze jours après, vous me faites l'honneur de me demander quelques idées sans me dire un mot de la pièce imprimée! C'est une énigme insoluble pour moi, d'autant que, s'il y a eu quelque chose de forcé, ou de non parfaitement libre, dans cette déclaration, rien ne vous empêchait d'en parler librement par la voie du comte de la Ferronnays.

« Au reste, mon cher comte, sans prétendre nier le grand talent de celui qui a tenu la plume comme le balancier d'un voltigeur, cependant, je vois toujours là, ou je crois y voir, quelque chose de forcé, et je n'approuverai point jusqu'à ce que j'aie reçu un mot confidentiel de votre part. Qui oserait, cependant, après cette expérience, écrire un mot dans ce genre loin de l'auguste intéressé? Au reste, *tous les savants* de ce pays s'accordent à trouver cette déclaration prématurée; c'est le jugement universel (mais non celui de Josaphat). Je m'amuse à leur demander : *Quel mal peut-elle faire?* Ils répondent assez volontiers : *Aucun.* Alors je poursuis : — Mais vous convenez que c'est un grand mal d'avoir, par tous les moyens possibles, *effacé,* pour ainsi dire, le roi de France, tandis que la véritable politique exigeait qu'on le tînt toujours sur son grand piédestal, présent et visible à tous les Français. Si donc la déclaration produit le bien d'avertir son peuple que leur maître est vivant, *sans pouvoir d'ailleurs enfanter aucun mal*, à ce que vous dites, où est l'inconvénient de cette pièce?

« Cette réflexion les tranquillise assez; mais, quoiqu'il faille toujours défendre ce qui est fait et officiellement avoué, cependant, je m'abstiendrai de porter un jugement définitif avant que vous me fassiez connaître celui qui doit régler le mien.

« Vous aurez ri de bonne grâce, je l'imagine, en recevant l'explication de cette honteuse comédie du concordat; il faut rendre justice à la cour de Vienne. Lorsque les Russes étaient infiniment moins avancés, elle a permis qu'on écrivît dans sa gazette (c'est-à-dire elle l'a ordonné) : *Il n'y a rien de vrai à tout cela*. La cour apparemment a cru devoir cette ligne à la protestation non encore publique du pape. Ce qui m'étonne, c'est qu'en Angleterre et même dans le parlement, on ait paru donner dans cette billevesée. D'ailleurs, on peut pardonner quelque chose à des protestants.

« Je ne vous parle plus nouvelles, car, dorénavant vous êtes bien mieux placé que moi pour les recevoir. Nous voilà au delà du Weser; mais, tout dépend des Français en dernière analyse. Quelle force renversera Napoléon sans que des millions de fous consentissent à le défendre? On le chassera de l'Allemagne, et de l'Italie encore, si vous voulez : eh bien! *il lui restera* la puissance de Louis XIV augmentée d'un cinquième (plus ou moins); il se tiendra derrière ses citadelles et laissera croître ses jeunes gens pour recommencer ensuite dès que la chose sera possible. *Il faut détruire Carthage,* disait Caton à la fin de tous ses discours. Il n'y a qu'un mot à changer à tous les nôtres; si l'on manœuvre bien, la chose est possible. Il faut faire provision d'argent, de patience et de concorde assez pour pouvoir demeurer en armes sur sa frontière et le forcer, lui, de demeurer toujours dans la même attitude, *mais sans argent.* Tout cela étant accompagné de conversations convenables, il y a beaucoup à espérer. Sur cela, mon cher comte, je vous embrasse tendrement et mon cœur *vous ordonne de vous bien porter.* J'ai regret à cette formule latine que je trouve tout à fait française lorsque je vous écris.

« Tout à vous, digne ami. »

Aux appréhensions de Joseph de Maistre se mêlaient, on le voit, de vives espérances. Elles n'étaient pas téméraires et le moment approchait où elles allaient se réaliser.

CHAPITRE VII

A LA VEILLE DE LA RESTAURATION

Les événements qui se déroulaient en Europe, l'irrévocable résolution prise par les puissances coalisées, de ne déposer les armes qu'après avoir abattu Napoléon, et, enfin, le caractère désespéré de la résistance qu'il leur opposait, autant de raisons qui justifiaient les espoirs manifestés par de Maistre et qui incitaient le comte de Blacas à les partager. En revanche, il n'était pas converti aux théories religieuses de son illustre contradicteur, et de même il se défendait contre les critiques infligées par celui-ci à la déclaration de Louis XVIII. Tel est le double objet de la lettre qui suit :

« Hartwell, 3 juillet 1813.

J'ai reçu, mon cher comte, toutes les duretés que vous m'avez adressées depuis le 14 avril jusqu'au 4 mai, *nouveau style*. Cette qualification de la date appartiendrait également au reste de vos lettres, si les témoignages d'une amitié que je reconnais avec plaisir, à travers sa mine sévère, ne m'avaient fait retrouver tout le comte de Maistre dans le fier ennemi de nos libertés gallicanes. Ne vous flattez point encore cependant d'avoir guéri un de ces *inconcevables Français* qui, au reste, n'impute pas à la soumission implicite, professée au delà des monts, un principe aussi absurdement impie que *l'impeccabilité* du pape.

« Quant à son *infaillibité*, elle est encore catholiquement contestée, et les souverains pontifes n'ont jamais frappé d'anathème ceux qui la leur refusent avec *l'Aigle de Meaux*. On compte même un pape parmi les adversaires de l'opinion ultramontaine, et ce trait de l'histoire ecclésiastique ne peut avoir échappé, mon très cher comte, à vos recherches bien plus approfondies et plus savantes, sans doute, que les miennes. Adrien VI qui, d'une chaire de théologie à Louvain, s'éleva jusqu'à celle de Saint-Pierre, a fait réimprimer sous son Pontificat un *Commentaire sur le IVᵉ livre des Sentences*, écrit précédemment par lui, et où l'on rencontre cette proposition très gallicane que *le pape peut errer même dans ce qui appartient à la foi*. Adrien, sous la tiare, aurait-il seul failli en abandonnant son infaillibilité? Vous voyez, par cette nouvelle citation, quel prix glorieux ma conversion offre à votre persévérance.

« A l'égard de tous mes torts apparents au sujet de cette déclaration qui paraît antérieure aux conseils que je vous avais demandés et que je vous demande encore pour quelque occasion moins gênée et par conséquent plus favorable, un mot d'explication suffira. Cette pièce est antidatée de près de deux mois et l'a été à la demande de ceux qui n'ont pu manquer d'avoir, dans cette circonstance, une voix consultative prépondérante, dont leur désaveu ne vous a empêché de reconnaître l'*écho*. J'ai vu au reste, mon cher comte, votre excellent esprit porter, malgré son incertitude sur cette publication, un jugement équitable et sûr.

« Continuez, je vous en prie, mon cher comte, à défendre un acte royal qu'a dicté, dans l'occasion la plus difficile et cependant la plus clairement offerte à l'espérance, le besoin de faire entendre ce que la clémence et la raison devaient prêcher à des coupables malheureux. C'était beaucoup, mon cher comte, de concilier le moins mal possible ce qu'il était prescrit de taire avec ce qu'il importait de dire; d'allier des engagements qui pourraient différer, mais qui ne devaient pas être contradictoires; de courir, en un mot, après les quatre-vingt-dix-neuf brebis égarées, sans oublier la brebis unique et fidèle. Si de pareilles difficultés vous ont frappé, comme je le pense, vos apologies joindront la force de la conviction à celle du zèle, et vous aurez trouvé que la vérité même peut, entre deux abîmes, emprunter *la balançoire du voltigeur.*

« Mais j'en reviens à ma demande, mon cher comte. Vous avez maintenant, si je puis parler ainsi, le motif qui doit vous inspirer l'accord du *ton* présent avec le *ton* passé. Il faut toujours que le roi soit conséquent; mais, qu'il le soit autant eu égard à ses engagements précédents qu'aux circonstances qui doivent lui en prescrire de plus explicites. En tout, mon cher comte, il faut traiter les Français comme Solon en agissait avec les Athéniens lorsqu'il leur proposait non pas les meilleures lois possibles, mais les meilleures qu'ils pussent supporter. Je désirerais vivement savoir comment, en partant de cette donnée, vous résoudriez un problème auquel le roi s'est vu forcé de donner une solution approximative. Votre travail offrirait, dans tous les cas, mon cher comte, des résultats précieux et utiles, qui seraient accueillis avec une extrême reconnaissance.

« Je vous félicite de tout mon cœur du plaisir sans mélange que vous procure l'inaction glorieuse et forcée de monsieur votre fils; c'est avoir traversé les temps héroïques que de revenir de cette mémorable campagne de 1812. Puisse celle de 1813 finir de même et dissiper, devant l'empereur Alexandre et les braves Russes, les dangers de la guerre et de la paix. Nous attendons avec une inquiétude que vous avez partagée l'issue de cet armistice qui tient tout en suspens.

« Nous craignons ici cette Autriche qui a épousé l'usurpateur en songeant à restreindre l'usurpation. Nous craignons son ascendant, ses demi-mesures, etc., etc. Les brillants succès de lord Wellington, qui s'avance à grands pas vers les Pyrénées, ne nous consolent pas des hypothèses politiques qui reculent jusqu'à une paix sans gloire et sans garantie.

« Adieu, mon très cher comte. Je vous embrasse mille fois d'aussi bon cœur que je vous aime. »

Blacas ne désarmant pas sur la question de l'infaillibilité du pape, il devait s'attendre et s'attendait sans doute à une réplique de son contradicteur. En l'attendant, il apprenait, par la lettre que lui avait écrite Joseph de Maistre, le 24 août, l'alliance de l'Autriche avec la Russie et l'arrivée du général Moreau qui venait de débarquer en Europe pour prêter son concours aux alliés.

« Saint-Pétersbourg, 24 août 1813.

« Mon cher comte,

« Nous voici enfin, de ces côtés-ci, à la déclaration de l'Autriche, à une détermination plus prononcée que jamais, de la part de l'empereur Alexandre, pour en finir honorablement, et à un commencement d'opérations bien concertées. L'empereur François a dit à l'empereur Alexandre en le recevant à Prague : « Je remets avec une entière con-
« fiance ma personne, mon armée et mes États
« entre vos mains. » Le premier souverain a fait chasser à deux reprises différentes, de Prague et des environs, ce coquin de Caulaincourt, qui s'obstinait à attendre l'empereur Alexandre, et qui osait écrire au comte Tolstoï pour lui demander une entrevue qui a été sur-le-champ verbalement refusée.

« Le général Moreau a été fort bien reçu partout, et je crois qu'il conservera le frac bleu avec lequel il s'est présenté. Je ne puis encore vous rien dire d'intéressant sur ce qui concerne un homme qui a de grands torts à réparer, mais, qui peut le plus contribuer au rétablissement du roi. Je crois être sûr actuellement des principes et des intentions du colonel Rapatel (1) qui, comme vous savez, a passé au service de Russie, et que l'empereur avait envoyé au-devant de son ancien général. Ce Rapatel a été aussi entre les mains du comte d'Armfeld qui a le plus contribué à lui faire entendre raison, et nous attendons avec impatience qu'il écrive et qu'il continue la correspondance qu'il a déjà avec le comte d'Armfeld. Je lui fais parvenir avec sûreté ce que nous avons cru nécessaire de lui mander.

« Je ne sais pas ce que c'est que ce général Jomini pour les opinions ; mais, il est fort connu pour les talents et la partie de l'état-major. Il a eu une très longue conférence avec l'empereur à Prague et il a passé au service de Russie.

« Je ne vous ai pas parlé, jusqu'à présent, du retour en Russie du prince Czartorisky. J'ai quelquefois de ses nouvelles et il faut bien vous dire quelque chose sur la Pologne. Le prince Poniatowsky s'est conduit bien gauchement et d'une manière peu honnête dans ces derniers temps.

« Les événements qui vont avoir lieu pouvant produire les chances les plus favorables en faveur du roi et l'empereur Alexandre étant, à juste titre, le grand levier de ces événements, je vous préviens de nou-

(1) Aide de camp du général Moreau.

veau, mon cher comte, que, s'il y a quelque chose de très marquant à traiter avec le souverain, je crois pouvoir remplir le but par les voies directes ou indirectes qui sont le plus conformes à son caractère. Je suis noté dans son esprit comme étant entièrement ici l'homme du roi et au roi, et *c'est ce qui fait qu'on a cherché à me maintenir jusqu'à présent en Russie.* Dans le cas que vous me chargiez d'une commission extraordinaire soit auprès de l'empereur, soit un jour hors du pays, il est nécessaire que le roi ait la bonté d'en écrire directement à l'empereur, ma qualité de sujet russe, exigeant cette attention pour être accrédité d'une manière convenable auprès de ce souverain. Je n'ai été animé, depuis vingt-quatre ans, que du vif désir de servir la bonne cause, et, si j'ai pu mériter quelque chose de la bienveillance du roi, vous jugez que je serais très flatté de ne pas être oublié de mon ancien souverain lorsqu'il sera rétabli dans ses droits et sa puissance. C'est pour faire ses affaires qu'il m'a fait attacher à une légation russe et que j'ai ensuite été naturalisé pour continuer et pouvoir me soutenir en Italie.

« Le comte d'Allonville (1) a remis au comte de

---

(1) Français émigré.

Briou une lettre pour vous et sa demande pour la croix de Saint-Louis. Vous remarquerez, mon cher comte, qu'il était déjà major en second avant la Révolution et qu'il a fait plusieurs campagnes. Il était désigné pour être employé en Italie, si la diversion dont je vous ai parlé avait été mise à exécution, ce qui n'aurait pas procuré cent mille hommes de plus à Buonaparte en ce moment-ci. L'empereur était parrain d'un des enfants du comte d'Allonville, et il a fort goûté ses différents mémoires politiques et militaires dans des circonstances où il était nécessaire d'appuyer avec force et conviction des vérités méconnues. Enfin, l'empereur a été à son secours en lui accordant, à la suite de ses utiles occupations, une gratification.

« J'ai encore à vous soumettre, mon cher comte, la très pénible situation dans laquelle se trouve l'abbé de Castillon. Il est vieux, infirme; il meurt de faim et a eu l'honneur d'être l'aumônier de Madame, et par conséquent de la feue reine. Vous ferez ce que vous pourrez; mais, il lui faut une petite pension du roi ou de l'Angleterre. Vous êtes bon, mon cher comte, et je connais depuis longtemps votre cœur et votre esprit qui sait excuser les petites prétentions et les ridicules de l'amour-propre, comme vous avez pu le remarquer dans l'abbé de

Castillon. Je viens de le placer chapelain chez le ministre d'Espagne pour lui procurer un morceau de pain, et c'est au pied de la lettre. Nous avons placé aussi le baron de Milleville (1) sur un bâtiment marchand et il part demain pour l'Angleterre. Vous le connaissez et vous savez que M. le duc d'Havré (à qui je vous prie de rappeler tout mon respect), a beaucoup d'amitié pour lui; ainsi, je suis bien persuadé que vous aiderez de toutes manières M. de Milleville qui paraît avoir une conduite et un caractère très estimables.

« Je me flatte que vous vous soutiendrez dans le meilleur état de santé que vous nous faites espérer. Je ne puis trop vous recommander les soins que vous devez avant tout à votre parfait rétablissement. Je me porte aussi beaucoup mieux et je retrouverai toutes mes forces si les affaires continuent à prendre la tournure favorable que toutes les probabilités nous permettent d'envisager avec consolation.

« Le général Moreau a conseillé à l'empereur Alexandre de prendre le commandement en chef des armées alliées. Bernadotte débute fort bien et ira bon jeu bon argent. Enfin, j'espère que vous

---

(1) Ancien garde du corps du roi.

en savez déjà plus que moi ici sur les intentions et les promesses de ces deux personnages qui peuvent être d'une si grande utilité pour les intérêts du roi, sans négliger le grand débouché et le théâtre de gloire qui est réservé en Espagne et dans les provinces du midi de la France pour nos princes.

« Adieu, mon cher comte. Je vous embrasse de tout mon cœur en vous reconnaissant tout ce que j'ai eu pour vous et j'aurai toujours d'attachement, d'attrait et de véritable sensibilité. »

Quelques semaines plus tard, Blacas recevait la réponse de son ami à sa lettre du 3 juillet. Le fougueux ultramontain qu'était de Maistre, s'y révèle de nouveau, tenace dans ses opinions et retranché dans ses arguments comme dans une forteresse sous les débris de laquelle il est prêt à se laisser ensevelir plutôt que de renoncer à la défendre.

« Saint-Pétersbourg, 1er/13 septembre 1813.

« En vérité, mon cher comte, je serais tout prêt à vous envoyer des larmes dans un flacon, pour effacer mes lettres, si je pouvais croire qu'elles contiennent des duretés à votre égard. Comment donc cela serait-il possible? Il me semble que c'est vous qui m'en dites une, et il me semble même que vous en adressez une autre à mon très cher comte de Blacas.

« Vous me dites que l'opinion de l'impeccabilité est absurdement impie : rien n'est plus vrai. Cependant, vous m'aviez écrit : *Comment défendrez-vous l'infaillibilité après le concordat?* Or, ce concordat, quand même il aurait existé, ne pouvant jamais n'être qu'un péché, vous ne pourriez en faire un argument contre l'infaillibilité; et j'étais bien fondé à vous répondre : *S'il a mal fait, qu'il se confesse.* La question demeure intacte. Au reste, je ne sais pas pourquoi vous me dites que l'infaillibilité peut être catholiquement contestée. Jamais, je ne vous ai dit le contraire; jamais, je ne vous ai dit que j'y croyais moi-même. Mon avis très modéré sur ce point est que cette question est de celles (bien plus nombreuses qu'on ne croit) qui ne doivent point être décidées tant qu'il est possible de s'en dispenser, et j'en veux surtout aux *Pères* de 1682, bien plus dignes des étrivières que de l'excommunication, d'avoir follement et bassement décidé, pour faire leur cour à un souverain *transporté*, une question qui ne devait pas l'être et dont il ne s'agissait non plus que de la quadrature du cercle. Je vous ai dit franchement, ce que j'ai observé mille et mille fois, que les Français en général ne savent nullement de quoi il s'agit. Vous m'en donnez une nouvelle preuve dans votre lettre en me citant le fait d'Adrien VI.

« En premier lieu, vous dites, sans balancer : *Il fit réimprimer;* de l'autre, on dit : *on réimprima sans son aveu.* Mais qu'importe? le conte de *Barbe-Bleue* n'est pas plus étranger à la question. Ce qui vous trompe, c'est le vain fantôme ultramontain que les préjugés français ont créé dans votre tête, et d'après lequel vous jugez, tandis que je puis vous assurer que l'opinion des ultramontains sages sur l'infaillibilité, est ce qu'on peut s'imaginer de plus plausible, et, ce qui vous étonnera fort, de plus modéré et de plus philosophique. Ils disent que *le pape, parlant librement comme pape et sur un dogme, n'enseignera jamais une erreur.* C'est, au fond, l'opinion admise dans la pratique et sans laquelle le monde catholique ne peut être gouverné. Les souverains pontifes n'ont pas trop le temps d'écrire; mais, enfin, s'ils écrivent, ce sont des docteurs comme d'autres auxquels nulle promesse n'a été faite. Si l'Église les interroge ou s'ils croient devoir lui adresser la parole pontificalement, c'est tout autre chose. La même distinction (avec les modifications nécessaires) a lieu dans la monarchie temporelle. Qu'est-ce que le sentiment et la volonté du roi? C'est la loi. Ce qu'il écrit comme particulier est une toute autre espèce d'étoffe.

« Vous refusez, dites-vous, mon cher comte, l'infaillibité du pape, avec *l'Aigle de Meaux*. Permettez-moi de croire que cet aigle vous est peut-être moins connu que Bellarmin, car de celui-ci au moins vous n'en avez pas lu une ligne. Mais, de la connaissance nécessairement superficielle que vous avez du premier, mêlée avec les idées courantes, il a dû résulter un certain *pasticcio* plus éloigné peut-être de la vérité que l'idée de Bellarmin, telle qu'elle repose dans votre imagination.

« Saviez-vous, avant notre petite controverse, que Bossuet, au lieu d'être le promoteur de la déclaration de 1682, n'en fut que le modérateur et le censeur, et que l'Église lui doit de très grandes actions de grâces, non pour ce qu'il fit, mais pour ce qu'il empêcha; que le sermon sur l'*Unité*, au lieu d'être la *préface* de la Déclaration, fut une précaution sublime prise contre les hommes passionnés capables de tout; qu'il a dit enfin, en propres termes : *Que la déclaration aille donc se promener, etc.?* Vous êtes trop galant homme pour répondre affirmativement.

« Écoutez maintenant quelques autres passages

de *l'Aigle* : « Il faut distinguer l'infaillibité des juge-
« ments dans l'enseignement de la foi d'avec l'indé-
« fectibilité du pape dans le maintien de la foi (qui
« est incontestable). »

« Votre bon sens militaire trouvera peut-être la distinction entre la personne et le siège un peu subtile, et ne comprendra pas bien comment *la personne* pouvant se tromper, le siège est cependant indéfectible ; mais, croyez-moi, mon cher comte, ce qu'on peut faire de mieux avec les grands hommes, c'est de les croire au pied de la lettre, sans trop approfondir les choses : ainsi, croyez que le pape peut se tromper, mais que son fauteuil est infaillible ; c'est ce qu'il y a de plus probable.

« Je continue encore un instant pour vous amuser. On n'a pas songé à décider, dans la déclaration de 1682, rien qui touche à la foi, rien qui prétende condamner l'opinion contraire. » (Bossuet.) Mais, c'est ici qu'il faut révéler le secret de l'Église gallicane. Jamais les pères français (jolis papas) n'ont prétendu décider que le souverain pontife n'est pas infaillible. N'est-il pas certain, pour les catholiques, que les conciles généraux sont infaillibles ? Cependant, dans la supposition où l'on douterait si un tel concile est universel, il n'y aurait pas d'autres règles pour se décider que le jugement de l'Église. Posons de même avec les ultramontains, comme un principe certain, *que le pape est infaillible*, mais que, dans le cas où l'on douterait s'il a parlé *ex cathedra*, avec toutes les conditions requises, c'est à l'Eglise en corps à décider la question. Si cette décision peut vous satisfaire, cher et aimable ami, et amener la paix entre nous, je ne m'y refuserai point...

« Quoi qu'il en soit, j'espère au moins que vous ne m'accuserez jamais de parler de ce que je n'ai pas regardé de près. Et je persiste toujours à croire que si vous prenez en considération ma naissance, mon éducation, mes études, la bizarrerie des circonstances, peut-être uniques, qui m'ont fait siéger consécutivement dans deux tribunaux suprêmes, l'un gallican et l'autre ultramontain, mon ardent attachement au système catholique, et mon dévouement raisonné à la maison de France, vous trouverez, en ajoutant encore à cela quelques grains de probité (à ce que j'entends dire du moins), que je suis peut-être le mieux tempéré pour voir clair dans cette question. Quant à vous, mon cher comte, lorsque vous réfléchirez que le bon sens du genre humain, depuis les Anglais jusqu'aux Iroquois, impose silence dans tous les tribunaux à tout juge qui nourrit dans son cœur un ressentiment public et très motivé contre l'une des parties, je me flatte que vous vous exécuterez vous-même.

« Si j'ai mis un peu de chaleur dans cette discussion, outre qu'elle est toute dans ma plume, car je suis au fond le plus tolérant des hommes, ne l'attribuez, je vous prie, qu'au désir que j'aurais de ramener à la vérité l'un des hommes que je chéris et que j'estime le plus dans le monde; et encore par une raison moins visible : c'est que ces idées sont tout à fait contraires à nos plus chères espérances. Mais le développement en serait trop long.

« Le titre que vous me donnez de *fier ennemi de vos libertés* m'a bien diverti. D'abord, j'ai conçu le projet de vous faire découvrir sur ce point des terres non moins inconnues que celles que je vous ai montrées du bout du doigt sur l'autre question. Mais, tout bien considéré, je m'arrête : les temps sont durs, le papier et l'encre sont hors de prix; je ne veux pas m'embarquer dans une folle dépense.

« Je suis bien aise d'avoir deviné au moins une partie de la vérité au sujet de la Déclaration. Il y a, dans toutes les questions de ce genre, une règle générale et infaillible qui s'adapte à toutes les souverainetés. C'est une formule d'algèbre, qui n'embrasse pas tel ou tel cas particulier, mais tous les cas imaginables. *Remontrer avec une respectueuse franchise tant que la souveraineté n'a pas parlé : dès qu'elle s'est expliquée, taisez-vous et obéissez.* La maxime est d'une vérité éblouissante; mais, hélas! dès qu'elle touchera une passion, elle s'obscurcira. Pascal disait fort bien : *Appeler aux lois fondamentales, c'est un jeu infaillible pour tout perdre.* Mais, quand il fut question de sa vilaine secte, *il joua fort bien le jeu infaillible.* C'est ce qui fait voir que toute souveraineté doit aller son train sans écouter personne, une fois qu'elle a résolu. Quant à ceux qui se séparent, il faut leur ordonner les calmants et saint Jude. Croiriez-vous que, dans votre petit troupeau fidèle, on s'est emporté jusqu'à dire : *Il nous a trahis!* Oh! pauvre nature humaine! dix fois par jour, il faut pleurer sur elle.

« Vous n'avez besoin auprès de moi, mon très cher comte, d'aucune apologie pour la Déclaration. Sans pouvoir connaître les détails, j'avais parfaitement deviné en gros la position de votre maître. J'aurais voulu que vous m'eussiez dit (si la chose est possible) par qui elle a été faite. Quoique je n'aie rien lu de vous dans le style d'appareil, il me semble cependant que celui de la Déclaration ne vous appartient pas. Quoi qu'il en soit, j'admire celui qui a tenu la plume. Il a lutté avec art contre de grandes difficultés, et je ne sais pas pourquoi vous cherchez un autre ouvrier. Je n'ai rien à vous refuser, quand vous insistez; mais, je crois avec une certitude d'intuition à l'impossibilité de bien faire. Vous n'êtes pas là pour me diriger par les instructions indispensables. Pensez-vous comme feu Cicéron que la première qualité d'un homme d'État soit de savoir changer d'avis? Croyez-vous qu'une immense révolution laisse toujours quelque chose après elle, et que la monarchie temporelle doive faire son chapitre de réformations, comme la monarchie spirituelle écrivit le sien dans le seizième siècle? Entre le système qui voulait tout changer et celui qui voulait tout retenir, y a-t-il un système moyen? S'il y en a un, quel est-il? Passe-t-il au milieu, ou rase-t-il les côtés; ou du moins d'un côté? La dernière Déclaration ayant été forcée, doit-elle ou ne doit-elle pas influer sur celle qui la suivra, et jusqu'à quel point, etc., etc., etc.?

« Je regarde comme impossible de se tirer de ces difficultés d'une manière seulement tolérable sans instructions préliminaires. Tout le monde doit être d'accord sur cet axiome : *Il faut conserver de l'ancienne constitution tout ce que les circonstances n'ont pas irrévocablement détruit.* Mais, qu'ont-elles détruit ainsi? Dieu le sait. D'un autre côté, vos Français sont-ils susceptibles d'un plus haut degré de liberté que celui dont ils jouissaient? Anciennement, j'aurais dit *non* sans balancer. Mais, l'orgueil effréné de notre âge et l'habitude d'aborder familièrement toutes sortes de questions, exigent-ils quelques changements? Dieu le sait encore. Les difficultés sont immenses. Je pencherais à croire, sauf meilleur avis, que le roi ne devrait rien exprimer, ni sur le sénat, ni sur les biens nationaux, etc., mais se servir simplement dans les généralités, ou pour mieux dire dans les faits évidents qui ne sont pas, à proprement parler, des généralités. Si le roi s'explique sur les points contestés, il peut arriver ou qu'il abandonne ce qu'on lui aurait laissé, ou qu'il s'obstine sur ce que la force des choses lui arrachera.

« Gardez-vous bien, au reste, de croire que tout ce que vous pourrez faire, dire ou imaginer influe le moins du monde sur l'état futur des choses. Dieu veuille que vous en soyez l'heureux témoin, mon cher comte; mais, vous me rendrez justice, en vous rappelant ceci : sans savoir ni pourquoi ni comment, en vertu de je ne sais quel concours imprévu d'événements et de je ne sais quelle force magique qui n'aura point de nom, la masse énorme qui branle, depuis vingt-cinq ans, prendra tout à coup une certaine assiette qui, peut-être, vous paraîtra contraire à toutes les lois de la mécanique, et rien ne s'ébranlera. Cet oracle est plus sûr que *celui de Chalcas*. Un homme donc qui prendra la plume dans cette grande occasion, doit trembler, s'il a du sens, comme un médecin doit trembler de jeter son ignorance à travers les grandes et infaillibles opérations de la nature. Voyez, je vous prie, si vous n'avez plus rien à me dire pour me guider! C'est un colin-maillard formel, et si vous n'êtes pas là pour me crier : « Barre de feu! » comment voulez-vous que je ne me cogne pas la tête *sur quelque angle saillant formant un pentagone?*

« Je vous remercie mille fois des choses aimables que vous me dites au sujet de mon fils. Au moment où il s'est vu libre, il est reparti (8 juin dernier) muni d'une lettre de recommandation pour le comte de Wittgenstein, qui l'a attaché à sa personne et, maintenant, il est au camp. *En ce moment-là, malheur aux pères!* Mais, le monde n'est jamais allé autrement.

« Il serait inutile de vous parler en ce moment du terrible armistice, puisqu'il a cessé. L'Autriche marche plus droit qu'on ne l'aurait cru; son manifeste est doux, mais raisonnable. J'ai toujours cru qu'on pouvait compter sur elle jusqu'à la dissolulution de la Confédération du Rhin exclusivement. Alors, sans doute, il faudra regarder son jeu; mais, il ne serait pas bon que les conditions pussent réussir parfaitement. L'ambition en abuserait trop. Il faut bien écraser Napoléon, si l'on peut, mais je pense aussi au roi de France. Je compte sur de grands événements, mais, à vous dire la vérité, autres qu'on le croit de part et d'autre. Toujours, on est surpris à cette époque. Bonaparte doit périr par les Français. Salomon lui a trouvé une devise depuis quelque temps. *Il y a un talent qui n'est que pour le mal.* Tel est en effet le *sublime* caractère qui le distingue. Je me tiens sûr cependant qu'à la fin, il résultera quelque grand bien de tous ses excès; mais, comme il ne l'aura ni prévu ni voulu, sa mémoire n'en demeurera pas moins noire sans le plus petit point blanc.

« Ce serait un grand point que l'indépendance du roi de France; un tel intérim serait superbe; mais, on le craint peut-être. Heureusement, toutes les puissantes petites combinaisons de la politique peuvent être et seront très probablement parfaitement inutiles. Relisez! relisez l'histoire de la Restauration en Angleterre; vous y verrez deux vérités capitales qui mêlent la crainte aux plus justes espérances : 1° que, la veille de la Restauration, tout était contre le roi, dedans comme dehors, et qu'il n'avait pas pour lui la plus légère espérance; 2° que le lendemain de la Restauration, commencèrent d'autres dangers qui coûtèrent le sceptre à son successeur. Le bras de fer de Cromwell I*er*, retenait les volontés courbées sous sa puissance, comme Cromwel II les tient dans ce moment; mais, l'esprit de révolte, de discussion, de liberté, vivait tout entier dans une foule de cœurs; et ces cœurs enragés jouèrent la tragédie de 1688. Les mêmes dangers doivent être prévus et écartés en France. J'ai écrit *doivent;* je ne substituerai point *devront :* il ne faut point corriger la syntaxe de l'espérance.

« Bonjour, mon très cher et aimable comte. Aimez-moi toujours, je vous en prie, comme si de rien n'était, et ne me parlez jamais de *duretés,* car je les déclare impossibles et condamnables à tout événement.

« Je ne veux pas que mon fils soit privé de vos compliments; je les lui envoie à Dresde, j'espère, et il y sera sensible. Encore une fois, tout à vous. »

« Saint-Pétersbourg, 14/28 septembre 1813.

« Je ne veux pas, mon très cher comte, laisser partir le courrier sans vous dire un mot de Moreau dont je ne vous ai parlé qu'en passant. On a dit mille choses sur son compte, toutes parfaitement fausses, notamment qu'il avait été frappé à côté de l'empereur (1). Cela n'est pas vrai; ils étaient ensemble et marchaient à cheval. Arrivés le 15/27, avant le jour de la grande reconnaissance sur Dresde, au bord de je ne sais quel terrain marécageux, ils se séparèrent. L'empereur alla en avant à cheval. Moreau mit pied à terre et prit une autre route pour examiner les choses par lui-même. C'est pendant cette reconnaissance qu'il fut frappé. On m'assure qu'il a félicité l'empereur par lettre sur la victoire de Tœplitz et qu'il lui a recommandé sa femme. On assure de plus que, par ordre du même prince, son corps sera apporté ici et enterré dans l'église catholique, avec les mêmes distinctions qui ont environné les funérailles du maréchal Koutousouff. La veuve arrive, dit-on encore, et sûrement l'empereur en aura grand soin (2). Il est délicat et magnifique dans ces sortes d'occasions. Il est extrêmement fâché, et rien n'est plus naturel, d'avoir fait venir ce pauvre général de si loin

(1) On sait que Moreau fut tué à la bataille de Dresde.
(2) Moreau fut enterré à Saint-Pétersbourg et le tsar invita sa veuve à aller vivre en Russie où il se chargerait de son existence. Elle resta en Angleterre d'où elle rentra en France à la suite de Louis XVIII. Alexandre lui accorda une pension.

pour le voir périr en débutant. Il faudrait au reste, mon cher comte, pour savoir si et jusqu'à quel point cette mort est un malheur, savoir précisément quelle sorte d'esprit animait cet homme. Il s'est toujours montré très faible par le caractère, et, dans les grandes aventures, c'est le caractère qui agit bien plus que les talents. Je n'en sais pas assez pour vous parler d'une manière plus décidée.

« Je voudrais bien lire avec vous le manifeste de l'Autriche (1). Quelle pièce, mon cher comte! et combien elle prête aux réflexions. On y voit, d'un bout à l'autre, la faiblesse et la vanité qui s'encadrent mutuellement et se font valoir l'une par l'autre. Que dites-vous de la protestation qui ouvre la pièce, « que dans le cours de cette longue guerre, Sa Majesté impériale n'a jamais eu le moindre sujet d'agrandissement? » Concevez, si vous pouvez, l'effronterie qui a écrit cela et la bonhomie qui n'y a pas fait attention! Le morceau sur le mariage est encore divin. Il valait bien la peine, ma foi, de faire la dépense de hauteur et de grands mots! Le tout se réduit à se mettre à genoux devant Napoléon pour le prier de se contenter de la puissance de Louis XIV, augmentée d'un quart envi-

---

(1) Elle venait de rompre avec Napoléon pour s'unir aux alliés.

ron. Le ton louangeur et caressant qui règne dans tout ce manifeste, saute aux yeux et les choque, pas tous les yeux cependant, mais au moins les miens et quelques autres, j'espère.

« Je crois vous avoir dit déjà que l'esprit dont nous avons besoin n'est pas né. J'ai été à même de faire sur ce point des expériences curieuses. J'ai trouvé souvent, par mes observations ou par celles des autres, un sentiment de véritable admiration, joint à deux craintes, toutes les deux très dangereuses : crainte de l'homme qui n'est pas tendre, et crainte du retour dont les suites fantastiques effrayent une quantité d'imaginations. J'ai eu l'occasion de prêcher un beau sermon sur ce texte; mais, qu'est-ce qu'un prédicateur?

« Je persiste à croire qu'il ne faut pas se décourager, parce qu'en politique, l'expérience contredit toujours les théories. L'esprit n'est pas né, je le crois, mais il naîtra contre les apparences. Je l'espère et j'ai l'histoire pour moi.

« Je persiste aussi à croire que l'une des suppositions les plus probables à cette époque, c'est que le commencement du dix-neuvième siècle pourrait bien répéter le commencement du dix-huitième. Obtenez de votre imagination, si vous pouvez, de placer le bonnet rouge de Napoléon sur la tête de Louis XIV, ou la perruque de Louis XIV sur la tête du Corse; une fois cette effort fait, vous trouverez plusieurs points de contact. Otez l'exagération révolutionnaire, vous verrez, de part et d'autre, une grande et valeureuse nation extravasée, un abus de force, des vœux outrés, des projets vastes, la misère, la dépopulation et de grandes humiliations, fruits d'une réunion de puissances poussées à bout. Le reste pourrait bien être tout aussi semblable : division dans les alliés, derniers efforts de la nation qui se sauve et lèche ses plaies, en gardant une partie de ses conquêtes. Qu'en dites-vous? Il faut sans doute être sobre de prophéties; mais, en vérité, celle-là me paraît plausible. Je la subordonne cependant à la restauration des maîtres, sans laquelle je ne me soucie de rien.

« Il m'a été impossible, à mon grand étonnement, de me procurer la collection des manifestes de votre maître pour m'orienter un peu. Le dernier même n'a pas été une demi-heure dans mes mains. J'ai cru qu'il n'y avait qu'à courir chez le comte de Briou : pas du tout. Je n'ai pour tout potage que l'avant-dernier et les chiffres malheureux griffonnés à côté de vous.

« Adieu mille fois, cher et très cher comte.

Jamais je ne cesserai de me ressouvenir tendrement de vous. Parlez-moi de votre santé, la seule chose que l'on puisse reprendre en vous. Ayez-en bien soin et croyez en moi pour la vie.

« *P.-S.* — Je sais par une bonne lettre militaire que l'Autriche a déjà fait commettre une faute contre l'avis de Moreau et de l'empereur. J'ai lu ces mots : « Il est mort, en corrigeant la faute commise. »

« Saint-Pétersbourg, 4/16 novembre 1813.

« Mon très cher et aimable comte,

« Voici bien l'esquisse que j'ai promis de vous envoyer (1). Je voulais la copier, la limer, la corriger; mais, en vérité, ce n'est pas la peine. Je n'ai point de confiance dans un ouvrage enfanté avec douleur et sans confiance dans mes propres forces. J'ai obéi à l'amitié; elle ne peut pas se plaindre. Tout est dit. Je n'ai point défendu à ma plume de courir; car, il est bon, je crois, de laisser pousser toutes les branches. Le maître jardinier

(1) On a déjà pu comprendre que Joseph de Maistre, à la prière de Blacas, s'était chargé de rédiger la déclaration que voulait adresser Louis XVIII à son peuple.

vient ensuite avec sa serpe et laisse subsister ce qui lui plaît. L'objection la plus communément faite au roi est précisément la plus absurde : c'est celle de n'avoir jamais revendiqué ses droits, les armes à la main. Comme je la trouve constamment sur mon chemin, j'ai jugé à propos de la toucher, mais, légèrement, car les événements rendent le pas scabreux. Vous en jugerez. Pour les biens nationaux, il me semble qu'il ne faut pas en parler. La petite politique vulgaire voudrait que le roi sanctionnât distinctement les aliénations; mais, le roi y répugne et je suis plein de respect pour ce sentiment. D'un autre côté, comment dire que le roi reviendra sur ces acquisitions? Il n'y a pas moyen. Il faudra donc, tout à la fois, dire oui et non, ce qui me paraît la chose du monde la plus indigne du roi de France. Le mieux est donc de ne rien dire sur ce sujet, et de s'en tenir aux généralités; d'autant plus que cette affaire, qui paraît un monstre, n'est rien dans le fond et s'arrangera d'elle-même dès que le maître sera rentré. Et, s'il rentre, souvenez-vous bien, mon cher comte, que ce sera en vertu d'un mouvement si rapide et si entraînant qu'il sera très inutile de savoir ce qu'il aura promis.

« Je suis fâché de vous envoyer ce brouillon;

mais, vous me pardonnerez. Le temps et les forces physiques me manquent absolument pour expédier sans secrétaire tout ce que j'ai sur les bras. A propos, faites-moi, je vous en prie, un grand et véritable plaisir. Renvoyez-moi tout ce que je vous ai écrit sur le pape. Je médite un grand ouvrage sur ce sujet, le plus important et le plus ignoré de notre aveugle siècle. Quoique le ton de cet ouvrage futur doive être fort éloigné du style épistolaire, cependant, vous me donnerez une facilité infinie et vous abrégerez beaucoup la besogne, si vous avez la bonté de remettre sous mes yeux une foule d'idées que ma plume a jetées sur le papier avec une telle rapidité que je ne me rappelle pas une seule ligne. Je ne vois pas, cher comte, ce qui pourrait vous empêcher de me faire ce plaisir; car, j'imagine que vous tenez peu à ce fatras qui n'est pas trop conforme à vos idées. Pour peu, d'ailleurs, que vous y teniez, je vous donne ma parole d'honneur la plus sacrée, de vous renvoyer le tout sous trois mois, c'est le maximum, par une occasion parfaitement sûre. Ne me refusez pas; après cela, il y aurait de la malice.

« Je reviens à la Déclaration. Ces sortes de pièces, si importantes, sont cependant sujettes plus que d'autres au plus grand des anathèmes; celui de n'être que des *centoni*. Pour éviter cet inconvénient, voici ce que je vous proposerais : que le roi choisisse le projet dont il sera le plus content ou le moins mécontent; qu'il le fasse écrire à mi-marge, en ôtant ce qu'il n'aura pas approuvé, et qu'il ordonne qu'on écrive sur la marge libre, ce qu'il aura pu approuver en particulier dans d'autres projets. Que cet écrit soit remis au rédacteur qui aura mérité sa confiance et que celui-ci ne se permette plus que l'unité de dessin et de couleur. Il me semble que la chose réussira assez bien de cette manière.

« La bataille de Leipzig (1) aura fait un beau tapage dans le pays que vous habitez. Elle est au nombre de ces batailles qui font époque : Pharsale, Actium, Lépante, etc. Les autres ne sont que des événements. Mon fils y était encore et s'en est tiré.

(1) Livrée le 18 octobre 1813. Il est curieux de rapprocher de la lettre de Joseph de Maistre ce passage de celle que, six ans plus tard, Metternich écrivait à la princesse de Liéven : « Mon amie, je t'écris le jour anniversaire du plus grand événement de l'histoire moderne. Il y a six ans que les destinées du monde ont été jugées. La cause de Napoléon eût été perdue sans la journée de Leipzig, tout comme elle l'a été par elle. Mais ce jour a éclairé le monde... On peut compter hardiment que, ce jour, il a été échangé, de part et d'autre, 300,000 coups de canon. Si tu leur ajoutes 12 à 15 millions de coups de mousqueterie et si tu les répartis dans un espace de dix heures, tu auras une gamme pour le bruit qu'a dû faire la chute d'un tel homme ». (*Revue hebdomadaire* du 29 juillet 1899.)

Il est aide de camp du comte de Wittgenstein, à qui l'empereur dit : *Wittgenstein, commencez!* Mon cher comte, cent cinquante mille hommes se sont battus tout le jour avec deux mille bouches à feu. Mon fils m'écrit : « Le combat a été terrible à rai-
« son de l'énorme quantité de combattants et artil-
« lerie; mais, sur chaque point, il était plus modéré
« qu'à Borodino, tant parce que l'immensité du
« champ de bataille empêchait les feux croisés que
« parce que nous n'avions plus à combattre les
« Français de 1812, mais ceux de 1813. »

« Le soleil a vu peu de scènes aussi ravissantes que celle de l'entrée de l'empereur à Leipzig, le 19. Mon fils m'en rend compte aussi d'une manière très intéressante. Je continue à être extrêmement content de lui. Sa mère, qui est une sainte, me l'a fait sage *d'emblée*, comme au jeu du vingt-et-un; du moins, c'est ce que j'imagine de plus probable. Il sera certainement, ou, pour mieux dire, il aura été bien sensible à votre souvenir que je lui ai fait connaître. Malheureusement, les lettres, à cette énorme distance, et au milieu de ce grand tourbillon, font très mal leur chemin.

« Lorsque la Providence déchaîne dans le monde, pour raisons à elle connues, quelque monstre que personne n'a la force d'égorger, elle y ajoute la loi salutaire et indispensable *qu'il aura soin de s'égorger lui-même.* C'est ce qu'a fait mon cher ami Napoléon. Je ne crois pas trop qu'il y ait de talent européen (excepté peut-être Wellington), capable de jouer but à but avec ce diable d'homme; mais, ses hideuses passions nous débarrasseront de lui. C'est lui et c'est lui seul qui nous a donné l'Autriche par ses extravagantes prétentions. L'empereur l'a reconnu expressément. Malgré toute sa sagesse (qu'il est impossible d'exalter assez), jamais il n'aurait déterminé cette impassible Pannonie. Heureusement, les soufflets du beau-fils l'ont réveillée. *Les vœux outrés, les projets vastes* de Buonaparte ont tout perdu pour lui en forçant tout. Ses alliés, comme vous l'aurez appris, ont fait demi-tour à droite et tiré sur lui, sur-le-champ, à la bataille de Leipzig. Tant mieux et mille fois tant mieux sans doute. Mais, voyez, cependant, comment l'esprit raisonneur se glisse partout. Savez-vous que c'est un terrible spectable que celui d'un militaire qui juge son maître sur le champ de bataille et qui tire sur ses alliés! Car rien ne nous dit que les officiers eussent reçu des ordres conditionnels; même, tout nous dit le contraire. Enfin, cher comte, Dieu nous garde. Le modeste empereur (Alexandre) dit dans la lettre à sa maman, qui a servi de base à la relation officielle : *Nous avions enfin la supériorité du nombre.* Elle était immense, surtout après la défection des alliés. L'empereur a dit à ses généraux : *Celui qui ne reconnaît pas que tout ceci vient d'en haut ne mérite pas le nom d'homme.* Si vous aviez vécu ici pendant les mémorables campagnes de 1812 et 1813, vous sauriez à quels fils imperceptibles a tenu le destin du monde et combien cette phrase de l'empereur est sensée. Au reste, rien n'empêche qu'on ne rende aux causes secondes l'honneur qui leur est dû, et, sous ce point de vue, l'empereur Alexandre est au-dessus de tout éloge. Nous lui devons beaucoup. Espérons qu'on lui devra encore davantage.

« Voilà donc le roi de France sans colonies, sans flotte, presque sans artillerie, et régnant sur des vieillards, des femmes et des enfants. Ah! bourreaux d'avocats, qu'avez-vous fait? Les Français ont ébranlé les colonnes du temple européen; il est tombé et les a écrasés. Rien n'est plus juste; mais, rien n'est plus triste. Mes craintes commencent aujourd'hui à prendre une tournure toute différente; mais, je n'ai pas le temps de vous en dire davantage, et d'ailleurs vous m'entendez.

« Mettez-moi, je vous en prie, aux pieds de votre auguste maître. Vous devez être content de moi, quand vous voyez que je suis prêt à faire tout pour lui, même un mauvais ouvrage, ce qui est incontestablement le dernier degré du dévouement.

« Bonjour, mon cher comte. Je baise vos deux joues. »

Au mois de janvier suivant, la cause de Napoléon était irréparablement perdue. Le suprême et héroïque effort des soldats qui combattaient pour elle autant parce que c'était la sienne que parce qu'ils y voyaient celle de la France, ne pouvait plus le sauver. C'était la chute, la chute certaine à brève échéance. Mais, il n'était pas dit encore qu'elle dût profiter aux Bourbons. De là, cette anxiété qu'on sent passer sur la joie de Joseph de Maistre.

« Saint-Pétersbourg, 1/13 janvier 1814.

« Quels événements! quels miracles! mon cher comte. Qui jamais se serait attendu à rien de pareil? Enfin, voilà le monstre à bas. Car, je ne crois pas qu'il y ait pour lui aucun moyen physique de se relever. Que va-t-il arriver? Mes craintes de cette année ne ressemblent guère à celles de l'année dernière. J'étouffe de mille choses que je ne puis vous dire. Nous voilà hors des griffes de l'usurpation, hors du chaos révolutionnaire. Cela paraît certain et c'est beaucoup. Mais, la Providence n'a point encore dit ses autres secrets. Qu'allons-nous voir? Que peut-on supposer? Pour moi, j'en suis malade. C'est tout ce que je puis vous dire en courant.

« Au mois de septembre 1792, je fus chassé de chez moi par la révolution. J'emmenai mon fils âgé de trois ans sur une charrette que j'obtins à *force d'intrigues* En novembre 1813, il était en Suisse, aide de camp du comte de Wittgenstein, revenant chez lui, chevalier-garde de l'empereur de Russie, beaucoup mieux et en fort bonne compagnie. — Est-ce vrai? — Non.

« Adieu. Que le Ciel vous bénisse, vous et tous ceux que vous aimez et par tous ceux que vous aimez. »

Malgré tout, cependant, les secrets de la Providence allaient se dévoiler. Dès le mois de février, Blacas exposait fiévreusement à son ami les efforts de Louis XVIII pour tirer parti des défaites de Napoléon et le féliciter du premier signal de restauration, donné dans les États de Sardaigne.

« Hartwell, ce 19 février 1814.

« Il y a des siècles, mon cher comte, que je ne vous ai écrit. Vous vous expliquerez facilement les causes multipliées, qui m'ont privé de ce plaisir; elles m'excuseront aux yeux de l'amitié et vous devinerez que mon tort n'est pas celui de l'oisiveté. Ce ne sont plus les années que l'on compte avec la résignation du malheur; ce sont les instants que l'on calcule avec l'impatience de l'espoir. Oui, mon cher comte, *adhuc quadraginta dies!* disons-nous maintenant, avec une assurance presque prophétique; et, cependant, les banquets de Ninive bravent encore à Châtillon le glaive exterminateur, et cependant, nous sommes condamnés à douter que les jours d'expiation soient consommés.

« Vous avez sans doute appris le départ de Monsieur; il doit être aujourd'hui à portée de plaider la cause de son auguste maison devant les rois et devant la France. Nous savons M. le duc d'Angoulême arrivé, le 3, à l'armée de lord Wellington. Nous attendons que M. le duc de Berry puisse, de Jersey où il est maintenant, se porter sur quelque point accessible du territoire français. Voilà, mon cher comte, tout ce qu'il a été permis d'entreprendre dans une situation où le ciel paraît ne vouloir nous laisser qu'une petite étendue de *cette chaîne souple qui nous retient sans nous asservir*, comme a dit autrefois un homme que j'aime de tout mon cœur.

« La cocarde bleue est arborée en Savoie; et du moins, là, il a été permis d'invoquer ce principe de légitimité, qui semble partout ailleurs banni de la politique par la singulière abnégation des rois. Vous ne vous hâtez pas cependant de triompher! Votre esprit juste et sage n'aperçoit pas comment la civilisation de l'Europe, l'équité, la paix, la douceur des lois et des mœurs peuvent avoir leurs limites, et vous n'aimeriez point à vous trouver sur celle d'un Alger de vingt-quatre millions d'hommes. Eh bien, mon cher comte, espérons donc, vous et moi, que le roi de Sardaigne aura pour voisin le roi de France, et, s'il faut que leur repos monarchique ait à côté de lui le spectacle de la tempête, que ce soit dans le verre d'eau agité, comme autrefois, par la république de Genève.

« Je ne vous parle pas de nos vieilles querelles. Vous sentez combien mon cœur repousse en ce moment tout ce qui pourrait altérer l'unanimité de notre symbole. Le pape, qui est à Fontainebleau ou à Vincennes, ne tardera point, j'espère, à être délivré; alors, il dira sans doute, *ex cathedra*, ce que vous et moi écouterons avec respect, ce que, peut-être, auront dit plus tôt que le Saint-Père, des fidèles qui n'ont jamais chanté *Domine salvum fac Imperatorem.*

La situation présente des affaires est, au dedans, d'excellentes dispositions qui ont besoin d'être mises en action; au dehors, des mesures prises autant que les circonstances le permettent pour offrir aux Français le point d'appui nécessaire pour les rallier à la cause qui peut seule leur présenter des moyens de salut, dans un gouvernement légitime et paternel. Quelques semaines, quelques jours peut-être vont suffire pour résoudre la grande question d'où dépendent le bonheur de la France et de l'Europe. Jugez de mon anxiété.

« Je ne sais où votre réplique me trouvera; je voudrais que vous me l'apportassiez vous-même à Paris et que nous pussions ne plus nous quitter. Ce n'est maintenant plus un espoir chimérique que celui de revoir cette ville célèbre. Mais dans quel état sommes-nous destinés à la retrouver? *Iterum*, adieu et amitiés sincères. »

Bientôt après, à la question que posait Blacas en finissant cette lettre, il aurait pu répondre lui-même. Les événements s'étaient précipités : l'abdication de Napoléon, le 11 avril; le débarquement de Louis XVIII à Calais, le 25, et sa rentrée aux Tuileries, au commencement de juin. Blacas l'avait accompagné. En revoyant Paris, il y recevait une marque nouvelle du prix que son souverain attachait à son dévouement; il était nommé grand maître de la garde-robe du roi et ministre de sa maison, poste de confiance qui ouvrait un vaste champ à son influence, mais le désignait aux coups des exaltés de tous les partis.

CHAPITRE VIII

DE 1814 A 1818

Activement employé aux affaires du roi depuis la rentrée des Bourbons jusqu'au retour de l'île d'Elbe, comme il le sera encore à Gand, pendant les Cent-Jours, ayant à s'acquitter d'une tâche lourde et absorbante, Blacas fut, plusieurs mois, sans trouver le temps d'écrire à Joseph de Maistre. Ce n'est que le 14 août qu'il lui répondait, non avec l'abondance des jours d'exil et d'oisiveté, mais avec le laconisme d'un homme d'État à qui le temps est trop mesuré pour qu'il puisse s'abandonner, à son gré, aux épanchements de l'amitié.

« Combien j'eusse été heureux de vous trouver ici, mon cher comte! Combien de conseils à vous demander, combien de sages avis à prendre de vous, combien votre esprit m'eût été utile, combien de services m'aurait rendus votre expérience et j'oserai ajouter votre amitié pour moi! Il me tarde de pouvoir causer avec vous par écrit, puisque je ne puis le faire de vive voix. Aujourd'hui, je n'ai que le temps de vous embrasser d'aussi bon cœur que je vous aime et que je vous suis attaché pour la vie. »

Pendant cette période et jusqu'à la fin de 1815, Joseph de Maistre écrit trois lettres à son ami : les 22 mai et 27 décembre 1814, et le 13 février 1815 (1). La première est un long développement des idées qui lui sont chères sur le rôle que le fils aîné de l'Église rétabli sur son trône doit tenir envers elle, et des raisons qui doivent le porter à se défier « de cet esprit parlementaire qui n'est point mort en France et qui le conseillera mal ». La seconde est d'un caractère tout intime et en quelque sorte familial. Dans la troisième, enfin, il se plaint de la censure dont un récent opuscule de lui paraît être l'objet à Paris, dans l'entourage du roi, où on l'a considéré comme une arme fournie aux ennemis de la Charte; il se défend contre les griefs qu'on lui impute; il proteste surtout contre la publication d'une édition nouvelle

(1) Elles figurent dans la *Correspondance* imprimée, t. IV, p. 427, et t. V, p. 4 et 41. Sur la copie de la première, de Maistre a écrit : « Cette lettre fut la dernière d'une très longue correspondance, et la seule dont j'ai pu retenir une copie. J'en ai transporté quelques passages dans mon ouvrage sur le *Pape*. »

des *Considérations,* faite sans son aveu, avec sa signature qu'on y a mise sans sa permission, et en tête de laquelle on a placé les critiques et les réserves que lui avait adressées, au nom du roi, le comte d'Avaray en 1797.

Sauf ces trois lettres, silence complet de sa part comme de la part de Blacas, ce qui, d'ailleurs, se peut expliquer, en ce qui concerne celui-ci, par la gravité des événements auxquels il avait été mêlé, à Paris et à Gand, en cette année 1815 : sa disgrâce au second retour des Bourbons, arrachée à la volonté du roi, et son envoi à Naples comme ambassadeur extraordinaire à l'effet d'y négocier le mariage du duc de Berry avec une princesse des Deux-Siciles. C'est de Naples seulement que, le 14 décembre, il se rappelle au souvenir de son ami. Son langage respire la même effusion qu'autrefois ; et, comme s'il avait ignoré le mécontentement que les derniers ouvrages de Joseph de Maistre ont causé aux Tuileries, mécontentement dont l'illustre écrivain ressentira les effets, lorsqu'en 1817, il viendra en France, il se garde d'y faire allusion. En revanche, il explique les causes de sa disgrâce, toutes à son honneur, et cette explication, comme aussi les témoignages de son amitié pour de Maistre, qui semble se réveiller, après avoir été longtemps silencieuse, impriment à sa lettre un caractère de confiance et un intérêt historique, dont le lecteur pourra juger en la lisant.

« Naples, 14 décembre 1815.

« Cher comte, est-ce un an, dix ans, un siècle que nous avons traversés depuis que je n'ai reçu de vos nouvelles? Que d'événements, que de peines, que de malheurs! J'ai pensé bien souvent à vous; j'ai regretté vivement d'en être séparé, et, maintenant, je regrette tous les jours de ne plus recevoir un témoignage de votre souvenir. Si je ne me rappelais sans cesse votre amitié et les preuves que vous m'en avez données, je serais tenté de croire que vous ne songez plus à votre ancien voisin; mais, je trouve dans mes sentiments pour vous, l'assurance que les vôtres n'ont point changé à mon égard, et je vous demande instamment de vous rapprocher de moi et de me rapprocher de vous, en me donnant quelques détails sur ce qui vous regarde, sur ce qui vous touche. Vous ne pouvez pas douter de l'intérêt que j'y prends et vous me ferez un sensible plaisir.

« Je ne vous apprendrai probablement pas pourquoi je suis à Naples. Vous connaissez les événements qui m'y ont conduit, tous les chagrins que j'ai éprouvés (1). Un mot explique bien des choses : l'Envie, et je ne vous en dirai pas davantage pour vous faire connaître la cause du déchaînement auquel j'ai été en butte. Il faudrait que je pusse vous voir et causer avec vous, pour vous apprendre ce que la postérité aura de la peine à croire, si jamais elle en est instruite.

« Au fait, cher comte, vous me connaissez; vous connaissez mes sentiments, mes principes, mon dévouement au roi et à sa cause, et vous ne devez pas être surpris que ceux qui voulaient chercher à détruire l'autorité royale, travaillassent à me nuire et à m'éloigner. Vous n'avez non plus pas été surpris que je ne fisse plus partie du ministère dans

(1) Il avait dû se séparer du roi, à Mons, le 24 juin 1815. Le 22, Louis XVIII lui écrivait de Gand : « J'écris ceci pour m'épargner la douleur de le prononcer. L'instant du sacrifice auquel nous sommes préparés, est arrivé. C'est à Mons, au moment de rentrer dans notre patrie, qu'il faut le consommer. J'espère, je crois fermement, que la séparation ne sera pas longue; mais, elle est nécessaire pour conjurer un orage qu'en vain, nous voudrions braver. Dites-moi où vous voulez aller; je suppose que ce sera en Angleterre. Dites-moi ce que vous désirez; je le ferai. Mais, je dois vous dire que des gens qui s'intéressent véritablement à vous, pensent qu'il ne faut pas de ces grâces qui excitent l'envie et sentent l'adieu final. Indiquez-moi à qui, de ce qui vous entoure, je dois provisoirement remettre vos fonctions. Je n'ai pas besoin de vous dire de compter à jamais sur mon estime et sur mon amitié. — Louis. » *(Documents inédits.)*

lequel des circonstances trop malheureuses, sans doute, avaient forcé le roi à faire entrer un homme près duquel je ne pouvais m'asseoir (1). Il n'y est plus heureusement; mais, je ne suis cependant pas encore décidé sur le parti que je vais prendre. Je ne compte pas rester longtemps à Naples.

« J'irai d'abord à Rome que Mme de Blacas désire connaître; je me rendrai, de là, à Florence et ensuite à Vienne, comme ambassadeur, ou à Paris. Ma charge de grand maître de la garde-robe et les bontés dont le roi m'honore, m'y placeront toujours très bien. Voilà à peu près mes projets. Je les suivrai autant que l'on peut faire ce que l'on veut, dans le temps où nous vivons. Je ne vous parlerai pas nouvelles; celles qui m'occupent sont trop tristes pour que je veuille vous en entretenir maintenant. L'état de la France m'afflige vivement, et vous partagez à cet égard, comme sous bien d'autres rapports, tous les sentiments que j'éprouve.

« On me mande qu'il vient de paraître un nouvel ouvrage de vous. Pourquoi ne me l'avez-vous pas envoyé? Pensez quelquefois à moi, mon cher comte, et soyez certain qui ni le temps, ni l'absence, ni l'éloignement ne peuvent changer les

---

(1) Allusion à Fouché qui fit partie du premier ministère de 1815 et dut en sortir au mois de septembre.

tendres sentiments qui m'attachent à vous pour la vie.

« *P.-S.* — Je n'ai pas l'honneur de connaître Mme la comtesse de Maistre; je vous prie cependant de lui offrir nos hommages. Mme de Blacas, qui vous connaît beaucoup sans vous avoir jamais vu, vous fait ses compliments. Ne m'oubliez pas auprès de monsieur votre fils. Le fils du duc de Serra-Capriola, qui vous remettra cette lettre, vous donnera sur l'Italie et sur Naples en particulier tous les détails que vous pourrez désirer. Mon banquier à Rome s'appelle Marin Torlonia et à Florence Donat Orsi. Vous pouvez m'écrire sous leur couvert; vos lettres m'arriveront exactement. »

La réponse de Joseph de Maistre porte la date du 27 janvier 1816 (1). Il y énumère les causes de son silence. Il s'était figuré que le comte de Blacas profiterait de l'influence que lui donnaient ses fonctions ministérielles pour le faire venir à Paris d'une manière ou d'une autre, et il s'est étonné que son ami n'eût pas songé à une combinaison qui les rapprocherait. Il avait marqué le désir d'avoir pour

(1) Elle a trouvé place dans la *Correspondance* imprimée (t. V, p. 243), sauf un passage que nous reproduisons.

lui ou pour son fils, la croix de Saint-Louis. On lui répondit « par deux lignes entortillées, à la manière de la feue prêtresse de Delphes », ce qui fut une cause de désappointement.

« Peu de temps après, je laissai sortir de mon portefeuille un opuscule fait et parfait depuis cinq ans (1); je l'envoyai à vous, cher comte, et à M. de Bonald; et voilà qu'en un clin d'œil, il me revient réimprimé *sous mon nom* et orné de discussions qui me font voir qu'on l'a présenté comme un soufflet donné à la Charte. Peut-on imaginer, d'abord, quelque chose de plus contraire à toutes les lois de la délicatesse qu'un ouvrage anonyme, réimprimé sous le nom de l'auteur connu et vivant, sans sa permission? Quel éditeur me joua ce beau tour, et comment put-il vous échapper? Si l'ouvrage vous avait déplu, qu'est-ce qui vous empêchait de *mettre le pied dessus*, comme je me hâtai de vous l'écrire, et de l'étouffer sur-le-chanp? Vous ne pouviez douter de mon entière approbation. Vous con-

(1) Dans aucune de ses lettres, Joseph de Maistre ne donne le titre de cet opuscule et nous n'avons pu établir duquel il s'agit. Dans l'ordre de ses publications, nous ne trouvons, à la date de 1815, que son adaptation de l'écrit de Plutarque : *Des délais de la justice divine*, qui fut imprimée à son insu, et ce n'est pas assurément dans un tel livre qu'on pouvait voir « un soufflet donné à la Charte ».

naissez mon dévouement à votre cause et à votre maître; l'idée de l'avoir affligé m'était insupportable. Je vous en écrivis amèrement, par la voie de l'ambassadeur, 13/23 février 1815. Point de réponse. Bientôt arrivèrent de nouveaux malheurs. Mon cœur était gonflé; d'ailleurs, je ne savais où vous prendre. *Voilà ce qui fit que votre ami fut muet.* »

Après cette explication qui, de la part de Joseph de Maistre, équivaut à dire qu'il oublie tous ses griefs, il félicite Blacas d'être loin de Paris. « L'eau n'est pas assez claire pour un poisson de votre espèce. Tant que la devise latine des monnaies n'est pas rétablie, tant que la potence n'a pas repris sa place, au préjudice de la guillotine, et tant que cet honnête homme (Fouché) que vous ne pouviez supporter à vos côtés, ne sera ni jugé, ni honni, ni chassé, vous êtes toujours en révolution. » A cet énoncé de ses vieux principes succède, en ce qui le concerne, le plus triste aveu : « Vous savez que, pendant que j'étais votre voisin, *je ne cessais de mourir de faim.* Ce petit malheur s'est très peu adouci. J'ai été, comme tant d'autres, *pipé* par les événements et je ne sais en vérité ce qui arrivera de moi; l'âge avance et je ne vois devant moi qu'un assez sombre avenir. »

De Maistre n'exagérait rien en parlant ainsi. La source de ses revenus s'était tarie par suite de la confiscation de ses biens et de l'épuisement du très maigre capital qui avait échappé à sa ruine et sur lequel l'insuffisance de son traitement diplomatique l'avait contraint à vivre. De plus, il était las de rester éloigné de son pays; il ne se jugeait plus nécessaire en Russie, au service de son souverain, et il souhaitait vivement d'être rappelé. Il le fut à la fin de 1816, et s'empressait de l'annoncer à Blacas.

« Saint-Pétersbourg, 3/15 décembre 1816.

« Monsieur le comte,

« Il me semble que je serais coupable si je vous laissais ignorer mon sort. Les intérêts les plus évidents de ma famille, ne s'accordant plus avec mon séjour prolongé dans ce pays, le roi a bien voulu me rappeler, sur mes demandes réitérées. Je ne partirai cependant qu'au mois de mai prochain, Sa Majesté m'ayant refusé avec bonté la permission d'exposer trois dames sur les grandes routes dans cette saison et sous ce climat. Cependant, pour que mon sort ne demeure pas douteux, le roi a daigné me créer premier président dans ses cours suprêmes. C'est une forme usitée chez lui et qui ne décide nullement si je serai réellement placé à la tête d'un sénat, ou si mon titre ne me servira que de marche-pied pour me placer ailleurs. Il en sera tout ce qui plaira à Dieu et au roi. Mais, à vous dire la vérité, monsieur le comte, quoique le poste qui m'est annoncé ou montré, soit au rang des places qu'on appelle éminentes à Turin, cependant je me sens peu de goût pour l'occuper : mes idées ont pris un cours étranger à l'administration pratique de la justice. Il y a, dans tous les États, un certain mécanisme qu'il n'est pas permis de suspendre pendant vingt ans, et j'ai peur qu'on n'écrive sous mon portrait :

Il prit, quitta, reprit la simarre et l'épée !

« Quoi qu'il en soit de cette grande affaire dont je ne doute pas que la Providence ne se tire fort bien, ce qu'il y a de très sûr, c'est qu'au mois de juin prochain, je serai très près de vous, soit que vous résidiez encore à Rome, soit que vous ayez été alors rappelé dans votre capitale. Quand je compare ces deux distances à celle que je dois parcourir pour aller à Turin, je les vois disparaître et il me semble que je vous toucherai.

« J'ai été ravi, monsieur le comte, de vous voir

au poste où vous êtes. Par une foule de raisons inutiles à détailler, le concordat et surtout la concorde entre la France et le Saint-Siège étaient une œuvre laïque. J'espère que vous aurez attaché votre nom à un grand et glorieux résultat, qui marquera dans l'histoire et dont l'Église et l'État s'applaudiront également. J'ai lu avec une joie que je ne saurais exprimer différents écrits français, et surtout ceux de M. Fiévée, où l'on vous donne bonne et pleine justice. J'ai toujours pensé et parlé comme les livres.

« Les papiers publics m'ont appris que Mme la comtesse de Blacas vous avait fait présent d'un joli petit Romain qui a été baptisé avec toute la magnificence pontificale. Il ne manquait que moi à cette fête à laquelle j'ai pris une part infinie. Puisque la maman de cet aimable Romain a bien voulu me nommer une fois, il me semble que je suis en droit de lui présenter mes hommages. Chargez-vous de l'offrande, monsieur le comte; elle sera bien reçue.

« Vous ne doutez pas sans doute de l'extrême intérêt que je prends aux affaires publiques de la France et surtout à vos discussions politiques. Mais, il serait pour le moins inutile de vous en parler en détail. Si, jamais, j'ai l'extrême plaisir de vous revoir, je vous ferai pâmer de rire en vous dévoilant ma simplicité enfantine. Je m'étais fait, même à côté de vous, certaines idées qui ont dirigé longtemps mes pensées, et j'allais en avant de la meilleure foi du monde... Oui! je vous ferai rire, sur mon honneur.

« Mon très cher comte, descendez, je vous en prie, un instant de votre piédestal, afin que j'aie le plaisir de vous embrasser à mon aise, avec une tendresse de 1807, et croyez bien qu'il est impossible de me surpasser à votre égard, en attachement, en estime, et surtout dans le désir en permanence, de tout ce qui peut vous apporter gloire et bonheur. C'est avec tous ces sentiments sincères que je suis pour la vie, monsieur le comte, de Votre Excellence, le très humble serviteur et dévoué ami. »

Lorsque le comte de Blacas apprit, au commencement de 1817, la nouvelle du rappel du comte de Maistre, il avait quitté Naples. Il était à Rome en qualité d'ambassadeur du roi de France. Louis XVIII l'avait chargé de suivre auprès du Saint-Siège les négociations en vue d'un nouveau concordat destiné à remplacer celui de 1801, qu'il considérait encore comme une œuvre bonne à détruire. Les négociations avaient marché avec rapidité, et, en répondant à son ami, Blacas, rendant nouvelle pour nouvelle, pouvait lui annoncer le rétablissement du concordat de François Ier (1), et, par conséquent, la fin prochaine de son ambassade, laquelle n'avait à ses yeux qu'un caractère provisoire, encore qu'il dépendît de lui d'y donner, en restant à Rome, un caractère définitif.

« Rome, 9 février 1817.

« Oui, très cher comte, l'intérêt bien tendre que j'ai pris constamment à ce qui vous regarde, méritait l'attention que vous avez bien voulu avoir de m'instruire de votre nouvelle destinée. Je regrette pour vous le séjour de Pétersbourg; mais, je veux me flatter qu'arrivé à Turin, vous y trouverez tout ce qu'on vous doit à tant de titres, et je me consolerai pour lors de ce que vous éprouvez de pénible maintenant; peut-être y aura-t-il de l'égoïsme de ma part, car, dussé-je faire le voyage *a posto*, j'irai vous chercher à Turin, si vous ne venez me voir ou à Paris ou à Rome.

(1) On sait que le concordat de 1817 ne put avoir de suites. Les Chambres l'avaient accueilli avec si peu de faveur que le gouvernement le retira avant que ne s'ouvrissent les débats. Le maintien de celui de 1801 fut la conséquence de ce retrait.

« Mais à propos de Rome, ajoutait-il, puisque vos idées ont pris un cours étranger à l'administration pratique de la justice, et que les occupations diplomatiques vous conviennent davantage, pourquoi ne pas demander d'y être envoyé? M. de Barbaroux ne s'y trouve qu'en mission extraordinaire et l'on ne pourra vous refuser, quand vous renoncerez, pour y venir, à ce qu'on appelle chez vous une place éminente. Vous vous trouveriez fort bien à Rome sous tous les rapports. Vous savez d'ailleurs qu'on y est toujours pour de longues années. M. le cardinal de Bernis l'a prouvé, et je voudrais, si vous étiez ici, suivre l'exemple de mon illustre prédécesseur. Sans cela, mon cher comte, je compte m'éloigner incessamment de toutes les affaires, pour jouir en paix du bonheur que je trouve dans ma famille et des souvenirs dont ma conscience est aussi satisfaite que mon amour-propre.

« Je vous ai écrit, il y a plus d'un an, par le fils du duc de Serra-Capriola; vous me répondîtes peu de temps après. Ma réplique suivit de près votre lettre, et votre silence depuis cette époque m'a étonné. Auriez-vous été peu satisfait des explications que vous me demandiez? M'en voudriez-vous encore pour la publication, avec des notes, d'un ouvrage réimprimé sans que j'en aie eu connaissance? Enfin, cher comte, ai-je encore à vos yeux quelque tort? Dites-le-moi avec la franchise qui vous est naturelle et croyez que votre amitié n'aura jamais de reproche à me faire. »

Cette fois, la réponse de Joseph de Maistre ne se fit pas attendre. Il était encore à Saint-Pétersbourg; mais, il se préparait à en partir, et sa lettre du 5 avril 1817, est la dernière qu'il ait écrite à Blacas, de la capitale russe.

« Saint-Pétersbourg, 5 avril 1817.

« Aujourd'hui, mon très cher et très excellent comte, le duc de Serra-Capriola m'envoie une lettre du 9 février, et après-demain matin, monsieur son fils part ou repart pour l'Italie. Les cérémonies de la semaine et les affaires du métier me prennent tout mon temps; c'est à grand'peine que je dérobe quelques instants à la nuit, pour vous griffonner à la hâte quelques mots de réponse écrits un peu à l'aise.

« Votre lettre m'a ravi; mais, comme il y a toujours quelque mauvais mélange dans les bonnes choses de ce monde, elle m'a beaucoup fâché en me révélant que j'en avais perdu une autre où vous aviez la bonté de me donner quelques explications sur des points qui m'intéressent beaucoup. Elle a été escamotée. Pourtant, monsieur le comte, je vous prie et vous supplie et vous conjure de vous rappeler, s'il est possible, la personne à qui vous aviez remis cette lettre, car, certainement, vous ne l'aviez pas mise directement à la poste. Je suis bien curieux de savoir à qui je dois adresser ma reconnaissance pour cette lettre soufflée; quoiqu'il n'y ait rien de si commun, je ne puis m'accoutumer à ce petit brigandage.

« Votre idée sur Rome m'était venue et vous ne sauriez croire combien cet accord m'a plu. Je ne balance pas comme homme, mais beaucoup comme père de famille, car je pourrais obtenir à Turin telle place qui favoriserait beaucoup leur établissement. Nous verrons; mais, je puis vous assurer, mon cher comte, que, si je ne consultais que mon inclination, rien ne me conviendrait comme d'aller finir ma carrière et mes jours dans la Ville éternelle. Si je savais que vous dussiez y demeurer, je sacrifierais tout au plaisir de vivre auprès de vous; car tous mes amis m'ont précédé, et, nulle part, je ne trouverais un homme auprès de qui il me fût plus agréable de vivre. Mais, cette belle idée n'est qu'une illusion. Vous serez nécessairement ramené à Paris par une attraction inévitable et invincible. Ce que j'accepte avec transport, c'est la promesse que nous nous reverrons. J'en jure par saint Louis et par saint Maurice. Dès que je serai à Turin, je m'entendrai avec vous pour aviser aux moyens d'opérer ce rapprochement. Comme il me sera doux de vous revoir et combien j'aurai de choses à vous dire ! Je vois dans ma tête mille idées flottantes qui s'arrangeraient tout de suite si je pouvais vous adresser trois ou quatre questions.

« Je vous ai adressé ma confession de foi sur la Charte : je persiste de tout mon cœur, et, si j'avais l'honneur d'expliquer mes pensées à l'auguste auteur même, il les trouverait si véritablement françaises qu'il aurait sûrement la bonté de me les pardonner. Au reste, je le répète à vous, excellente Excellence, il n'y a dans le moment d'autre système pratique en France, que celui de soutenir le roi. Lorsque je me rappelle tout ce que nous avons lu, dit et écrit ensemble, toutes mes idées se brouillent et je ne sais plus où j'en suis. Souvent, en raisonnant avec moi-même sur ce grand sujet, je me suis rappelé l'excellente leçon pratique que vous me donnâtes un jour, et sur laquelle ma théorie vous avait précédé : *Que, lorsqu'il s'agit de juger les souverains, il faudrait savoir tout ce qu'ils ne peuvent dire.*

« J'en reviens à cette lettre perdue. Si vous répondiez librement à certaines choses, je serais bien piqué qu'on l'eût lue. Je me tranquillise un peu en pensant que vous ne savez pas mal comment on achemine une lettre et ce qu'on y écrit, suivant la qualité des présents porteurs. Vous aviez, au reste, grandement raison, monsieur le comte, d'être étonné de mon silence; mais, il ne pouvait avoir deux causes, et jamais je ne pourrai être peu satisfait d'aucune explication que votre amitié m'adressera.

« Je ne sais comment j'ai pu arriver jusqu'à cet endroit de ma lettre avant de *vous avoir appris ce que vous savez déjà* : c'est-à-dire que votre auguste maître m'a fait la *finesse* d'envoyer la croix de Saint-Louis à mon fils. M. l'ambassadeur a bien voulu me l'apporter en personne avec une lettre du ministre des guerres au jeune homme. Je ne puis vous dire combien j'ai été sensible à cette décoration. Je la mets d'un côté, l'épée d'or pour la valeur de l'autre; le reste est au milieu. Le roi (1) a bien voulu, de son côté, conserver à mon fils le

---

(1) Le roi de Sardaigne.

grade dont il jouit ici : il part *lieutenant-colonel dans l'état général*. Il est donc assez joli garçon et tout va à merveille, excepté que nous n'avons pas de pain. Mais à quoi cela sert-il?

« Rodophe veut absolument que je vous présente ses hommage. Quant à ma famille féminine, qui sait si j'aurai le plaisir de la présenter un jour à Mme la comtesse de Blacas? Je l'espère un peu. En attendant, monsieur le comte, quel plaisir pour moi de me trouver être une vieille connaissance de votre excellente moitié! Je n'en savais rien; mais, puisque vous me l'assurez, j'en suis ravi, et je lui présente mes hommages avec une confiance toute particulière.

« Je trouve que vous avez parfaitement bien fini vos affaires. Personne ne peut se plaindre qu'on en revienne au fameux concordat. Mais, je n'ai plus le temps de parler. Il me paraît impossible qu'une certaine princesse russe soit à Rome et que vous ne la voyiez pas souvent (1). Mettez-moi à ses pieds, je vous en prie, et dites-lui que tout ce qui en a le droit chez moi, l'embrasse tendrement. Quant à moi, j'embrasse monsieur son cher époux!

---

(1) La princesse Gagarine, sœur de Mme Schwetchine, dont, pendant son séjour à Saint-Pétersbourg, le comte de Blacas fréquentait assidûment le salon.

« Mon cher et très cher comte, je suis à vous plus que je ne puis vous le dire. Jamais, je n'ai varié, et vous le savez bien. Depuis nos angoisses communes, vous avez fait fortune. Que Dieu en soit loué et l'augmente tous les jours. Vous devez bien encore avoir des moments gris-bruns; *fiat lux!* Pour moi, je suis enterré et les quatre sceaux sont mis sur ma tombe. Comme vous ne pouvez pas soulever la pierre, approchez au moins l'oreille pour entendre. Adieu! adieu! cher comte. Aimez toujours un peu ma cendre parlante qui vous aime toujours comme si elle était organisée. Je ne sais point encore dans ce moment que mon successeur soit en route. »

On voit qu'au moment où était expédiée cette affectueuse missive, la date du départ de Joseph de Maistre n'était pas encore fixée. Elle le fut, à l'improviste, dans le courant du mois de mai. Une flotte de vaisseaux de ligne, partait de Russie pour aller chercher en France quelques milliers de soldats russes appartenant à l'armée d'occupation. Elle devait aborder au Havre ou à Cherbourg. Il n'était pas difficile à l'envoyé de Sardaigne de se faire autoriser à prendre place avec sa famille sur un de ces bâtiments qui devaient mettre à la voile au commencement de juin. L'autorisation lui ayant été accordée, il se hâtait de le mander à Blacas (1), non sans lui confesser la surprise que lui causait « l'événement unique » qui, de la manière la plus naturelle, le conduisait « dans la grande Lutèce, cette sage, folle, élégante, grossière, sublime, abominable cité » avec laquelle il avait longtemps cru ne faire jamais connaissance. Mais, hélas! il ne devait pas y trouver son ami.

Celui-ci lui en exprimait le plus vif regret. Il espérait bien cependant qu'ils se rencontreraient bientôt à Rome. « Vous savez quelles sont mes prétentions; je ne veux pas en démordre et je vous supplie de vous en occuper. » Il affirmait ensuite que le roi de France serait heureux « de voir enfin quelqu'un qu'il connaît, qu'il estime depuis nombre d'années ». — « Vous trouverez à Paris beaucoup de nos anciennes connaissances et beaucoup de gens qui, sans vous avoir vu, ne vous en connaissent pas moins. Mais, je vous prie de faire une visite de ma part à ma grand'tante la duchesse de Damas; vous serez sur-le-champ lié avec elle. Voyez aussi le bon duc d'Havré, l'archevêque de Reims, Mme la vicomtesse d'Agoult. Enfin, mon cher comte, tous

(1) Le 8 mai/27 avril, *Correspondance* imprimée, t. VI, p. 87.

mes amis seront les vôtres et vous n'aurez qu'à vous nommer... »

Parti de Saint-Pétersbourg le 27 mai, Joseph de Maistre arrivait en France à la mi-juin. Sa correspondance imprimée ne contient aucune lettre datée de la capitale, et parmi celles qu'il a écrites au comte de Blacas, il n'en est qu'une — la suivante — qui l'ait été à Paris.

« Paris, rue et hôtel du Helder, 20 juillet 1817.

« Quel plaisir pour moi, monsieur le comte, de savoir que ce billet, renfermé dans une lettre écrite par une main amie, vous parviendra sûrement! Me voici à Paris contre toutes les probabilités possibles. Je me hâtai de vous en faire part à Rome, au moment même où la chose fut décidée. Qui sait si cette lettre vous est parvenue? Peu de temps après, les papiers publics m'apprirent votre excursion à Paris; mon cœur battit de joie; mais, hélas! mon espoir s'en est allé en fumée. Vous n'êtes plus ici. Mais, d'une manière ou d'une autre, je vous verrai. Oui, je vous verrai à Rome ou à Turin, ou ailleurs; mais, enfin, je ne puis me résoudre à ne plus vous voir.

« Je me retire, mon très cher comte, parce que

la partie n'était plus tenable. Bien persuadé que ceux qui n'ont pas bu à la coupe de la Révolution ne doivent pas se présenter à la Restauration, j'avais demandé à ne pas changer de place et je croyais l'avoir obtenu; mais, je n'ai pu échapper à l'activité de mes amis. Ils m'ont affamé, ruiné, désespéré. Ils m'ont forcé de représenter mon maître à mes frais, pour un tiers, au moins, pendant près de trois ans; et, lorsque j'ai eu dévoré tout mon argent et même celui de ma femme (ce qui me crucifie tout à fait), je me suis vu obligé de demander moi-même mon rappel. Je passerai en courant sur mes biens confisqués en Savoie et j'irai à Turin où j'espère bien pouvoir louer une boutique au moyen d'une pension de huit à neuf mille francs. Voilà mon histoire, mon cher comte; je profite pour vous l'envoyer d'une occasion parfaitement sûre. J'espère qu'à la réception *de la présente*, vous ne me refuserez pas une messe de *Requiem*.

« Que pourrais-je vous dire sur moi-même? Je sais que vous avez été ici ce que vous êtes aujourd'hui à Rome; ces deux points me semblent incontestables. Je sais de plus que vous êtes considéré à Rome autant que vous le méritez. J'espère que l'arrangement des Églises, sera votre ouvrage et qu'éternellement, on se rappellera. Je n'ai cessé de penser à ce que vous m'avez dit sur Rome. Comme ami, et même comme créature raisonnable, je ne balancerais pas. C'est le père de famille qui tâtonne. Un emploi intérieur pourrait faciliter l'établissement des enfants; voilà tout le mystère. Au reste, monsieur le comte, Dieu me préserve de déplacer M. de Barbaroux. Je me rappelle toujours le beau mot de d'Aguesseau : *Dieu me préserve d'occuper la place d'un homme vivant.* Ce ne serait donc que dans le cas où M. de Barbaroux voudrait se retirer librement, et dans ce cas même, je remplacerais difficilement un homme exercé aux affaires de ce climat qui a ses caractères particuliers.

« Vous ne pourrez plus me répondre qu'à Turin, et, si ce n'est pas par occasion, rappelez-vous que la lettre sera décachetée (1).

(1) Il convient de rappeler qu'à cette époque, le Cabinet noir fonctionnait dans la plupart des États d'Europe. A Paris, il continuait sa surveillance sur les lettres, et celles qui étaient adressées à Joseph de Maistre, n'en furent pas exemptes, ainsi que le prouve celle-ci que lui écrivait Chateaubriand le 25 janvier 1820, et que nous avons trouvée dans des papiers de police : « Monsieur le comte, je m'empresse de vous remercier de votre beau présent J'en connaissais déjà toute la valeur; mais, les écrits d'un homme tel que vous, méritent d'être lus et relus, et doivent être jour et nuit feuilletés. Nos libéraux vous insulteront sans doute ; mais, ces messieurs sont aussi méchants juges qu'ils sont de mauvais citoyens. Vous avez pour vous tout ce qui fait la loi : les honnêtes gens, les gens de goût et la posté-

« Quelle aimable personne j'ai connue dans la personne de Mme la duchesse de Damas! et avec quel plaisir j'ai parlé de vous librement! J'en avais besoin. Je serais extrêmement assidu auprès d'elle si je ne partais pas incessamment. Un mois ne m'a pas suffi, à beaucoup près, pour assouvir ma curiosité à Paris. Cependant, je ne puis prolonger mon séjour.

« Ne disais-je pas en commençant que j'écrivais un billet? Plaisant billet! Mais, c'est que je croyais la chose possible en commençant. Mettez-moi toujours aux pieds de Mme la comtesse de Blacas. Pour moi, je suis toujours pendu à votre cou. Je me rapproche avec un grand plaisir de votre chère Excellence, espérant toujours que, d'une manière ou d'une autre, *il me sera donné* de l'embrasser sans figure. Je suis pour la vie, monsieur le comte, avec les sentiments inaltérables que vous con-

---

rité. Je suis charmé, monsieur le comte, de vous voir à l'espérance; pour moi, je crois la France perdue, et par conséquent l'Europe; non qu'il ne nous reste encore des moyens de nous sauver, mais on ne les prendra pas. Je félicite bien sincèrement votre pays, et j'éprouve moi-même de la satisfaction de ce qu'il a su apprécier vos talents et qu'il les a employés. *Le Conservateur* se fera un devoir d'annoncer votre important ouvrage. Si vous avez quelques ordres à donner dans ce pays, veuillez me prendre pour votre correspondant; et croire que je suis l'admirateur le plus sincère de vos bonnes qualités. Je suis avec la plus parfaite, etc. »

naissez, votre très humble serviteur et dévoué ami. »

Il est regrettable qu'en écrivant à Blacas, Joseph de Maistre ne donne d'autres détails sur son séjour à Paris que celui de ses courtes relations avec la duchesse de Damas. C'est seulement, par une lettre à Bonald qu'il avait eu la déception de n'y pas rencontrer, que nous savons qu'il y reçut un accueil digne de lui. « La cour, lui mandait-il, la ville, les Tuileries, les Variétés, le Musée, les Montagnes (1), les ministres, les marchands, les choses et les hommes se sont si fort disputé ma pauvre personne qu'il me semble aujourd'hui n'avoir rien fait et n'avoir rien vu, et que je ne suis pas même bien sûr d'avoir été à Paris. » Il négligeait d'ailleurs d'avouer à Bonald qu'il n'avait été qu'à demi satisfait de sa visite à Louis XVIII. Telle était cependant la vérité. Comme on le verra bientôt, il en fit postérieurement l'aveu à Blacas, mais avec tant de discrétion et de réserve que nous restons dans l'impossibilité de préciser en quoi l'accueil du roi n'avait pas répondu à son attente.

Une autre lettre à Bonald (2) nous apprend encore

(1) Les montagnes russes constituaient à cette époque un jeu et un spectacle fort à la mode.
(2) *Correspondance* imprimée, t. VI, p. 112.

qu'en venant à Paris, Joseph de Maistre avait apporté dans sa valise le manuscrit encore inachevé de son ouvrage : *Du Pape*, qu'il aurait voulu lui soumettre avant de le publier. Il avait ensuite traité pour la publication avec le libraire Le Normand. Mais, l'ouvrage ayant été communiqué en manuscrit à diverses personnes et notamment à la duchesse de Duras, les réflexions qu'il contenait sur l'Église gallicane, « bien qu'il l'élevât aux nues, » et les vérités qu'il disait « à cette vénérable Eglise, » menaçaient d'éveiller tant de susceptibilités que l'auteur songea à rompre la convention signée avec le libraire français et à faire imprimer son livre en Italie (1). De ces incidents ni des circonstances de son séjour en France, il ne souffle mot à Blacas. A la lettre datée de Paris, qu'on vient de lire, en succède bientôt une autre. Mais elle est datée de Turin, d'où Joseph de Maistre était destiné à ne plus sortir.

« Turin, 8 septembre 1817.

« Me voici : c'est moi, en vérité. Cependant, je vous permets bien volontiers d'en douter, puisque

(1) La première édition parut à Lyon en 1819.

j'en doute moi-même. Après une si longue absence, il me semble que je rêve en revoyant des choses et des personnes qui ont si fort changé. J'espère que vous aurez reçu ma lettre de Paris renfermée dans celle de la grand'tante. Pendant un séjour de six semaines, j'ai regardé tant que j'ai pu; mais, que peut-on voir dans ce court espace de temps? Ah! que j'aurais envie de vous voir! et que j'aurais de choses à vous dire! Je suis ici depuis le 22 du mois dernier : je n'en sais pas plus sur mon sort que le jour de mon arrivée. Qu'est-ce qu'on fera de moi? je l'ignore. Plusieurs personnes, sans doute, désireraient me voir prendre un certain vol; mais, par la même raison, d'autres voudraient tout le contraire, et je leur crois, autant que j'en puis juger, plus de force et d'habileté, comme il arrive presque toujours. Mon esprit est continuellement ramené vers cette idée, que vous me présentâtes un jour, dans l'une de vos lettres, et qui était d'autant plus remarquable qu'elle m'était venue à moi-même. Je crois vous avoir fait l'unique objection qui m'arrêtait. Un père de famille, à mon âge surtout, n'est pas égoïste; il ne fait rien pour lui. D'ailleurs, mon très cher comte, c'est bientôt dit : « Faites cela. » Il reste une autre petite question : « La chose est-elle possible? ». Jamais, il ne m'a été dit rien dans ce sens, et qui sait ce qu'on pense! Après vingt-cinq ans d'absence, j'arrive ici presque étranger; tous mes fils sont rompus. Aucune voix ne s'élève pour moi, excepté celle de mes faibles services et les voix étrangères qui nuisent quelquefois. Enfin, tout est excessivement douteux.

« Il m'en a beaucoup coûté de quitter si tôt vos Tuileries. On vit bien dans ce pays-là et la ville n'est pas tout à fait maussade. Si j'avais l'extrême plaisir de vous voir, je vous dirais cependant certaines petites choses qui m'ont manqué. (Je veux dire qui m'ont manqué à moi.) Au reste, tant que l'ordre ne sera pas chez vous, il ne sera pas ailleurs, et cette vérité reconnue, influera probablement sur le rétablissement de l'ordre chez vous.

« C'est avec une joie bien sincère, monsieur le comte, que je vous félicite sur le concordat signé par votre excellente Excellence. Il n'y a rien de mieux; il n'y a rien de plus raisonnable; c'est tout ce qu'on pouvait désirer. La meilleure preuve s'en trouve dans la rage du parti mécréant. Je suis véritablement charmé que votre nom se trouve au bas de ce monument de sagesse. Je n'ai cessé d'espérer, au reste, que vous feriez une excellente besogne; aussi, je n'ai point été surpris.

« Je viens de voir passer le chevalier de Vernègues (1) qui s'en va à Paris de concert avec une grande belle veuve septentrionale, que vous avez connue sans doute à Saint-Pétersbourg. On parlait tout haut d'une chose faite : qu'en pensez-vous? Pour moi, j'y consens.

« J'ai laissé mon fils à Saint-Pétersbourg pour rendre les papiers à la Légation. Si l'empereur n'avait pas arrangé la chose ainsi, je me serais trouvé dans la plus fâcheuse position, car tout était prêt, le vaisseau partait et mon successeur n'était pas arrivé à l'époque promise. Ma seconde fille est aussi demeurée en Savoie pour soigner un pied foulé. J'attends le jeune homme au premier moment.

« Je prie Mme la comtesse de Blacas d'agréer mes respectueux hommages. (Il me semble toujours que j'ai l'honneur de la connaître.) Vous savez, monsieur le comte, à quel point je suis à vous. Excusez la forme de cette lettre; c'est un fait exprès. Votre très humble serviteur et éternel ami. »

---

(1) Agent des Bourbons pendant l'émigration, le chevalier de Vernègues, après de retentissantes aventures, s'était fixé à Saint-Pétersbourg d'où il ne partit qu'en 1814 et où il s'était lié avec Joseph de Maistre.

L'arrivée de Joseph de Maistre à Turin, eut pour effet de surexciter chez Blacas le désir qu'il avait conçu de le voir venir à Rome comme représentant du Piémont. Le 10 octobre 1817, il l'entretenait de nouveau de ce projet, en lui en montrant les avantages et les facilités d'exécution. Le comte de Barbaroux, qui dirigeait la légation de Sardaigne à Rome, désirait être rappelé.

« Rome, 10 octobre 1817.

« Vous me trouverez bien paresseux, mon très cher comte. Je sais, depuis trois semaines, que vous êtes à Turin et je ne vous ai pas encore témoigné tout le plaisir que j'éprouve à me sentir rapproché de vous. Soyez certain, cependant, qu'il est bien sincère et que je serais le plus heureux du monde si vous veniez vous établir dans le pays que j'habite. Il me semble que rien ne serait plus facile maintenant. Le comte de Barbaroux a terminé les affaires dont il avait été chargé. Sa mission n'était que temporaire. Il convient que la carrière diplomatique n'est pas son fait, et je le crois, tout en rendant pleine et entière justice à ses qualités personnelles. Il faut donc lui donner dans son pays une place qui lui soit agréable, et envoyer à

Rome un ministre à qui son esprit, son usage du monde et une réputation faite donnent la juste influence que doit y avoir le représentant le plus puissant de l'Italie. N'oubliez pas que le pape a été très malade cet été et que le roi, votre maître, peut compter huit cardinaux au nombre de ses sujets. M. de Barbaroux est estimé à Rome; mais, on serait heureux d'y posséder le comte de Maistre. Tout le monde connaît son esprit; tout le monde sait apprécier ses ouvrages et voudrait jouir de son amabilité. On peut d'ailleurs, à part les affaires et les grands intérêts, mener ici une vie très douce. Le corps diplomatique est très bien composé; il est fort uni, et cet accord ne serait pas troublé par celui que j'aurais le plus de plaisir à y voir prendre son rang. Soyez sûr, mon cher comte, que vous êtes fait pour cette place, qu'elle est faite pour vous, et que cette réunion de convenances, n'est pas assez commune pour la négliger. Je voudrais pouvoir le dire à votre maître comme je l'ai dit au mien; mais, chargez-vous de ce soin, quoique je fusse charmé de le remplir.

« Au moment où j'ai reçu votre lettre, j'étais occupé à la préconisation de trente-deux archevêques ou évêques, qui sont appelés à rendre à l'Église de France son ancien éclat, et à soutenir les quatre propositions, qu'un de mes amis désapprouve. Vous voyez que mon séjour dans la ville sainte, n'a rien changé à mes principes. J'espère, cependant, que vous m'avez trouvé fort modéré et, en même temps, très prononcé dans mes sentiments, très ferme dans ma doctrine, et ne voulant laisser aucune incertitude ni aucun doute sur les engagements que contracte un pair de France. Les mécréants sont furieux, dites-vous. Je le crois, et je m'attends à une terrible attaque de leur part, dans la prochaine session des Chambres; mais, il faut se flatter qu'ils ne prévaudront pas sur les honnêtes gens. Ainsi-soit-il... Je pense que vous aurez beaucoup vu M. de Bonald pendant votre séjour à Paris, et que lui et ma grand'tante ne vous auront rien laissé ignorer de tout ce que médite une secte infernale, qui prend toutes les formes pour tout détruire : faites-la connaître où vous êtes; prêchez, mon cher comte, à Turin, comme je prêche ici. On vous fera la guerre comme à votre ami; n'importe, rien ne m'empêchera de chercher à faire savoir aux souverains qu'on les trompe et au peuple, qu'on abuse de sa crédulité... J'aurais bien des choses à vous dire; j'aurais mille questions et mille réponses à vous faire.

« Quand vous verrai-je, monsieur le comte? J'en

suis impatient, et je suis disposé à aller au-devant de vous, si vous voulez faire quelques pas audevant de moi. C'est à Florence que j'ai eu l'honneur de *faire votre connaissance*, et il serait charmant de nous y donner de nouveau rendez-vous. Mais non, venez à Rome ; je vous y attends. Mme de Blacas *veut y faire connaissance avec vous;* elle me charge de vous le dire en vous faisant mille compliments.

« J'ai mandé à Le Normand de m'envoyer le *Lépreux de la cité d'Aoste*. En connaissez-vous l'auteur? Eh bien, donnez-moi de ses nouvelles. Parlez-moi de monsieur votre fils. Je voudrais bien faire ma cour à Mme de Maistre. Vous trouveriez ici plusieurs Russes : la princesse Gagarine, sœur de Mme Swetchine; M. et Mme D... Les Kotschoubey viennent d'en partir et les Orloff vont y arriver.

« Adieu, mon cher et très cher comte. Je ne vous parle pas de mes sentiments ; vous en renouler l'assurance serait douter de la justice que vous leur rendez, et je me contenterai de vous embrasser de tout mon cœur. »

Si pressantes que fussent ces sollicitations, de Maistre ne s'y rendit pas, pour des motifs que nous le laissons énumérer lui-même, en faisant remarquer que ses réflexions le conduisent à parler à Blacas, ce qu'il n'avait pas encore fait, de l'accueil que, lors de son passage à Paris, il avait reçu aux Tuileries.

« Turin, 26 novembre 1817.

« Vous dites d'or, monsieur le comte; vous parlez comme un oracle et mon cœur serait tout à fait de votre avis. Je suis flatté, d'ailleurs, autant que je dois l'être, de l'approbation que vous m'accordez; mais, hélas! il faut renoncer à ce beau projet et cela par trois raisons, comme dirait l'intendant Pincé. Les voici bien chiffrées, monsieur le comte :

« 1° Il faudrait me séparer de mon fils sans aucun terme visible, ce qui serait pour moi une espèce de damnation éternelle. 2° Les légations, dans ce moment d'embarras, ne sont pas payées. J'en sais quelque chose. J'ai achevé de me ruiner en Russie où j'ai dévoré toutes mes économies et de plus vingt-cinq à trente mille francs à ma femme, sans espoir de remboursement, du moins complet ou à peu près. Que ferais-je à Rome avec trente-six mille francs et tous les frais extraordinaires à ma charge, même ceux de secrétaire? A cette époque de détresse, il faut laisser les places diplomatiques aux célibataires, ou du moins aux hommes assez riches pour pouvoir et vouloir y consumer une grande partie de leurs revenus. 3° Enfin, ce n'est pas moi qui donne ces places; c'est le roi, ce qui me paraît tout à fait juste : or, je puis vous assurer que je n'ai pas vu de sa part le moindre signe favorable à une bonne et amicale idée.

« N'ayant, d'ailleurs, nulle difficulté à vous ouvrir mon cœur, je vous avouerai que je commence à éprouver ce dégoût profond, qui nous pousse vers la retraite et l'oubli des affaires. Un certain mot de recommandation, aurait pu faire la fortune de ma famille; ce mot n'a pas été dit. Je suis donc forcé de combattre, corps à corps et sans aucun allié, cette force que vous connaissez assez et qui, après toutes les grandes révolutions, contrarie toujours ceux qui n'y ont point pris part. Je n'ai d'ailleurs aucun talent pour l'intrigue, pas l'ombre de ce qu'on appelle savoir-faire. Je me tranquillise donc, et, bientôt, je ne penserai plus à rien; car si, dans quelques circonstances de ma vie politique, je n'ai pu, comme tous les hommes et surtout comme tous les pères, me défendre de certaines espérances, Dieu m'a pourvu d'une immense philosophie pour me consoler, dès que je vois ces espérances trompées.

« Je suis même d'assez bonne composition pour me laisser persuader sans nulle difficulté que j'avais tort d'espérer. Pendant les six semaines que j'ai passées dans votre grande ville, j'ai été on ne peut mieux traité de tous côtés et même *Là* (1), extérieurement; mais, dans le fond, je m'aperçus au premier mot que le vent était contre moi. Il n'y a point de mots pour expliquer cela, et, cependant, il n'y a rien de si sensible et de si évident. Or, vous savez, vous, très cher comte, quel fut sur moi l'effet de ce sentiment intérieur : c'est que, tout en parlant, très librement en apparence, je ne sus pas dire un mot de ce que je voulais, et de ce qu'il fallait dire. Ce fut au point qu'en sortant, je me suis mis à rire de moi-même de la meilleure foi possible, car je suis l'homme du monde dont je me moque le plus volontiers. J'ai emporté pour mon fils une distinction dont j'avais eu l'honneur de vous parler *dans ma jeunesse;* mais, tout cela s'est fait d'une manière si lente, si triviale d'ailleurs et si peu personnelle que je me suis amèrement reproché d'y avoir pensé. Je n'ai pas moins été com-

---

(1) Allusion à l'audience que lui donna Louis XVIII.

plimenté de toutes parts sur la manière dont, etc., et j'ai fait mes révérences, avec tous les mots et les tons convenables. Mais, à vous, cher comte, qui avez toujours été si bon pour moi et à qui j'ai voué un si grand attachement, je ne dois que la vérité. Que je voudrais vous voir encore et vous porter mon ancienne gaieté en cheveux blancs! Mais, je ne sais plus comment m'y prendre.

« Je vois beaucoup ici M. le cardinal de Morozzo (1), auprès duquel je me suis acquitté de votre commission. Il a été très sensible à votre souvenir et m'a chargé de mille choses pour vous. Il est sur le point de repartir pour son diocèse, ce qui me fâche beaucoup, car, il est tout à fait bon pour moi et pour mon fils qui m'a rejoint depuis un mois environ : il est lieutenant-colonel dans l'état-major de l'armée, chevalier de Saint-Maurice ici, de Saint-Louis en France, de Sainte-Anne, de Saint-Wladimir et de l'Épée d'or pour la valeur en Russie. Il a de plus je ne sais quel Mérite prussien, de sorte que le voilà tel qu'il est, monsieur le comte. Il vous remercie beaucoup de ne l'avoir point oublié, et vous présente ses hommages. Dans ce moment, sa position est fort belle; mais, l'an-

(1) Sujet piémontais, évêque de Novare, qui venait d'être créé cardinal.

cienneté étant nulle ici depuis le grade de major, vous concevez que tout se réduit aux chances de l'intrigue et de la protection. Sur cela comme sur tout le reste, je suis parfaitement tranquille. Ce qui me fait plaisir et ce qui est sûr, c'est que le jeune homme marche tout à fait dans la voie droite. Il court sa vingt-septième année. Je connais peu d'hommes plus faits pour la carrière que je quitte mal à propos ; ses connaissances et son caractère l'y appellent hautement : je ne sais si on l'y jettera.

« J'ai répété ce mot que vous me dîtes sur les huit *Porporati*. On l'a bien compris, et sur votre personne, il a été dit : « Celui-là est bon ! » Je n'ai pas voulu contredire.

« Le papier ne rit pas : c'est un vieux proverbe. Je n'ai donc pas compris parfaitement si la troisième page de votre lettre était bien sérieuse. Vous persistez dans vos principes. Hélas ! tant pis, monsieur le comte, si vous avez parlé sérieusement. Dans cette supposition, je suis mortellement fâché, mais nullement étonné. Il n'y a que trois ou quatre jours que j'écrivais ceci : *Lorsqu'un homme, et plus encore lorsqu'un corps distingué, a eu la faiblesse de prêter serment à l'erreur, le lendemain, il la déclare vérité, car, il est bien plus aisé de remporter une vic-*

toire sur sa conscience que sur son orgueil. Ce principe est vaste et s'étend à beaucoup de choses. Il y a de plus, dans les têtes françaises, et surtout dans la vôtre, monsieur le comte, une erreur particulière et terrible : c'est la raison d'État que vous entrelacez de plus avec l'autorité de Bossuet. Rien n'est plus chimérique; mais il n'y a pas moyen de défaire ce nœud. *Bossuet aurait dû mourir après le sermon sur l'Unité, comme Scipion l'Africain après la bataille de Zama;* c'est encore ce que j'ai écrit et je ne m'en repens pas. Depuis la fatale époque de 1682, ce grand homme n'est plus qu'un homme. Il fait pitié; il fait pleurer, quand on le compare à ses belles années. Il n'est du reste pas plus l'auteur des Quatre Articles que vous et moi. Il ne fut que le secrétaire mécanique de l'assemblée. Il disait à l'archevêque de Reims, Le Tellier : *Votre gloire sera obscurcie par ces odieuses propositions,* etc., etc. Mais tout cela est inutile. Il y a des préjugés contre lesquels la raison est non seulement nulle, mais dangereuse; car, la plus grande insulte pour l'orgueil, c'est une démonstration. Quand une nation s'est entêtée, tout est dit; et, quand la souveraineté a joint, de plus, à une certaine erreur, l'idée de sa prérogative, il n'y a plus que Dieu qui la puisse convertir; même, j'en doute. Qui sait si elle ne dirait pas *non* à Dieu même? Les protestants lui disent bien qu'il se trompa grossièrement, il y a mil huit cent dix-sept ans; qu'il ne sut pas fonder son Église; qu'au bout d'un temps assez court, elle n'était plus qu'une infâme idolâtrie et que sans deux polissons du seizième siècle, c'en était fait de la vérité sur la terre...

Ce que vous me dites, monsieur le comte, sur les trente-deux propagateurs des quatre articles, n'est rien moins que certain. On dirait (ceci est bien singulier) que vous connaissez les Français moins que moi, je veux dire, moins que je ne les connais. Ils sont aussi orgueilleux qu'on le croit, moins mauvais et plus raisonnables qu'on ne le croit. Leur premier mouvement est terrible et ressemble quelquefois à la folie, voire à la rage; mais, si, une fois, ils ont pris sur eux de s'asseoir et de réfléchir, ils entendent raison mieux que beaucoup d'autres. Vous l'avez vu dans la belle levée de boucliers, faite contre le pape par les évêques anglais ou anglicans. A voir leurs écrits, n'aurait-on pas dit qu'ils étaient prêts à lever l'étendard du schisme? Cependant, lorsqu'on est venu au fait, tout ce feu follet s'est dissipé, pour faire place à la raison et aux principes. Vos trente-deux prélats feront de même. La force criminelle du serment continuera-t-elle? A la bonne heure. Mais, à la première occasion, les prélats français se conduiront comme si, jamais, il n'y avait eu de quatre articles. C'est ce qu'ils firent en 1794, c'est ce qu'ils feront toujours. Quoi qu'il arrive, le nom de mon cher comte de Blacas, n'en sera pas moins inscrit au bas d'un grand monument de sagesse; cette gloire est pure, authentique, incontestable et tout à fait indépendante des erreurs qui peuvent encore flotter dans sa tête gallicane. Parlons d'autre chose.

« J'étais sur le point de vous envoyer *le Lépreux de la cité d'Aoste*, lorsque vous m'avez appris que Le Normant vous l'envoyait. Il me préviendra sûrement. Voici une jolie anecdote sur cet opuscule. Un de vos diables d'écornifleurs, à Paris, avait déterré, je ne sais où ni comment, l'édition de Saint-Pétersbourg du *Voyage autour de ma chambre* suivie du *Lépreux*. Il sentit la force de ce morceau, le copia proprement et le fit imprimer comme un ouvrage de sa façon. Il eut même le front d'en faire une lecture dans je ne sais quelle société où se trouva, pour son malheur, le marquis de La Maisonfort (1) qui ne châtia pas cette rare impudence

___

(1) Un des agents les plus actifs de l'émigration, qui avait longtemps vécu en Russie et qui était des amis du comte de Maistre et du comte de Blacas.

autrement qu'en demandant, en passant, au lecteur s'il connaissait l'auteur du *Voyage autour de ma chambre! Le Lépreux* a fait une fortune dont vous n'avez pas d'idée. Hélas! j'ai quitté l'auteur pour toujours (1). Cette séparation a été terrible pour les deux frères. La Révolution nous a mis, au pied de la lettre, *en pièces*. Il a eu un fils quelques jours après mon départ; mais, il a pensé le payer par la vie de son excellente femme, qui, cependant, s'est tirée heureusement du tombeau. Elle est encore toute faible. Quel terrible jour pour moi que ce 15/27 mai 1817.

« Milord! voilà bien du papier barbouillé : il faut pour aujourd'hui que je prenne congé de Votre Grâce. Je fais mille vœux pour la conservation de la grande Charte, pour celle de Sa très excellente Majesté, de la haute Maison et de la basse. Je souhaite que la législature soit à jamais une seule puissance en trois personnes; que toute motion soit sage; que tout bill soit une source de bonheur pour mille générations; que la haute Église jouisse des douceurs de sa congrégation sans paroisse ailleurs; que le budget soit, d'une année à l'autre, plus consolant et que le jury soit et demeure infaillible. Me

(1) Xavier de Maistre, marié en Russie, y était resté et y mourut.

voilà en règle envers un pair constitutionnel. Maintenant, je me mets aux pieds de sa dame pour l'assurer de tout mon respect et lui protester que je serais ravi de faire sa connaissance, même au prix d'un solécisme ; c'est tout dire.

« Ce que vous m'avez dit de Florence (1), m'a fait venir l'eau à la bouche. Mais, je ne suis pas né pour faire ce que je veux. Je me recommande de nouveau à votre bon souvenir qui est une de mes grandes consolations. Vous connaissez les sentiments que je vous ai voués pour la vie. Trouvez bon, monsieur le comte, que je m'en tienne là sans rien gâter par des formules doubles.

« Je n'ai reçu qu'une lettre de vous à Paris. A propos de lettres, vous rappelleriez-vous de quelque chose que vous me dîtes une fois à Saint-Pétersbourg sur les lettres et sur le sable ? Voyez, je vous prie. »

(1) C'est à Florence qu'à défaut de pouvoir se retrouver à Rome, Blacas lui avait donné éventuellement rendez-vous.

CHAPITRE IX

LES DERNIÈRES ANNÉES

A Rome, à ce même moment, le comte de Blacas était sous le coup d'une crise morale, singulièrement douloureuse, aggravée par l'état précaire de sa santé. Éloigné des conseils du roi, sa voix ne pouvait plus s'y faire entendre, et, y eût-elle été entendue, elle n'eût pas été écoutée. S'étant rendu à Paris, l'année précédente, au mois d'avril, sans y avoir été appelé et pour conférer avec le duc de Richelieu sur les difficultés d'exécution, que soulevait le nouveau concordat, il n'avait pu y rester que dix jours, le ministère ayant exigé du roi qu'il donnât à l'ambassadeur l'ordre de repartir (1). Il

(1) Dans mon livre, *Louis XVIII et le duc Decazes* (Paris, Plon-Nourrit et Cⁱᵉ, 1899), j'ai raconté les incidents auxquels donna lieu ce voyage qui fournit au comte de Blacas une preuve nouvelle de la fidèle affection que lui gardait le roi, mais, celle aussi de la loyauté avec laquelle ce prince entendait remplir ses devoirs de souverain constitutionnel. Une connaissance plus exacte du caractère de Blacas et l'examen de ses papiers, autorisent à croire qu'il n'a pas trempé, quoi qu'en disent les rapports de l'envoyé prussien, comte de Goltz, dans les intrigues que nouèrent à Paris, pendant son séjour, les ennemis du cabinet Richelieu, à l'instigation de Talleyrand.

était rentré à Rome, après avoir constaté la défaite des opinions d'ancien régime, qu'il avait toujours défendues et le triomphe de doctrines qu'il considérait comme attentatoires aux droits de la royauté. Puis, il avait vu des dissentiments s'élever entre le ministère et lui, au sujet de ce concordat qu'il se glorifiait d'avoir conclu, « dont tout le monde m'a fait des compliments, écrivait-il à Joseph de Maistre, et dont personne ne veut maintenant ». Il en était résulté pour lui un amer et profond découragement. Las de la politique, se confinant de plus en plus dans l'exercice de ses fonctions, il ne voyait rien au delà du maintien de son établissement à Rome où il pouvait satisfaire à son goût scientifique pour les choses de l'antiquité et, notamment, pour les médailles dont il se plaisait à former une riche collection.

Dans ces circonstances, il était de plus en plus possédé du désir de voir de Maistre à la légation de Sardaigne. Mais, celui-ci opposait à ce désir affectueux des objections qui se trouvent renouvelées dans la lettre suivante.

« Turin, 16 mai 1818.

« Monsieur le comte,

« J'ai pris la liberté de vous recommander une de

mes vieilles connaissances de Saint-Pétersbourg, le conseiller Kœler (prononcer Keuler), bibliothécaire de l'empereur de Russie et garde du riche cabinet de l'Ermitage (1). Il est Saxon et je l'ai beaucoup vu chez le comte d'Eiselden, ministre de Saxe en Russie. J'allais d'ailleurs le voir assez souvent, et, pendant une longue mission, j'ai profité, tout à mon aise, de ses livres qui sont nombreux et de ses connaissances qui sont grandes. Il est helléniste et antiquaire, fort surtout dans la numismatique, et de plus un très bon enfant; ce qui ne laisse pas que d'être un assez grand titre. Maintenant, il va voir l'Italie avec la permission de l'empereur et il se formera quelque temps à Rome. Je l'ai muni d'une lettre pour vous, monsieur le comte, datée du 9, et je vous prie de vouloir bien lui faire bonne mine, à mon intention. Il ne vous sera d'ailleurs

(1) Il avait donné à Kœler une lettre d'introduction auprès de Blacas où on lit : « Je demande à Votre Excellence la permission de le lui recommander, pendant son séjour à Rome. Habile helléniste, savant dans toutes les branches de l'antiquité et nommément dans la numismatique, non moins obligeant d'ailleurs que savant, ses lumières et ses livres ont toujours été à ma disposition pendant ma longue légation de Russie. Je désirerais beaucoup pouvoir lui être utile à Rome où je ne puis lui rendre un meilleur service que celui de le présenter à Votre Excellence. Je vous prie donc, monsieur le comte, de vouloir bien l'accueillir. Toutes les sciences sont chez elles dans l'hôtel de l'ambassadeur de France; mais, je me flatte que, dans ce cas, le *nomenclateur* ne gâtera rien.

nullement à charge, et même, si vous ne savez pas bien le français, vous en tirerez un parti infini pour la véritable prononciation de cette langue.

« M. le comte de Germagnan m'a fait un plaisir infini, monsieur le comte, en m'apprenant que l'ami Allobroge n'était pas sorti de votre mémoire. Si, par hasard, vous me querellez sur cette expression, *en m'apprenant*, tombée de ma plume à mon insu, je conviendrai avec un très grand plaisir que c'est une bêtise; car, je crois à votre souvenir comme au Symbole des Apôtres : *Nientedimeno;* il est des choses qu'on ne se lasse point d'entendre répéter. J'ai tiré grand parti de M. de Germagnan, en le faisant parler tout à mon aise de vous, de votre existence, de vos allures, de votre courtoisie, etc. J'aime ceux qui vous aiment et vous célèbrent, et voilà pourquoi j'ai été marri à l'extrême, de voir sur le banc de la justice correctionnelle M. Fiévée qui vous a dédié un livre plein de bonnes choses, et qui vous a rendu authentiquement justice, dans un temps où tant de méchants sots blasphémaient contre vous. Du reste, je ne connais nullement cet écrivain, et, si vous trouvez qu'il a tort, j'ai tort.

« Pendant quelque temps, monsieur le comte, je me suis bercé d'une idée qui était aussi la vôtre. La mission de Rome m'aurait tout à fait convenu, pourvu qu'on l'eût rendue supportable du côté du revenu; mais, tout espoir s'évanouit; rien ne me pousse de ce côté, et, je ne sais pourquoi, rien ne paraîtrait plus naturel que de m'envoyer mourir à Rome. Mais, tout homme a une étoile qu'il ne peut vaincre; la mienne a décidé irrévocablement que jamais, je n'aurais ce que je désire et que toujours j'obtiendrais ce que je n'attends pas. Il me semble que je suis sur le point d'en faire une nouvelle expérience. Jusqu'à présent, on n'a pu se décider à rien, malgré les mille et une raisons qui sollicitaient, qui exigeaient même une décision.

Dans la dernière lettre que j'ai eu l'honneur de vous adresser, je vous peignais le désappointement que j'avais éprouvé dans une certaine ville. Celle que j'habite, est une miniature de celle-là; mais, comme vous le savez, monsieur le comte, une miniature ressemble. Il y a, dans le monde, un certain esprit qui souffle de tous côtés et qui ne s'éteindra de longtemps. Je n'aurais pas été fâché de n'avoir rien à démêler avec lui. Je ne voyais, d'ailleurs, rien de plus agréable pour moi que de vivre à côté de vous; mais, ce que je désire n'arrive jamais. J'attends donc ce que j'ignore... Votre obligeante partialité vous engagera peut-être à demander pourquoi j'attends si longtemps. C'est ce que je vous aurais volontiers expliqué à Rome. Ce que je puis vous dire d'ici, c'est que les rois règnent sur les hommes; mais, que les circonstances règnent sur les rois. S'ils venaient à se révolter, cependant, ce ne serait pas un si grand crime. Qu'en pensez-vous, monsieur le comte?

« Agréez, je vous en prie, les nouvelles assurances de tous les sentiments qui m'unissent à vous et qui ne peuvent durer moins que le très humble serviteur et ami de Votre Excellence. »

Ces explications ne laissaient à Blacas qu'un bien faible espoir de voir son ami à Rome; il n'y renonçait pas, cependant, et il le lui donnait à entendre.

« Rome, 29 mai 1814.

« Vous me faites de la peine, mon cher comte, en m'annonçant qu'il faut perdre l'espoir que j'avais conçu, de passer auprès de vous des instants qui me seraient si précieux. Mais pourquoi cela? Qui peut s'y opposer? Ici, on serait enchanté de vous posséder, j'en ai la certitude; on rend toute justice au comte Barbaroux, on a pour lui l'estime qu'il mérite, ce qui n'empêche pas qu'on ne vous connaisse et qu'on ne fût heureux de vous y voir. Si vous pensiez que l'on peut faire quelque démarche, dites-le-moi. Croyez-vous que le roi Charles Emmanuel (1) y puisse quelque chose et qu'il voulût en parler à son auguste frère? Je serais fort en mesure auprès de lui, et je serais fort affligé que vous eussiez ce que vous ne demandez pas.

« J'ai été, de même que vous, affligé de voir M. Fiévée sur le banc de la justice correctionnelle. Je lui avais su gré d'un ouvrage dans lequel il avait rendu hommage à la vérité, quand on cherchait à la cacher. Mais, je n'ai d'ailleurs que peu de rapports avec lui, et je suis loin de l'excuser des sottises qu'il a publiées, en dernier lieu, et de toutes celles qu'il a débitées sur ce fameux concordat, dont tout le monde m'a fait des compliments, et dont personne ne veut maintenant. J'ignore ce qui pourra le remplacer; mais, dans mon âme et conscience, je crois qu'il est aussi bon que les circonstances peuvent le permettre, car il prévient tout le mal et laisse la latitude nécessaire pour

---

(1) Après avoir régné sur le Piémont de 1798 à 1802, le roi Charles-Emmanuel IV, las du pouvoir, avait abdiqué en faveur de son frère. Entraîné par une dévotion exaltée, il s'était établi à Rome et retiré dans un couvent où il recevait les plus éminentes personnalités de la société romaine. Il y mourut sous le froc, en 1849.

faire tout le bien qu'on peut désirer. Ainsi soit-il.

« Tâchez de lire mon griffonnage, plaignez-moi d'avoir mal aux yeux; plaignez-moi de ne pouvoir causer avec vous; écrivez-moi, je vous prie, sans cérémonies, l'amitié n'en veut pas, et soyez certain que la mienne pour vous, mon cher comte, ne peut être ni plus tendre, ni plus fidèle. »

L'amitié que Blacas exprimait avec cet abandon de cœur eût suffi pour faire souhaiter à Joseph de Maistre, de pouvoir céder aux vœux de son ami. Mais, il hésitait encore :

« Turin, 10 juin 1818.

« L'aimable lettre que vous m'avez écrite, le 29 mai dernier, monsieur le comte, exige que j'y réplique sur-le-champ. Si quelque influence partait du pays où vous êtes, il paraît qu'elle me serait nécessairement utile d'une manière ou d'une autre. Mais, avant tout, souvenez-vous bien, je vous prie, de ce que disait si bien d'Aguesseau : *Dieu me préserve d'occuper la place d'un homme vivant.* Je ne sais pas un mot des goûts, des vues et des projets de celui que je pourrais remplacer. Je ne connais même aucune de ses connaissances. Comment faire donc pour savoir ce qu'il pense? Et comment faire des questions sans donner des soupçons? Je serais inconsolable si je faisais tort ou chagrin à qui que ce fût. Voilà mes scrupules, mon très cher comte, et je pense que vous les approuverez. S'ils n'existent pas pour vous, c'est-à-dire si vous en savez plus que moi sur les intentions du possesseur actuel, je ne m'opposerais pas aux démarches que votre précieuse amitié vous suggérerait. Ce n'est pas qu'il n'y eût encore de graves inconvénients de ce côté, quand tout irait comme nous voulons ; mais, il y en a de tous côtés, et il faut absolument choisir.

« Que ne donnerais-je pas pour une conversation avec un certain pair de France (1) ! Je voudrais, de mon côté, vous parler de ma position et de certaines chances qui doivent être pesées ; mais, à deux cents lieues, comme vous dites, il n'y a pas moyen, et c'est tant pis pour moi, car, vos conseils pourraient m'être grandement utiles. Qui sait si vous ne regardez pas, comme certaines, certaines choses qui ne sont pour moi que possibles? Ce que vous dites sur les postes qui gênent les communications, est incroyable. Mais qu'est-ce donc que le mal d'yeux dont vous me parlez et dont je ne me

---

(1) Le comte de Blacas siégeait à la Chambre des pairs.

doutais nullement? Il me semble que, pendant cinq ou six ans, jamais je ne les ai vus vous refuser service, et je suis bien fâché qu'ils vous inquiètent aujourd'hui. Les miens sont précisément tels que vous les avez connus : détestables et infatigables. Je suis d'ailleurs blanc comme un cygne et radoteur en proportion.

« Si j'allais où vous êtes, je me ferais annoncer sous le nom de ci-devant jeune homme et je compterais un peu sur l'aimable compassion de Mme la comtesse de Blacas que je crois toujours connaître, tant il me paraît impossible que je ne connaisse pas la moitié de M. le comte de Blacas! Je la prie d'agréer mes hommages respectueux. Si j'habitais Rome, j'espère bien que, de temps à autre, elle me mènerait voir les curiosités; alors, tout le monde dirait : *La voilà qui mène l'aveugle*, et chacun lui donnerait un *baïoque*.

« Je me dispense, puisque vous le voulez, de toute cérémonie, et j'y trouve une douceur particulière, ce qui n'a pas besoin d'explication pour votre cœur; Je proteste cependant, mon très cher comte, que je sais très bien ce que vous êtes. Tout à vous pour la vie. »

Au reçu de cette lettre, Blacas s'empressait de

s'informer sûrement des projets de l'envoyé de Sardaigne à Rome, le comte de Barbaroux. « Je me suis assuré qu'il serait très aise d'échanger la place qu'il remplit pour une autre qui lui donnerait dans son pays une existence convenable. » Il avait fait aussi, auprès du roi Charles-Emmanuel, une démarche en faveur de son ami. « Il m'en a fait l'éloge le plus juste, le plus mérité. J'ai vu qu'il le connaissait à merveille, et, quoiqu'il ne m'ait pas promis d'une manière positive d'écrire dans le sens que nous voudrions, je crois que ce qu'il mandera sera l'équivalent. Mais, il m'a paru d'ailleurs tellement déterminé à ne se mêler de rien qu'il faut agréer ses bons offices sans paraître le savoir et en garder le silence, même vis-à-vis de lui. » En envoyant ces détails à de Maistre, le 8 août, Blacas s'excusait d'avoir tardé à les lui faire tenir. Mais, il avait eu la douleur de perdre son beau-père; sa femme, grosse à cette époque, était pénétrée de douleur; lui-même souffrait de mille petites incommodités. Ses yeux souvent malades ne lui permettaient pas toujours d'écrire. « Il n'a rien moins fallu que tout cela, mon cher comte, pour que je laissasse passer aussi longtemps, sans vous rappeler la tendre amitié et le fidèle attachement qui ne peuvent finir qu'avec mes jours. »

La réponse que reçut Blacas à ces déclarations affectueuses et à ces témoignages d'intérêt, était écrite sur un papier de deuil.

« Turin, 23 août 1818.

« Hélas! monsieur le comte, vous m'envoyez un triste cachet noir; voilà le mien : il est de la même couleur. Votre lettre est arrivée dans un des moments les plus pénibles de ma vie. Je viens de perdre le plus aimable et le plus aimé des frères, le nouvel évêque d'Aoste, mort dans mes bras après une maladie assassine, de quatre ou cinq jours, que personne n'a connue. Ah! mon cher comte, quelle perte! Elle empoisonne le reste de ma vie. Je ne vous parle pas du mérite de ce frère, de son éloquence, de ses travaux apostoliques, de son amabilité. Il n'a jamais eu l'honneur d'être connu de vous; mais, je sais bien que vous me plaindrez. Toute ma famille est atterrée de ce coup, et moi, en particulier, j'en suis demeuré presque hébété. Ce malheur, ajouté à tant d'autres amertumes, m'a conduit à un état d'apathie et de dégoût dont je n'avais pas d'idée. Ma tristesse, cependant, ne me rend pas insensible à la vôtre; au contraire : je la sens plus vivement. Vous êtes bien heureux au moins que Mme de Blacas, dans l'état où elle se trouve, ait pu supporter ce coup. J'ai eu peur, au pied de la lettre, en voyant, dans votre épître, combien elle était peu disposée à recevoir une secousse aussi cruelle. J'espère, de tout mon cœur, que le reste de la maladie si connue, se passera heureusement et que vous serez de nouveau père sans qu'il vous en coûte une crainte. Je me rappelle souvent avec une douce mélancolie ces moments déjà si loin de nous, où je vous disais : *Au nom de Dieu, faites-moi des Blacas.* Vous branliez la tête alors, comme si je vous avais parlé d'une chose impossible. Vous y voilà cependant, grâce à Dieu. Ce serait bien dommage qu'une aussi bonne race se fût éteinte.

« Le frère que je pleure prêchait à Bordeaux devant Mme la duchesse d'Angoulême, au moment de la catastrophe. Elle le traita avec beaucoup de bonté. Un jour, entre autres, elle lui dit : *Monsieur l'abbé, le livre de monsieur votre frère a contribué en grande partie au rétablissement de ma famille.* De toute fatuité, *libera nos, Domine.* Mais, c'est seulement pour vous dire, monsieur le comte, que, lorsque j'eus l'honneur d'être présenté l'année dernière à cette auguste personne, elle ne me dit pas un mot de ce même livre. Il est bien permis de voir ici un ordre exprès. Mais ce n'est pas le tout : lorsque je *lui* fus présenté, il ne m'en dit rien; et même, il affecta de me parler du *Voyage autour de ma chambre*, dont il s'agissait très peu dans cette occasion. C'était une manière assez ingénieuse de dire sans le dire : *Quant à vous, je n'ai rien à vous dire.* En me rappelant tout ce qui s'était passé, j'avais bien droit d'être un peu surpris. J'ai tout attribué à ma profession de foi anticonstitutionnelle, si mal à propos réimprimée, sous mon nom, par je ne sais quelle main ennemie. Ma foi, je ne sais qu'y faire. Je n'en devins pas moins nigaud comme je me suis donné l'honneur de vous le dire

« Je vois d'ici les peines dont vous me parlez. Je connais votre cœur et votre manière de penser. Je vois ce qui se passe. Vous n'avez aucun sentiment qui me soit étranger.

« Je suis enchanté que vous ayez été content de M. Kœhler. Avec le goût que vous avez pour les belles choses, vous aurez nécessairement mis à profit votre séjour à Rome pour vous procurer une excellente collection. Je voudrais bien l'examiner avec vous; mais, je n'aurai pas ce plaisir. J'ai pressenti que le parti est à peu près pris sur mon compte. Je serai ministre d'État et premier président du Sénat de Savoie, fort bien! mais, c'est ce qu'il fallait faire l'année dernière, quand j'arrivais de Paris. Aujourd'hui, on me ruine par deux établissements successifs ; mais, je ne sens plus rien et tout m'est indifférent.

« J'ai bien tâté le terrain sur la Ville éternelle ; mais, j'ai vu qu'on n'est pas disposé à rien faire d'extraordinaire. Or, que voulez-vous que je fasse là avec une famille et trente-six mille francs ? Il faut donc se résoudre à finir ma vie dans les montagnes. J'ai passé six jours chez moi en venant ici. J'ai trouvé vingt maisons nobles, au moins, fermées, dans une ville de douze mille âmes, toutes mes connaissances mortes ou dispersées, les hideux acquéreurs à la place de tout ce que j'avais connu et aimé. Allons, cependant ; peu importe ; encore quelques jours et tout est dit.

« Je ne suis pas moins infiniment sensible à tout ce que vous avez bien voulu faire pour moi. D'une manière ou d'une autre, ce mouvement me sera utile, et qu'y a-t-il de plus heureux que d'être redevable à ceux qu'on aime ? Au reste, comme mon sort a toujours été d'obtenir ou d'avoir constamment ce que je n'attendais ni ne demandais, il peut bien se faire que mon étoile me réserve encore quelque surprise dans cette occasion et que je sois fait archevêque de Turin.

« Que je vous plains pour ce mal d'yeux ! J'aime mieux être privé de vos lettres que de vous fatiguer la vue. Ne m'écrivez plus, ou ne m'écrivez que des billets. Votre lettre de quatre pages, me donne des remords.

« Je vous renouvelle de tout mon cœur, monsieur le comte, l'assurance du tendre et profond intérêt que j'ai pris à votre malheur et à vos alarmes pour ce que vous avez de plus cher. Dieu vous bénisse l'un et l'autre. Il m'en coûte de ne plus vous voir. Je n'ai rien rencontré, sur le chemin de ma pénible vie, de plus agréable pour moi que votre amitié. Qu'il m'eût été doux, après vous avoir quitté sur la Néva, *ne' tempi piu processori*, de vous retrouver sur le Tibre *ne' tempi...* Qu'est-ce que j'allais dire ? Les tempêtes sont-elles donc finies ? Je n'en crois rien ; elles font moins de bruit que les précédentes ; mais, le fusil à vent tue aussi bien que l'autre. Je suis à vous pour la vie, monsieur le comte, mais, croyez-le bien, d'une façon toute particulière. »

Deux jours après le départ de cette lettre, une occasion s'offrant à Joseph de Maistre d'en expédier une nouvelle à Blacas, sans avoir à craindre qu'elle ne fût ouverte avant de parvenir à sa destination, il lui écrivait plus librement, et lui avouait sa tristesse, sa lassitude morale, les appréhensions que lui causait l'avenir qui s'ouvrait devant lui.

« 25 août 1818.

« M. le marquis d'Azeglio, grand de cour de deuxième classe, qui s'en va rejoindre sa femme à Rome, me fournit l'occasion, monsieur le comte, de vous dire quelques mots que je ne voudrais pas confier à la poste. Ma position est un terrible problème. Faut-il demeurer en deçà ou au delà des Alpes ? Qu'arrivera-t-il sous peu de temps ? Jamais, on ne m'ôterait de la tête que la Savoie vous tombera. L'Autriche spécule sur nous, n'en doutez pas. La princesse de Carignan nous donnait des espérances. Après les déclarations officielles et le plus joli ventre possible, tout à coup : Pstt! J'ai été désappointé plus que je ne puis vous le dire. Tant qu'il y aura dans le monde une goutte de sang de Savoie, je lui demeurerai attaché ; mais, s'il fallait être Autrichien ou Français, je ne balancerais pas longtemps.

Il y a une autre question : si nous étions cédés, c'est-à-dire nous ultramontains, alors il ne s'agirait plus de fidélité ; il faudrait prendre son parti. Je vois telle secousse, tel changement possible, où il ne serait pas du tout indifférent pour moi d'être ici ou là. Si vous étiez ici, vous verriez bien d'autres choses encore. Tout bien examiné, je n'ai voulu faire aucune demande. On fera ce qu'on voudra. Si l'on me destine à la Savoie (1), je me laisserai nommer. Je m'éloignerai de vous avec chagrin; mais, j'espère qu'un jour vous serez moins éloigné de moi.

« Votre pays, monsieur le comte, est un étrange spectacle. Je sens tout ce que les mécréants doivent vous faire souffrir. Mais, la France est le pays des miracles. Il s'en fera encore. En attendant, croyez que lorsque je me rappelle certaines choses qui se sont passées entre nous, et que je vois ce qui se passe aujourd'hui, je ne sais si je dors ou si je veille. Rien ne fixe mon attention comme l'imperturbable constance dans les hommes et dans les systèmes. On dirait que c'est un plan fait et suivi depuis vingt ans. Tout ceci nous mène incontestablement à quelque chose d'extraordinaire. Mais quoi? Mais quand? C'est le secret de la Providence, et, en attendant, il faut que votre pauvre ami prenne un parti. Où poser le pied? Où planter mon fils?

(1) Il était question de le nommer premier président à Chambéry.

« M. le marquis d'Azeglio, qui veut bien se charger de cette lettre, est un homme de nom et de mérite, qui est tout à fait de l'ancienne religion et avec qui je suis extrêmement lié. Il est un grand ami de la religion catholique, apostolique et romaine, ce qui ne le rend pas fort agréable à nos mécréants (car nous avons aussi les nôtres). Sa maison m'a été extrêmement agréable dans ce pays; c'est une de celles, en très petit nombre, où je respire librement. Il a fait ce qu'il a pu pour m'entraîner à Rome; je l'aurais grandement désiré; mais, il faut faire ce sacrifice à l'économie et aux convenances aussi, car quelle attitude aurais-je dans une grande ville après avoir représenté pendant quinze ans auprès de l'une des premières cours de l'Europe? Souvent, j'ai pris la liberté de le dire en riant, au roi qui me reçoit toujours avec beaucoup de bonté : *Sire, mes amis ne savent plus comment m'écrire, et moi, je n'ose plus signer.* Il faut rendre justice à sa bonté; il y a quatorze mois qu'il me dit que j'ai raison. Voilà mon histoire, monsieur le comte. J'aurais bien d'autres choses à dire sur votre pays; mais, je craindrais, malgré la sûreté de l'occasion, de manquer de respect à votre caractère, si je m'avisais de toucher à certains points.

« J'ai mangé à Saint-Pétersbourg une grande partie des capitaux qui me restaient; le reste du reste disparaît ici peu à peu. Car ce n'est pas, comme vous sentez, avec une pension de sept mille quatre cents francs que je puis subsister. Mon frère aurait pu pousser un peu ma barque; il a disparu. Si cet état de suspension dure encore, en vérité, je ne sais ce que je deviendrai. Vous voyez, monsieur le comte, que votre pauvre ami n'est pas couché sur des roses. J'ai voulu profiter d'une occasion sûre pour vous faire ce détail, afin que vous sachiez bien à quoi vous en tenir. La froideur qui suit de si longs services, les privations, les terreurs de l'avenir, la mort de mon frère, l'âge qui s'avance, d'excellents enfants qui font tout pour moi sans que je puisse rien faire pour eux, la nature du gouvernement et la jalousie des langues, qui font de moi une espèce d'étranger, tout cela, mon très cher comte, me jette dans un état cruel. Je tâche cependant de ne pas me laisser abattre. L'étude, les jouissances domestiques, qui ne sauraient être plus grandes, et quelques distractions mondaines, me suffiront pour passer le reste de mes jours d'une manière tolérable. Ce qui me désespère chaque soir, c'est de ne jamais savoir trouver votre hôtel.

« Voici un moment bien solennel (1). Quel homme, s'il n'a pas tout à fait perdu l'esprit, oserait dire : il arrivera ceci ou cela! Je fais des vœux bien ardents pour tous vos vœux.

« Dites-moi une fois, si vous le voulez : *J'ai reçu la vôtre le 25 août.* Ayez un peu compassion de moi, si cela ne vous gêne pas, et croyez que personne au monde ne vous est plus dévoué que moi.

« Après avoir fermé cette lettre, monsieur le comte, j'ai appris aussi sûrement qu'on peut être sûr de ce qui n'est pas fait, que j'étais destiné à la première présidence de Savoie (2). »

Une amitié véritable et sincère est toujours ingénieuse dans ses manifestations. Celle que le comte de Blacas avait vouée à Joseph de Maistre, s'était émue des pénibles aveux auxquels se livrait celui-

---

(1) En France, on était à la veille des élections pour le renouvellement de la Chambre. Les partis s'y préparaient avec ardeur, l'ultra-royalisme poursuivant le même but que celui de la Révolution : le renversement du ministère Richelieu auquel ils ne tenaient aucun compte de la mémorable victoire qu'il venait de remporter au congrès d'Aix-la-Chapelle, où il avait fait décider par les puissances l'évacuation du territoire français que leurs armées occupaient depuis 1815.

(2) Cette nomination ne se fit pas et, peu après, le comte de Maistre était appelé à la direction de la grande chancellerie du royaume de Piémont, avec le titre de ministre d'État. Il conserva ces fonctions jusqu'à sa mort.

ci, quand il parlait de sa situation matérielle. Ils lui suggérèrent la pensée d'offrir spontanément un service qu'on ne lui demandait pas, et il le fit, le 26 septembre, avec autant de bonne grâce que de simplicité :

« Castel-Gandolfo, 26 septembre 1818.

« Oui, mon cher comte, votre cachet a répondu bien tristement au mien, et vous connaissez trop mon amitié et les tendres sentiments que je vous ai voués pour ne pas être certain de la vive part que je prends à votre profonde douleur. C'est par le roi de Sardaigne, Charles-Emmanuel, que j'ai appris la perte que vous avez faite; il s'en affligeait pour le troupeau qui a perdu, en Monsieur votre frère, un si respectable pasteur; il le regrettait pour lui-même et il le regrettait pour vous, mon cher comte, dont il sait si bien apprécier l'esprit, les principes et toutes les qualités qui vous distinguent. Vous pouvez juger, d'après cela, du plaisir que je trouve à lui parler d'un voisin qui sera toujours bien près de moi, quelle que soit la distance physique qui nous sépare.

« M. le marquis d'Azeglio ne m'a remis que, depuis huit jours, vos lettres du 23 et du 25 août;

vous m'y donnez mille détails qui m'affligent et auxquels je ne puis répondre que par mon silence. Mais, soyez certain, mon cher comte, que toute considération à part, si l'on peut jamais mettre à part les considérations... on aurait, en 1814 et en 1815, parlé de tout autre chose à un très estimable voyageur que d'un voyage qu'il n'a pas fait, quoiqu'il soit d'ailleurs très agréable.

« Je voudrais bien savoir si mon ami sera enfin en deçà ou au delà des Alpes; tout ce qui le regarde m'occupe vivement et je me trouve heureux de pouvoir en parler avec quelqu'un qui le connaît, c'est dire qui sait tout ce qu'il vaut...

« Je suis épouffé, mon cher comte, de tous vos déplacements; j'en prévois, cependant, encore un qui sera très cher; il me peine extrêmement, et il faut que vous me permettiez d'user de tous les droits de l'amitié pour vous demander, avec instance, de vouloir bien disposer de ma bourse. Je puis, sans me gêner le moins du monde, mettre mille louis à votre disposition; nous prendrons des arrangements pour que vous me les rendiez peu à peu et sans vous déranger. Pensez, mon très cher comte, que cet argent ne m'est nullement nécessaire, qu'il dort dans mon tiroir, et que je serais très affligé d'apprendre que vous avez déplacé de nouveaux fonds, quand vous pouvez disposer de ceux que je vous offre, qui ne me servent point et que vous me rendrez sans vous en apercevoir. Vous m'obligerez beaucoup si vous acceptez ma proposition, et un refus me fera craindre que vous ne l'ayez regardée comme déplacée.

« Adieu, mon cher comte. Rendez toujours justice à la tendre et constante amitié qui m'attache à vous pour la vie. »

La réponse de Joseph de Maistre à ce délicat témoignage d'amitié (1) trahit son émotion, sa reconnaissance : « Lorsque, au milieu de la triste indifférence, de l'égoïsme glacé, et de quelque chose de pire encore, on vient à rencontrer une âme comme la vôtre, on respire, on se console; on est comme le voyageur qui traverse les déserts de l'Arabie et qui trouve tout à coup un bosquet et une fontaine : il s'assied à l'ombre et il boit. » Néanmoins, il déclinait l'offre de son ami. Il l'accepterait s'il avait à pourvoir aux frais d'un voyage accessoire, à marier une fille, à acheter une terre. « Mais, dans la position où je me trouve,

---

(1) Elle est dans la *Correspondance* imprimée, t. VI, p. 171. Mais, c'est par erreur qu'elle y est placée à la date du 29 mai 1819. Elle est du 9 octobre 1818.

que ferais-je de votre argent? Puisque vous voulez que je tire sur vous, voici ma prétention, monsieur le comte. Vous rappelez-vous qu'en partant de Saint-Pétersbourg vous me laissâtes un Virgile Baskerville? J'avais écrit sur ce livre : *Souvenir de M. le comte de Blacas*. On me l'a inhumainement volé. Envoyez-moi, je vous prie, un autre volume latin, français, italien ou anglais sur lequel vous écrirez votre nom. Je mets à ce don deux conditions : je ne veux qu'un volume; il ne vaudra pas plus d'un louis. Si Votre Excellence passe les conditions, elle ne se courroucera point si je prends la liberté de lui renvoyer brutalement la pacotille. Agréez, je vous prie, cette proposition qui me tenait au cœur depuis longtemps. » Ces sentiments de gratitude se retrouvent dans une lettre que, peu après, de Maistre confiait à un de ses compatriotes, l'abbé de Bissy, qui se rendait à Rome.

« Turin, 5 décembre 1818.

« Très cher comte,

« Cette lettre vous sera remise par M. l'abbé, comte de Bissy, mon compatriote et mon ancien ami. Nous étions de plus voisins dans notre ville natale, et, pendant un grand nombre d'années, nous n'avons cessé de nous voir de la fenêtre, lorsque l'aimable Révolution nous lança en sens contraire sans la moindre espérance de nous revoir. Cependant, nous nous sommes rencontrés miraculeusement, en vingt-cinq ans, une fois sur les Alpes, une fois à Paris, et enfin à Turin, d'où l'abbé part pour s'en aller voir la capitale de la chrétienté. Il vous expliquera lui-même comme quoi il appartient à la France autant qu'à la Savoie. Permettez que, sous ce double rapport, je vous le recommande instamment pendant son séjour à Rome. Il appartient à l'une des meilleures maisons de Savoie et il était destiné à courir chez vous une carrière très distinguée si sa fortune et ses espérances n'étaient pas tombées dans l'abîme commun. Il professe d'ailleurs la même religion que nous, et vous pourrez lui parler en toute sûreté. Je vous prie, en style royal, d'ajouter foi à tout ce qu'il vous dira sur ma singulière situation et sur l'état du Piémont en général, qu'il a eu le temps de bien connaître. Il vous expliquera comment, si l'on vivait d'estime et de considération, je serais sûr de dîner demain, et comment, malgré les plus dignes oppositions du monde, je pourrais fort bien me trouver ministre d'État après-demain, si je ne meurs pas demain. Enfin, monsieur le comte, dites hardiment comme

Arlequin : *Tutto il mondo è fatto come la nostra famiglia :* il n'y a de différence que celle qui tient aux masses. Il y aurait de l'impertinence à vous parler *de ce qui ce passe à Babylone.* Recommandons donc le tout à Dieu et n'en parlons plus.

« J'espère, monsieur le comte, que vous aurez reçu ma dernière lettre du 9 octobre. J'ai toujours sur le cœur la vôtre du 26 septembre ; mais c'est dans un sens tout différent de celui attribué à l'expression vulgaire. Combien j'ai senti ce trait de délicatesse et de bienveillance raffinée ! Mais, je ne veux pas me faire gronder en vous en parlant encore. Heureusement, vous ne pouvez m'empêcher d'y penser.

« Est-il possible que j'aie perdu tant de temps ici sans avoir pu faire une course *ad Limina Apostolorum ?* En vérité, il y a des moments où la sagesse est bien pénible.

« Je vous embrasse tendrement, monsieur le comte, et vous prie (mais fort inutilement, à ce que j'espère) de me conserver une amitié que j'aime par-dessus toutes les autres. »

Ce qui se passait à Babylone (à Paris), c'était la démission du duc de Richelieu qui descendait du pouvoir au lendemain du Congrès d'Aix-la-Chapelle, les exigences des partis, les passions déchaînées dans les Chambres, les violences de la presse et la constitution d'un cabinet nouveau où Decazes représentait ces idées libérales que Joseph de Maistre et Blacas n'avaient cessé de honnir et de combattre, moins pour elles-mêmes que parce qu'ils considéraient qu'elles mettaient des armes meurtrières aux mains des ennemis de la monarchie. Ce qu'en pensait le premier, il le disait en toute franchise.

[Sans date.]

« Monsieur le comte,

« Permettez que je vous écrive pour vous écrire. Il y a un siècle que je n'ai pas joui de ce plaisir. Voilà le marquis d'Azeglio qui s'en retourne à Rome; c'est une excellente occasion pour vous parler en main propre, pour parler le style des Variétés. Comme je ne sépare jamais les événements publics de votre cher et vénéré souvenir, en voyant les événements de votre patrie, *je m'écrie en silence :* Quelle triste et superbe et décisive apologie de mon illustre ami! Si on l'avait laissé à sa place, j'imagine qu'aujourd'hui le marbre ne serait pas employé au tombeau de Masséna. Votre éloignement du trône est certainement, ou fut une calamité publique; car, à présent, je ne sais, en vérité, ce que vous y feriez. Enfin, monsieur le comte, je me mets bien à votre place. Je me représente souvent vos pensées et je gémis de tout ce qui vous fait infailliblement gémir. Comment tout ceci doit-il finir? Il me semble qu'il y a deux réponses à faire. Si l'on me parle de la fin proprement dite, je crois que l'on peut répondre hardiment : « Fort bien, » et sans crainte de se tromper. Je persiste à croire que la France se tirera de là au profit de l'humanité et qu'elle fera autant de bien au monde qu'elle lui a fait de mal. Mais, si l'on entend parler de la fin immédiate ou du résultat prochain de ce que nous voyons, il faut dire : *Je n'en sais rien*. Personne ne le sait et il y a de quoi trembler. Ayez aussi, de votre côté, un peu de pitié pour ceux qui sont assis sur le bord du volcan. Je ne sais si, dans le moment d'une explosion, il ne vaudrait pas mieux être dedans.

« Je suis désespéré de n'avoir pu vous voir, d'autant plus que mes fers se rivent tous les jours davantage. Le bruit s'est répandu tout à coup que j'allais être fait ministre de l'intérieur et, plusieurs ont ajouté : *sans quitter la chancellerie,* ce qui ne se serait vu que deux fois dans notre monarchie. Je tremble de tous mes membres; je suis dans un état que je ne peux vous décrire. Que n'êtes-vous là, avec votre force, pour m'en donner un peu? *J'ai voulu quelque temps douter de cet honneur, ce malheur.* Mais, le bruit et l'opinion s'affermissent à un point qui m'ôte la respiration. Comment pourrai-je supporter un tel fardeau? Qu'est-ce donc que l'on veut? Ne jette-t-on pas des guirlandes sur une victime suivant toutes les règles des sacrifices? Si l'emploi de ministre de l'intérieur, ou, comme on dit ici, *des affaires internes*, était seul, il y aurait bien encore de quoi *trembler;* seulement, je pourrais me dispenser de *frissonner.* Dans la place que j'occupe maintenant, il y a peu de responsabilité, et, de tous les emplois de la première classe, il n'y en a pas, certainement, qui trouble moins le sommeil. Mais, si mon lit est tendu à *l'hôtel de l'Interne*, je ne dois plus dormir. Si la fortune m'avait un peu moins cruellement traité, j'enverrais promener les affaires; mais, il n'y a pas moyen. Il faut mourir sur la brèche en songeant que j'ai des enfants. Je crois que, dans le courant de l'année, je ferai l'acquisition de quelque terre où je puisse cependant aller me cacher, si l'on faisait trop de bruit en Europe. Mais, vous ririez de moi si vous pouviez voir combien il m'en coûte de changer de langue;

cela ne peut pas s'exprimer. Malheureusement, je ne puis plus délibérer. Je vous exprime encore une fois le plaisir que j'éprouve à vous raconter toutes ces niaiseries paternelles, car je suis assuré que vous les lirez *con benigne compatimento.*

« Parlez-moi aussi de vous, monsieur le comte, et de votre aimable famille. Pour me contenter sur ces objets, vous n'avez pas besoin d'attendre que le marquis d'Azeglio revienne à Turin. Pour tout le reste, c'est autre chose. Quand vous trouverez une occasion aussi sûre que celle-là, faites-moi savoir aussi si vous voyez toujours quelquefois le plus auguste des jésuites. Vous avez bien vu, par ce qui s'est passé depuis, qu'on ne l'avait pas instruit bien exactement sur mon compte. Je doute, en effet, qu'on lui dise la vérité sur aucun point délicat, ou du moins qu'on la lui dise à temps, depuis qu'il n'est plus en état de la lire lui-même. Que Dieu conserve cette grande race ainsi que la vôtre; mais, en vérité, il y a bien sujet de craindre.

« Mme la comtesse de Blacas veut-elle bien agréer les respects du vieil inconnu ? Je lui appartiens autant qu'à vous, monsieur le comte, et j'espère qu'elle voudra bien en être persuadée, quoique je n'aie jamais eu le bonheur de lui présenter mes cheveux blancs.

« Suivant les ordres de Votre Excellence, je suis sans cérémonie de la plus excellente des excellences le très dévoué serviteur et éternel ami. »

La répugnance qu'inspirait à de Maistre ce poste de ministre de l'intérieur pour lequel il se croyait désigné ranimait dans l'esprit de Blacas la pensée de le faire venir à Rome, et il le lui disait :

« Rome, 16 décembre 1819.

« Mon très cher comte,

« Je vous ai mandé, dans le temps, que j'avais prié le roi de Sardaigne (Charles-Emmanuel) de parler de vous et de tous vos services au roi son frère; il me promit de le faire, et m'assura du plaisir qu'il aurait à vous être utile. Le résultat de ses démarches n'a pas encore été prospère; je le regrette extrêmement, et il me tarde de vous savoir placé aussi convenablement que doit l'être un homme comme vous.

« Permettez, cependant, que j'en revienne à mes idées et que je vous répète que la mission de Rome serait ce qui vous conviendrait davantage. Le marquis d'Azeglio pourra vous dire que le corps diplomatique n'y fait aucune dépense, que l'on peut se loger convenablement à un prix très modique, et qu'avec une voiture et deux valets à livrée, vous serez comme tous les ministres qui résident ici. D'après cela, mon cher comte, vous voyez que le traitement qui vous avait paru trop médiocre, peut suffire. M. de Barbaroux ne désire pas rester à Rome ; ainsi, vous ne prendrez qu'une place qu'il occupe temporairement, car, dans le fait, il n'est pas ministre, mais, simplement chargé d'une mission extraordinaire. Tâchez de venir et je crois pouvoir vous assurer que vous n'en serez pas fâché.

« J'ai répondu comme j'ai pu à votre dernière lettre, mon cher comte, et je ne vous parlerai plus de ce que j'ai toujours à votre disposition ; mais soyez certain que vous me ferez un sensible plaisir quand vous voudrez bien en disposer. J'aurais mille choses à vous dire sur nos affaires ecclésiastiques, sur la France, sur le Piémont, etc., etc. ; mais, mes yeux me refusent service. Je suis obligé de remettre à une autre fois, et je désire seulement que vous puissiez déchiffrer, au milieu de mon griffonnage, la plus tendre assurance de mon invariable attachement et de ma constante amitié. Adieu, mon cher comte. Je vous embrasse de tout mon cœur. »

Les vœux de Blacas ne devaient pas se réaliser.

Au moment même où il les formulait, Joseph de Maistre était nommé ; non ministre de l'intérieur comme il l'avait redouté, mais ministre d'État. La nomination fut décidée et signée par le roi à la mi-décembre. En même temps qu'elle réparait, à l'égard de l'illustre écrivain, les injustices du passé, elle mettait un terme à ses préoccupations matérielles. A peine assis à ce poste important, il s'empressait d'avertir Blacas de ce grand changement.

« Turin, 19 décembre 1818.

« Monsieur le comte,

« Je serais coupable si je ne me hâtais pas de vous apprendre la décision de mon sort. Après une très longue suspension, je m'étais arrangé assez philosophiquement, comme vous l'avez vu dans quelques-unes de mes lettres, pour une mort civile assez honorable, lorsque, tout à coup, le roi m'a déclaré à la fois ministre d'État et régent de la grande chancellerie. Le régent, qui est parmi nous le premier personnage de la magistrature, revient assez à vice-chancelier. Cependant, c'est quelque chose de plus, et jamais, il n'existe qu'en l'absence du chancelier. S'il plaît au roi de remplir cette dernière place (qui est souvent longtemps vacante), il faut qu'il y nomme le régent ou qu'il le pourvoie ailleurs. Les femmes des ministres ont comme leurs maris le titre d'excellence (ceci est tout à fait italien) et sont placées à la tête des dames de la cour, de manière que, sous tous les rapports, je me trouve parfaitement bien colloqué.

« Cependant, monsieur le comte, j'espère que vous le croirez aisément, je ne sais quel désir et quelle espérance vague de revoir Rome, vivait toujours dans mon cœur. Une très petite lumière n'est jamais plus visible que lorsqu'elle s'éteint. C'est ce que je viens d'éprouver lorsque j'ai vu que tout espoir était éclipsé et que, suivant les apparences, je ne devais plus vous voir. Je me sens oppressé. Agréez ces lignes que le tracas du moment m'empêche de multiplier.

« Je suis pour la vie, monsieur le comte, votre très humble et très obéissant serviteur, et le plus dévoué des amis. »

A cette date, on voit s'espacer les lettres des deux amis. Chacun d'eux, de Maistre à la chancellerie sarde, Blacas à l'ambassade de Rome, est surchargé d'occupations. Blacas, en outre, est souvent entravé par l'état de sa santé. C'est seulement le 23 mai 1819, qu'il répond à la lettre qu'on vient de lire. Dans la sienne, il commence par parler de ce qui s'est passé « à Babylone ».

« Je ne sais, mon cher comte, si les événements dont vous me parlez font l'apologie de votre ami; mais, je sais très bien que le cœur de votre ami souffre sensiblement de cette triste apologie, qu'il avait prévu les résultats de tout ce que l'on a fait contre son avis, qu'il ne voit que trop les suites de la conduite que l'on tient; mais, après avoir fait tout ce qui était en son pouvoir, et avoir répété plusieurs fois ce que sa conscience, son devoir et les sentiments lui prescrivaient de dire, il ne peut plus que former des vœux pour *celui* et pour ceux que rien ne peut éloigner ni de son cœur, ni de sa pensée.

« Mes enfants et Mme de Blacas ont besoin de l'air de la campagne; elle se dispose à augmenter ma famille, et mes petits garçons ont de nouveau la même fièvre d'accès que l'année dernière. Plusieurs de mes gens sont également sur le grabat; c'est une véritable calamité.

« Tâchez, mon cher comte, au milieu de toutes vos grandeurs présentes et futures, de trouver un instant pour me donner de vos nouvelles et de celle des vôtres qui tous m'intéressent vivement. Je continue à souffrir beaucoup de mes yeux, et mon amour pour les médailles, pour les pierres gravées, etc., etc., ne leur convient pas du tout. Mais, il faut vivre dans les temps passés pour oublier les temps présents. Ce que je n'oublierai jamais, c'est mon ancien voisin que j'embrasse de tout mon cœur en lui réitérant sans compliments les plus sincères assurances du tendre attachement que je lui ai voué pour la vie. »

Après cette lettre, nouvelle interruption de cinq mois dans la correspondance. C'est Joseph de Maistre qui le premier rompt le silence.

« Turin, 28 octobre 1819.

« Monsieur le comte,

« Il y a bien un grand siècle que je n'ai reçu de vos nouvelles autrement que par les papiers publics qui m'ont appris que vous aviez été incommodé, ce qui m'a beaucoup fâché. Je tenais aussi de vous-même, que vos yeux ne faisaient pas bien leur devoir. Il me tarde bien de savoir où vous êtes, monsieur le comte, et si vous pouvez déchiffrer à l'aise les légendes de vos médailles. Ne me l'écrivez point cependant de votre propre main. Chargez un de vos secrétaires de m'envoyer une petite relation que j'attends avec empressement.

« Vous venez de voir mourir notre saint roi Charles-Emmanuel. L'histoire ne l'appellera pas Emmanuel l'heureux; il n'a senti que le poids de sa couronne. S'il pouvait nous obtenir dans le ciel une grossesse effective de Mme la princesse de Carignan, il nous rendrait un grand service. Déjà elle nous a trompés; mais, on la dit aujourd'hui dans la bonne voie. Prions pour la conservation des dynasties.

« Il vous souvient peut-être, monsieur le comte, de ce que j'eus l'honneur de vous mander un jour au sujet de ma destination présumée. Je ne puis douter, en effet, que je n'aie été ministre de l'intérieur pendant plusieurs jours. Mais, c'est tout. Comme ailleurs, un parti dominant a fait tourner la chance et la place a été donnée au comte Balbo, ci-devant ambassadeur en Espagne et ministre d'État comme moi. Probablement, on m'a rendu service; cependant, je ne voudrais pas répondre en mon âme et conscience que ce fut l'intention de ceux qui ont fait tourner le vent. Au reste, on ne pouvait faire un meilleur choix que celui de M. le comte Balbo. De tout mon cœur, je lui aurais donné ma voix. Les circonstances m'appellent maintenant à la place de garde des sceaux. Elle est due, à ce que tout le monde dit, à ma qualité de ministre d'État; mais l'Esprit souffle où il veut. Hélas! Monsieur le comte, qu'est devenu le temps où j'étais écrit dans un certain grand livre? Mes affaires en iraient un peu mieux, par contre-coup; mais n'en parlons plus. Allons en avant en disant quelquefois : *Est-il possible?*

« Je suis désespéré que Mgr Grégoire (1), avant de se rendre à Paris, n'aille pas à Rome gagner les pardons et vous faire sa cour. Attendez-vous, monsieur le comte, à quelque grande et inattendue scène de sa part, si l'on ne gêne point son entrée sur le théâtre.

« Tout est parfaitement tranquille ici, et, tant que nos voisins seront sages, rien ne peut remuer. Ce n'est pas que les idées modernes n'aient jeté ici, comme ailleurs, d'assez profondes racines; mais, la masse n'aime pas les renversements, ni même les changements... On me supporte, au reste, avec une bénignité qui m'honore; et, si je ne meurs pas de faim (ce qui commence à n'être pas infiniment probable), j'espère finir mes jours assez doucement.

« Est-il possible que je ne doive plus vous voir,

---

(1) L'ancien évêque constitutionnel qu'on avait vu siéger dans la Convention venait de se jeter de nouveau dans l'arène politique et, au grand scandale des royalistes, d'être nommé député.

Monsieur le comte? Plus cette idée devient probable et moins je m'y soumets. Donnez-moi, je vous prie, des nouvelles de votre chère famille et de Mme la comtesse de Blacas, dont la santé me tenait fort en peine. Je n'oublie point qu'elle a bien voulu m'accorder les droits d'ancienne connaissance. J'en profite pour la prier de permettre que je lui présente ici l'assurance de tout mon respect.

« J'ai profité d'une occasion favorable, monsieur le comte, pour avoir l'honneur de vous écrire un peu à l'aise. M. le marquis et Mme la marquise de Barral, qui s'en vont à Rome, veulent bien se charger de cette lettre. Leur maison est ici à la tête de la grande compagnie et jouit à bien juste titre de la plus grande considération; mais, j'ai personnellement mille raisons de lui être attaché. La jeune dame vous appartient, monsieur le comte; elle est Française et Colbert est son nom; aimable d'ailleurs, spirituelle, obligeante, et, pour que rien n'y manque, l'amie intime d'une fille chérie, l'un des biens, en petit nombre, qu'on ne m'a pas confisqués. Si vous voulez bien, monsieur le comte, lui donner ainsi qu'à son mentor quelques preuves que le nom de votre vieil ami n'est pas oublié chez vous, ce sera une nouvelle obligation que j'aurai à votre précieuse amitié et que j'ajouterai avec beaucoup de reconnaissance à ma liste déjà si longue.

« Sur quoi, monsieur le comte, je prie Dieu qu'il ait Votre Excellence en sa sainte et digne garde, et moi je lui fais ma profonde révérence avec tout le dévouement et la tendresse qu'elle connaît et qui ne peuvent finir qu'avec moi. »

A cette lettre qui lui recommande le ménage Barral, Blacas répond en recommandant à son ami la duchesse de Narbonne.

« Rome, 11 novembre 1819.

« J'aurais voulu, mon cher comte, profiter du retour à Turin de M. d'Azeglio pour vous écrire avec détails sur tant d'objets qui nous intéressent également; mais, j'étais à la campagne au moment où il a quitté Rome; je n'ai pas su l'instant précis de son départ, je me suis laissé aller à ma paresse; enfin, je ne lui ai pas donné de lettre pour vous, quoique je trouve un sensible plaisir à vous parler de la tendre amitié que je vous ai vouée. J'aurais pu, maintenant, donner une longue épître à Mme la duchesse de Narbonne qui doit passer par Turin en se rendant à Paris; mais, je ne l'ai appris qu'au dernier moment, et vous n'aurez que deux mots de votre serviteur. Vous voudrez bien cependant m'en dire grand merci, car ils vous procureront l'occasion de faire connaissance avec la sœur de la duchesse de Damas qui ne lui cède sous aucun rapport, et qui sera enchantée de voir l'aimable comte de Maistre dont elle ne cesse d'entendre parler depuis vingt ans. A Mitau, en Angleterre, en France, en Italie, partout, elle a entendu prononcer son nom, et personne plus qu'elle ne peut l'apprécier.

« Elle vous donnera les nouvelles de Rome que vous désireriez savoir. Vous parlerez ensemble de Paris; vous vous entendrez à merveille, voilà ce qui est certain. Je ne puis vous en dire davantage, car elle va monter en voiture, et n'attend que ma lettre. Je ne la fermerai cependant pas sans vous répéter, mon cher comte, que vous n'aurez jamais d'ami plus fidèle et plus dévoué que votre ancien voisin. »

Cette fois, Joseph de Maistre réplique sans tarder. Mais, comme il n'a fait qu'entrevoir la duchesse de Narbonne, il n'en parle que brièvement. En revanche, combien tendre et profonde l'affection dont témoigne sa lettre !

« Turin, 13 décembre 1819.

« Monsieur le comte,

« J'ai reçu votre délicieuse lettre du 11 novembre, pleine de bienveillance, de souvenir tendre, d'amitié, enfin de tout ce que j'aime et de tout ce que vous exprimez si bien. Cette lettre devait me procurer un grand avantage, celui de faire connaissance avec Mme la duchesse de Narbonne; mais, les circonstances m'ont contrarié au point que, si je n'avais pas dîné avec elle chez M. l'ambassadeur de France, j'aurais eu à grand'peine l'honneur de la voir. Grâce à ce dîner, je l'ai vue assez pour avoir à regretter vivement de ne pas l'avoir vue davantage. De peur de partir le vendredi, elle est partie le mercredi : rien ne m'a nui davantage, car j'avais compté sur le jeudi. Ce malencontreux vendredi m'a fait croire un instant que j'étais encore en Russie. Basta. Il y a toujours dans les meilleures têtes quelque chose d'humain.

« Je vous dirai comme aux enfants, monsieur le comte : *je suis fort content de votre écriture.* Vos yeux me faisant toujours peur, je ne reçois jamais une de vos lettres sans regarder si les caractères ont quelque chose de tremblotant. Je ne vois rien de tel dans votre dernière lettre. Dieu veuille que je ne me trompe pas!

« Vous êtes assez philosophe, monsieur le comte, pour ne pas me dire un seul mot de votre vaisseau perdu (1), peut-être pour n'y plus penser. Pour moi, je suis toujours sur le tillac, prêt à couler bas. Un de mes enfants lisait les papiers publics; il arrive au fatal article de Dieppe : *Ah! mon Dieu! pauvre comte de Blacas!* Ce fut un cri de famille tel que vous avez dû l'entendre. Je voulais vous demander si vous avez pu sauver quelque chose, ce que c'était que cette pacotille, si toutes vos richesses classiques étaient là; mais, je ne veux pas vous y faire penser; non, je ne vous demande rien; mais comme nous avons crié!

« Nous venons de célébrer les obsèques de l'ex-roi que vous connaissiez. Tentures, flambeaux, écussons, inscriptions, oraisons funèbres, profond deuil de gens qui riaient en pensant à d'autres choses, c'est comme toujours, c'est comme partout! Hélas! que sommes-nous, grands ou petits, savants ou ignorants, maîtres ou laquais?

(1) Allusion au naufrage d'un bâtiment qui se perdit aux approches de Dieppe et qui transportait le mobilier du comte de Blacas, à l'un de ses retours en France.

*Un sogno, un ombra anzi del sogno un'ombra
Ch'ad ogni vento si deliqua e sgombra.*

« En attendant cette heure de la disparition, je vis tranquillement au sein de ma famille et dans une position assez honorable. Il paraît qu'on m'a à peu près pardonné le crime dont je suis coupable et dont vous avez été témoin pendant longtemps. Quant à ma fortune, il n'y a plus de remède; tout est perdu, sans retour, depuis la loi du 22 septembre 1818, qui a ratifié les ventes. Le pays, d'ailleurs, par sa position et ses dimensions, ne donne aucune de ces espérances que d'autres permettent. Je ne sais quelle fatale étoile me contrarie dans tous mes projets; dernièrement encore, un marchand vient de me souffler une fort jolie possession, que j'étais sur le point d'acquérir. Je laisserai donc à mon fils un peu de réputation et un nom *illibato*, et il se tirera de la presse comme il pourra.

« Comment vous parler de Paris? Il n'y a pas moyen. Je sais bien qu'à la fin, la victoire demeurera à qui elle appartient de droit; mais, je ne serai plus là pour applaudir.

« N'avez-vous pas trouvé aimable Mme la marquise de Barral-Colbert? Elle a beaucoup d'esprit et un très bon cœur, mais point d'enfant. N'auriez-vous pas de recette, vous qui êtes un grand maître? Ah! que vous me feriez plaisir! C'est une grande amie de toute ma famille, et nous le lui rendons bien. Sous un masque sémillant, elle cache beaucoup de solidité dans ses principes et ses affections.

« Adieu, mille fois, monsieur le comte, digne et excellent ami, dont l'estime et l'affection me seront éternellement chères. »

Cette pensée, qu'un destin contraire dresse entre lui et son ami une barrière et la rend tous les jours plus haute, ne cesse pas de hanter Joseph de Maistre et d'assombrir son esprit. Elle se trahit encore dans une lettre sans date, une des dernières qu'il ait écrites et qui précède de peu de temps sa mort. A ce moment, on voit la vie lui devenir plus lourde; toutes ses réflexions se ressentent du pessimisme dont son âme est voilée; il songe à se préparer une retraite où il pourra finir ses jours, et, pour se l'assurer, il sollicite, au commencement de 1820, cet appui pécuniaire qu'il a naguère refusé.

[Sans date.]

« L'attachement que j'ai pour vous, monsieur le

comte, est bien indépendant des circonstances; cependant, il y a de certains moments où certains hommes sont plus nécessaires. Je ne puis me consoler de cet arrêt qui me condamne à ne plus vous voir. Tout est dit; je n'ai plus qu'à m'envelopper dans de la flanelle et à me faire dorloter par mes enfants, jusqu'à ce que l'aiguille de mon cadran s'arrête. Ma position est unique; c'est un assemblage d'éléments qui se combattent sans miséricorde et me déchirent. Ce qui me console, c'est que je fais ce que je puis et ce que je dois. Sans mes enfants, je m'en irais dans le désert. C'est pour eux que je nage dans le courant des affaires, à l'âge où je serais en droit de les quitter. Je ne sais si j'ai quelque grâce à supporter les dignités sans fortune. Qui peut se juger soi-même? Quelquefois, je ressemble à ce drôle de corps qui voudrait se mettre à la fenêtre pour se voir passer. Cependant, je n'ai point de dettes; l'opinion me soutient assez fortement depuis quelque temps; mon fils marche droit et se trouve fort avancé dans les idées de ce pays (colonel de l'état général). Je ne pense qu'à lui comme vous pensez, car pour moi tout va bien et je suis parfaitement sûr de vivre jusqu'à ma mort.

« Mais, puisque ma plume, en écrivant à un

excellent ami, s'est avisée, je ne sais comment, de descendre jusqu'aux détails domestiques, je voudrais vous faire une question *veramente da sfacciato*. Si je me trouvais, dans quelque temps, obligé de faire un effort pour me procurer, comme je crois que je vous le disais une fois, un jardin et une maison au milieu, l'offre, que vous me fîtes un jour avec tant de grâce et d'amitié, subsisterait-elle toujours? Bien entendu que vous auriez toutes vos sûretés et que je ne demanderais à votre amitié que des remboursements divisés.

« J'éprouverais une grande douceur à me jeter dans vos bras et à vous devoir en partie l'arrangement d'une affaire qui m'intéresse. Voyez comment je réponds à vos offres! Vous êtes le seul homme dans le monde fait pour ce trait d'amitié et vous êtes le seul homme dans le monde dont je puisse l'accepter. J'ai un peu honte cependant. Si les circonstances avaient changé pour vous, faites-moi le plaisir d'oublier cette page et de la regarder comme non avenue.

« Bonjour, monsieur le comte. Je vous quitte tristement, plein, comme vous, de funestes pensées et ne sachant pas trop où m'appuyer. Dans tout le cours d'une vie tempêtueuse et pénible, rien ne m'est arrivé de plus agréable et de plus heureux que le bonheur de vous connaître. »

Un court passage d'une lettre postérieure nous laisse deviner que la réponse de Blacas fut conforme à ce que souhaitait Joseph de Maistre.

« Puisque vous le voulez, écrivait celui-ci, je me prévaudrai, non sans quelque rougeur cependant, de l'offre aimable que vous m'avez faite, et, dans le cas d'une acquisition que j'ai en vue, je tirerai sur vous pour cette somme convenue de mille louis, en vous faisant tenir mon obligation. Je promettrai le remboursement en quatre payements de deux cent cinquante louis chacun, à la fin de chaque année, de manière que vous serez remboursé ou par moi, ou par mon héritier, à la fin de la quatrième. Il me semble que vous y consentez; ainsi, tout est dit (1). »

« Je pars demain pour ma petite Savoie, et de là je m'en vais à Valence marier mon fils à la fille aînée du marquis de Syayes, ancien officier de la

(1) Joseph de Maistre eut part à l'indemnité des émigrés, mais fut loin d'être dédommagé de tout ce qu'il avait perdu en Savoie. Avec la faible compensation qui lui fut accordée et les mille louis que lui prêta le comte de Blacas, il acheta une terre de 100,000 francs, « seul héritage matériel qu'il légua à ses enfants », nous dit son fils.

marine royale, réformé parce qu'il avait soixante-douze ans, ce qui est tout simple. Ce mariage réunit toutes les convenances, me promet beaucoup de bonheur; mais, tout mariage est un coup de dés. Ainsi, je ne me flatte point trop, malgré l'excellence de la demoiselle.

« Vous avez donc lu *le Pape* après l'avoir si souvent vu. Ne me grondez pas pour mon enfantillage. Jugez comment je puis écrire deux lignes sans vous les envoyer; mais, pour cette fois, jamais je n'ai osé. Je me rappelais tout ce qui s'est passé entre nous; il me semblait qu'il y avait un peu de *sfacciagine* à vous présenter mon œuvre. Enfin, grondez-moi ou ne me grondez pas, jamais je n'ai su me déterminer. »

« Je n'ai pas le droit de vous adresser de certaines questions; mais, je me doute bien au moins decertaines choses. Mon Dieu! que deviendrais-je si vous passiez à Turin sans m'y trouver? Prévenez, je vous en prie, prévenez ce malheur en me tenant parfaitement au fait, s'il y a lieu, et quand il sera temps.

« Voilà donc encore un forfait en France (1).

« Allez! »

(1) L'assassinat du duc de Berry, 13 février 1820.

Les lettres qui suivent et qui marquent la fin de cette longue et amicale correspondance ne présentent pas l'intérêt des précédentes. Le temps manque à de Maistre pour se répandre encore en dissertations. Il se sent, d'ailleurs, vieillir; l'avenir de l'Europe l'épouvante de telle sorte qu'aux témoignages d'affectueuse gratitude qu'il adresse à son ami, se mêlent des réflexions qui trahissent le pessimisme auquel son âme est livrée.

[Sans date.]

« Monsieur le comte,

« Mille grâces de ce que vous m'avez un peu grondé. Votre santé, vos yeux surtout m'inquiètent. Je vous adressai une lettre tout amoureuse sur ce sujet. Point de réponse de votre excellente Excellence. Bientôt, je lus dans les papiers publics l'aventure funeste du vaisseau : ce fut un cri chez moi. Je vous le rendis-sur-le champ avec une chaleur toute particulière : point de réponse encore, ce qui me fit dire : « Diable! pourquoi donc ce silence? » Il se prolongeait toujours lorsque le marquis d'Azeglio partit. J'avais la tête extrêmement embarrassée de mille choses : voilà ce qui fit que votre ami fut muet. Je vous assure, monsieur le comte, que j'ai beaucoup de soucis, d'embarras, de chagrins même, que votre dernière lettre est venue augmenter. Je pleurais amèrement la perte du fils unique de mon bon frère, mort à Saint-Pétersbourg, le 21 février dernier.

« Les détails que vous me donnez sur votre santé m'achèvent. Et que dirons-nous des dernières horreurs de Paris ? Je pense toujours à vous quand il arrive quelque catastrophe révolutionnaire ; cette dernière n'est surpassée que par le 21 janvier 1793. »

« Turin, 23 août 1820.

« Monsieur le comte,

« Vous m'écriviez il y a déjà assez longtemps une lettre par laquelle vous aviez la bonté de me rappeler vos offres obligeantes en me disant même que vous aviez laissé des ordres à Rome, etc.

« Pendant ce temps, j'étais en France occupé à marier mon fils. De retour à Turin et après avoir encore un peu *lanterné* suivant mon usage, *je me donnai l'honneur* de répondre à la vôtre. La mienne est du 7 de ce mois. Je vous disais dans cette lettre que je me prévaudrais donc de vos bontés, en vous demandant si je devais tirer à Rome ou à Florence.

Je vous proposais de plus un remboursement, en quatre ans, sur le pied de deux cent cinquante louis par an. Je répète cette proposition aujourd'hui, monsieur le comte. Si votre amitié l'agrée, j'irai en avant.

« Ma lettre ayant été mise à la poste sans affranchissement par une distraction de maître ou de domestique, je la fis demander le lendemain pour lui donner cours; mais, on ne la trouva point. Les commis me firent dire qu'elle était partie. J'en doute beaucoup; je crains, du moins, qu'elle n'ait fait fausse route et qu'elle n'ait été arrêtée dans quelque bureau. C'est ce qui m'engage à vous adresser celle-ci pour plus de sûreté, et permettez-moi aussi de vous répéter qu'aucune délicatesse de votre part ne s'oppose, ce me semble, à ce que vous usiez de vos droits à l'égard de l'intérêt.

« Je suis ici dans la plus grande des attentes; le jeune couple va m'arriver. Quel moment pour un bon papa! On me dit que la nouvelle dame commence à être un peu incommodée. La chose est très possible et j'approuve tout ce qui a été fait pour amener la maladie. Je n'aurais pas osé vous tenir ce propos lorsque vous étiez garçon, ne sachant rien de rien : mais, à présent, il n'y a pas d'inconvénient.

« Monsieur le comte, j'embrasse Votre Excellence avec une tendresse qui n'a rien de commun, je vous l'assure, avec l'argent que vous voulez me prêter.

« Votre très humble serviteur et éternel ami. »

[Sans date.]

« Monsieur le comte,

« Puisque vous le voulez, je tire aujourd'hui sur votre maître d'hôtel et, tout de suite, vous recevrez une obligation dans les termes convenus. A l'égard de l'intérêt, vous me faites cependant une grande injustice; mais, patience encore! ce procédé m'engagera à faire des efforts pour m'acquitter plus tôt envers un tel ami.

« Je suis bien fâché que l'air de Rome soit fiévreux pour vous. Croyez-moi, ne disputez pas avec lui. Dès que vous verrez arriver la saison intempérieuse, venez tout de suite dans la belle Étrurie, ou bien grimpez quelque jolie colline et tenez-vous-y. Tout compte fait, j'aurais été bien heureux de réussir dans ce projet dont vous m'aviez tant parlé, et d'achever ma vieillesse auprès de vous. Ici, il y a de belles apparences, de beaux titres qui se battent avec la fortune, et dans le fond rien de solide. Je vais tâcher de planter un tabernacle où je puisse achever mon existence. Je ne puis compter sur aucun appui. Dieu sait comment tout cela ira!

« Que pourrais-je vous dire sur les nouvelles que vous ne sachiez avant moi et bien mieux que moi? Vous me parlez de la main invisible; c'est là que tout homme sensé en revient. Mais, observez, je vous prie, qu'il y a deux mains invisibles, car celle qui nous attaque n'est pas moins incontestable que celle qui nous protège. Je compte toujours infiniment sur vous dans la grande tragédie. Vous avez égorgé au premier acte, vous prêcherez au cinquième. Je n'en serai pas, mais je l'aurai prédit.

« Ne me défendiez-vous pas l'autre jour de faire ce que vous appelez des compliments? Allons, monsieur le comte, comme il vous plaira. Sur rien, je ne puis disputer avec vous. Recevez donc l'assurance d'un attachement digne de vous. »

[Sans date.]

« Monsieur le comte,

« On a fait honneur à ma lettre de change, non pas cependant en louis d'or, ce qui ne faisait rien à la chose, mais en écus romains. Vous trouverez mon obligation ci-jointe, écrite en cette conformité.

« Je suis donc votre débiteur! Qui me l'aurait dit? C'est une belle conquête pour moi, mon très cher comte, que celle de votre grand cœur. Une première acquisition de 136,000 francs commence mon établissement dans le pays pour lequel je n'étais pas né; car, je devais vieillir dans mes montagnes. Mais, à l'époque où nous vivons, tous les hommes sont menés par une force qui les entraîne et la raison ne sert de rien.

« Je vous dois bien des félicitations, monsieur le comte, pour le grand événement du 29 septembre (1). Il n'y a rien là qui ne s'accorde avec les prophéties. Oui, vous guérirez; mais, vous êtes encore bien malade. Puissiez-vous contribuer notablement au rétablissement général. Quand vous reparaîtrez, vous serez le feu saint-Elme après la tempête; mais, qui peut se flatter à cette époque? De tous côtés la peste et pas un lazaret! »

[Sans date.]

« Monsieur le comte,

« J'ai reçu votre explication sur les louis et les

---

(1) La naissance du duc de Bordeaux.

écus romains. Je comprends; mille grâces encore à votre excellente amitié; mais avec votre permission, monsieur le comte, mon billet était de rigueur. Pour dix ou vingt louis, je n'aurais pas osé vous l'offrir; mais, pour mille, l'affaire devient sérieuse. Voilà donc qui est entendu. Vous ne sauriez croire à quel point mon cœur est bien aise que vous entriez pour quelque chose dans l'acquisition que je dois faire. Hélas! je demande la permission d'être étranger, car il va bien du temps avant qu'on puisse prendre racine. Singulier effet de la Révolution! sans trop savoir comment les restes de toutes les maisons nobles se jettent dans la capitale, il n'en reste plus en Savoie. Ma petite ville de Chambéry en a perdu seule plus de trente, et, ce qui est bien singulier, c'est que les provinces du Piémont présentent le même phénomène. Bientôt, la terre ne supportera plus que des groupes et le peuple ne verra plus les famillles antiques. Qu'est-ce qui se prépare et qu'est-ce que nos enfants verront? Ma foi! Dieu le sait! Je n'en jaserais pas moins avec plaisir si j'avais encore l'inexprimable bonheur de vous voir.

« Je pense tout comme vous sur les restes précieux des anciennes habitations. Si j'avais l'honneur de porter un nom historique (dans un grand pays surtout), je défendrais la dernière pierre. Faites ainsi, si vous m'en croyez : brisez quelque vieille pierre et faites-en monter un fragment en bague; vous graverez dessus *Aulps* auquel vous paraissez tenir, ou tout autre que j'ignore.

« On me donna l'autre jour la nouvelle que le roi votre maître avait changé tout l'ordre de sa maison, et que vous perdiez la place de grand maître de la garde-robe purement et simplement, sans autre explication. Je vous laisse juger de l'état où je me trouvai. J'allais vous écrire des exclamations de douleur et de rage, lorsque tout à coup j'ai lu dans les papiers publics : *Il est premier gentilhomme de la chambre.* C'est une place décente qui m'a fait sauter de joie. Est-ce vrai? êtes-vous content? Ne laissez pas ma tendre amitié en souffrance.

« Nous sommes aujourd'hui dans un état qui fait trembler. Je dis nous, j'entends nous, sujets du roi de Sardaigne. Qui sait ce qu'on machine à Troppau (1)? A quoi servent la sagesse, la modération, la prévoyance, quand la folie ou l'ambition étrangère peuvent nous perdre? En songeant à certaines positions et au défaut d'équilibre, je frissonne. Priez pour nous, cher comte, vous qui êtes près des

---

(1) Un congrès venait de s'y réunir afin d'aviser aux moyens d'arrêter les mouvements révolutionnaires qui menaçaient les Bourbons de Naples et la puissance autrichienne en Italie.

belles églises, et que vos Français soient sages!

« Madame la comtesse de Blacas veut-elle bien permettre que de temps à autre je me mette à ses pieds? Parmi tous les voyageurs qui viennent de Rome, il n'y a qu'une voix sur ses perfections. Je voudrais bien contredire; mais le moyen, quand tout le monde est d'accord? Que le ciel vous bénisse, monsieur le comte, c'est-à-dire vous et elle, et tout ce qui vous appartient. Je ne cesserai de vous aimer qu'en cessant de vivre. »

Cette lettre, comme quelques-unes des précédentes, ne porte pas de date. Mais, elle est la dernière du dossier que nous venons de parcourir. Elle fut écrite, par conséquent, à la fin de 1821. A cette époque, atteint d'une paralysie qui, du moins, avait épargné son admirable intelligence et la laissait s'exercer encore avec activité, Joseph de Maistre touchait à sa dernière heure. La mort le frappa le 26 février 1822, avant qu'il n'eût goûté la joie de revoir l'ami fidèle auquel, pendant plus de vingt années, il avait ouvert librement son esprit et son cœur, et que leurs lettres réciproques nous montrent si vraiment digne de sa confiance et de son affection.

FIN

TABLE DES MATIÈRES

Introduction... I

CHAPITRE PREMIER
Les premiers rapports de Joseph de Maistre avec la cour de Louis XVIII.................................... 4

CHAPITRE II
Les débuts d'une amitié................................. 49

CHAPITRE III
Après la séparation..................................... 84

CHAPITRE IV
Dissentiments et discussions............................ 122

CHAPITRE V
Autour de la campagne de 1812.......................... 167

CHAPITRE VI
En 1813.. 223

CHAPITRE VII
A la veille de la Restauration..................... 252

CHAPITRE VIII
De 1814 à 1818... 292

CHAPITRE IX
Les dernières années.. 337

PARIS

TYPOGRAPHIE PLON-NOURRIT ET Cie

Rue Garancière, 8

A LA MÊME LIBRAIRIE

Le Duc de Penthièvre. *Mémoires de Dom Courdemanche.* Documents inédits sur la fin du dix-huitième siècle par Étienne ALLAIRE. Un vol. in-8°. . . . . 7 fr. 50

La France pendant la Révolution, par le vicomte DE BROC. Deux vol. in-8°. . . . . 15 fr.

Un Homme d'autrefois. Souvenirs recueillis par son arrière-petit-fils, le marquis COSTA DE BEAUREGARD. 9e édition. Un vol. in-18. . . . . 4 fr.

Le Roman d'un royaliste sous la Révolution. Souvenirs du comte de Virieu, par le marquis COSTA DE BEAUREGARD, de l'Académie française. 3e édition. Un vol. in-8° avec deux portraits . . . . 7 fr. 50

Papiers d'un émigré (1789-1829). Lettres et notes extraites du portefeuille du baron de Guilhermy, député aux états généraux, conseiller du comte de Provence, attaché à la légation du Roi à Londres, etc., mises en ordre par le colonel DE GUILHERMY. Un vol. in-8°. . . . . 7 fr. 50

Mémoires et Souvenirs du baron Hyde de Neuville.
Tome I : *La Révolution.* — *Le Consulat.* — *L'Empire.* 3e édit. Un volume in-8°. . . . . 7 fr. 50
Tome II : *La Restauration.* — *Les Cent-Jours.* — *Louis XVIII.* 2e édition. Un volume in-8° accompagné d'un portrait et d'un fac-similé . . . . 7 fr. 50
Tome III : *Charles X.* — *La Duchesse de Berry.* — *Le Comte de Chambord.* 2e édition. Un volume in-8°, accompagné de deux héliogravures et de deux fac-similés d'autographes. 7 fr. 50
(*Couronné par l'Académie française, prix Bordin.*)

Rivarol et la société française pendant la Révolution et l'émigration (1753-1801). Études et portraits historiques et littéraires d'après des documents inédits, par M. DE LESCURE. Un vol. in-8°. . . . . 8 fr.
(*Couronné par l'Académie française, prix Guizot.*)

Un agent secret sous la Révolution et l'Empire. — **Le Comte d'Antraigues**, par Léonce PINGAUD. 2e édition, revue et augmentée. Un volume in-18. . . . . 4 fr.

Mémoires de Madame Roland. Nouvelle édition critique contenant des fragments inédits et les lettres de la prison, publiés par Cl. PERROUD, recteur de l'Académie de Toulouse. Deux vol. in-8°, avec trois portraits et une gravure. . 15 fr.

Madame Récamier et ses amis, d'après de nombreux documents inédits, par Édouard HERRIOT, ancien élève de l'École normale supérieure, professeur de rhétorique supérieure au lycée de Lyon. 3e édition. Deux vol. in-8° avec une héliogravure. Prix . . . . 15 fr.
(*Couronné par l'Académie française, prix Bordin.*)

Paris sous Napoléon. — I. **Consulat provisoire et Consulat à temps**, par L. de LANZAC DE LABORIE. 2e édition. Un volume in-8° écu . . . . 5 fr.
— II. **Administration.** — **Grands Travaux.** Un vol. in-8° écu . . . . 5 fr.
(*Couronné par l'Académie des sciences morales et politiques, prix Berger.*)
— III. **La Cour et la Ville.** — **La Vie et la Mort.** Un vol. in-8° écu . . . . 5 fr.
— IV. **La Religion.** Un volume in-16 . . . . 5 fr.
(*Couronné par l'Académie française, grand prix Gobert.*)

PARIS. TYP. PLON-NOURRIT ET Cie, 8, RUE GARANCIÈRE. — 11029.

www.ingramcontent.com/pod-product-compliance
Lightning Source LLC
Chambersburg PA
CBHW051836230426
43671CB00008B/978